DES
MARCHÉS
DE FOURNITURES

PAR

ARSÈNE PÉRIER

DOCTEUR EN DROIT

AVOCAT AU CONSEIL D'ÉTAT ET A LA COUR DE CASSATION

PARIS

E. PLON et Cie, IMPRIMEURS-ÉDITEURS

RUE GARANCIÈRE, 10

—

1876

Tous droits réservés

DES MARCHÉS

DE FOURNITURES

PARIS. TYPOGRAPHIE DE E. PLON ET Cie, RUE GARANCIÈRE, 8.

DES
MARCHÉS
DE FOURNITURES

PAR

ARSÈNE PÉRIER

DOCTEUR EN DROIT

AVOCAT AU CONSEIL D'ÉTAT ET A LA COUR DE CASSATION

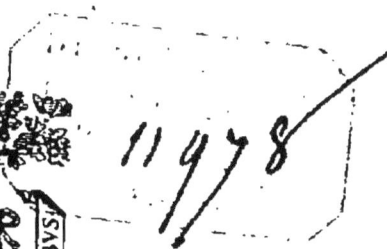

PARIS

E. PLON ET Cie, IMPRIMEURS-ÉDITEURS

10, RUE GARANCIÈRE

—

1876

Tous droits réservés

©

AVIS DE L'AUTEUR.

Tous les arrêts du Conseil d'État que nous avons cités se trouvent dans le Recueil des arrêts du Conseil de M. Lebon, aujourd'hui rédigé par MM. Panhard et Hallays-Dabot. C'est ce recueil que nous désignons dans les renvois par la lettre L. Les lettres S et D indiquent les recueils de Sirey et Dalloz, pour les arrêts de la Cour de cassation.

MARCHÉS DE FOURNITURES

1. — Les traités passés par l'État, les départements, les communes et les établissements publics, dans le but de se procurer les objets de consommation nécessaires aux services publics dont ils ont la direction, constituent des marchés de fournitures. Ils se distinguent des marchés de travaux publics en ce que ceux-ci ont pour but, non des prestations mobilières, mais des travaux à exécuter sur le domaine public immobilier de l'État, des départements ou des communes. Les contrats de transport passés dans l'intérêt de ces divers services rentrent aussi dans la catégorie des marchés de fournitures.

2. — Ceux de ces marchés qui concernent l'État sont de beaucoup les plus nombreux et les plus importants. Ainsi ils comprennent, pour l'administration de l'enregistrement, les approvisionnements de papiers pour le timbre ; pour l'administration des contributions indirectes, le transport des objets fabriqués par les soins de cette administration ; pour les différents ministères, toutes les fournitures destinées aux bureaux, le chauffage etc... Mais ce sont surtout les services se rattachant aux deux départements de la guerre et de la marine qui donnent lieu à des marchés d'une importance particulière. Les marchés passés par le ministère de la guerre pourvoient à la subsistance et à

l'habillement des troupes, aux fournitures de fourrages, au service de l'hôtel des Invalides, des lits militaires, aux transports des troupes à l'intérieur et à l'extérieur, etc. Ils peuvent également porter sur le matériel, les armes, les munitions. Ceux qui sont passés pour le département de la marine embrassent les approvisionnements proprement dits, c'est-à-dire les munitions, matières brutes et objets ouvrés; la fourniture du matériel de l'artillerie, l'outillage des navires, les subsistances nécessaires aux corps de la marine et aux hôpitaux, etc.

3. — On voit combien il est nécessaire que des règles précises déterminent les rapports de l'État et des entrepreneurs chargés de pourvoir à des besoins aussi étendus et aussi variés. Le but de ce travail est de reproduire, avec les principes posés par le législateur sur ce point, l'interprétation que la jurisprudence en a donnée jusqu'à ces derniers temps. Ces règles ont été longtemps incomplètes et obscures et ont trouvé place dans des dispositions législatives fort nombreuses et souvent incohérentes. L'ordonnance du 4 décembre 1836, rendue en exécution de la loi du 31 janvier 1833, et l'ordonnance du 31 mai 1838, ont enfin réuni et coordonné dans une réglementation d'ensemble les formalités à suivre pour les marchés de fournitures. Leurs dispositions ont été reproduites dans le décret du 31 mai 1862 sur la comptabilité publique qui forme aujourd'hui la loi de la matière.

4. — Nous allons nous occuper des marchés de fournitures passés avec l'État. Nous exposerons ensuite dans un chapitre distinct les règles spéciales aux marchés passés avec les départements, les communes et les établissements publics.

MARCHÉS PASSÉS AVEC L'ÉTAT

PREMIÈRE PARTIE

FORMATION ET EFFETS DES MARCHÉS

CHAPITRE PREMIER

FORMATION DES MARCHÉS

SECTION PREMIÈRE

PAR QUI SONT PASSÉS LES MARCHÉS

5. — Les marchés qui ont pour objet d'assurer un service public dans toute l'étendue du territoire, par exemple ceux qui sont relatifs aux subsistances, aux fournitures des bois de la marine, des lits militaires, sont passés par le ministre dans les attributions duquel ces services sont placés. Ceux qui ne sont destinés qu'à assurer l'exécution d'un service local, comme le service particulier de chaque port de mer, le service des maisons centrales de détention, sont passés par les chefs de ces services sous l'autorisation du ministre dans le département duquel ils sont placés. Ainsi, pour le ministère de la guerre, les marchés

généraux sont toujours passés par le ministre, les autres par les fonctionnaires de l'intendance (v. pour les subsistances le règlement de 1866 aux Annexes); pour la marine, les délégués du ministre chargés de passer les marchés spéciaux sont : dans les ports militaires, les préfets maritimes; dans les ports secondaires, les chefs du service de la marine; dans les établissements maritimes hors des ports, les directeurs de ces établissements.

6. — Un ministre peut d'ailleurs déléguer à un de ses agents le droit de passer des marchés généraux. Les fournisseurs qui ont traité avec ces délégués pourraient avoir en certains cas intérêt à contester l'étendue des pouvoirs conférés aux délégués par le ministre, par exemple le droit de prononcer la résiliation du marché. Il a été jugé qu'ils n'auraient pas ce droit s'ils s'étaient engagés vis-à-vis d'un de ces agents à lui livrer les fournitures qui faisaient l'objet du marché, en pleine connaissance des qualités en lesquelles il agissait et les avait ainsi virtuellement acceptées. (13 décembre 1872, Beck, Lebon p. 713.)

7. — Pour donner lieu à une action en payement de fournitures, l'allégation vague d'un ordre ou d'une commission non constatée ne serait pas suffisante. Pour imposer à l'État le payement de fournitures à lui faites, il faut justifier d'un traité, d'une convention formelle, d'une commission que le fournisseur aurait reçue du ministre ou de ses délégués; il ne suffirait pas qu'un particulier se fondât, pour intenter une action à l'État, sur des circonstances qui ont pu lui faire croire à la conclusion d'un marché. (28 février 1873, Camps, L. p. 203.)

8. — Un entrepreneur de fournitures qui aurait traité avec un agent d'un pouvoir insurrectionnel n'aurait aucune action à raison de ce marché contre le gouvernement régulier resté étranger au contrat. Par la même raison il

a été jugé qu'un entrepreneur ne pourrait réclamer le prix de fournitures faites aux agents d'un pouvoir insurrectionnel, quand même l'exécution de ce marché serait la suite d'un traité passé avec un gouvernement régulier. En faisant ces livraisons, le fournisseur a agi à ses risques et périls. (6 février 1874, Association générale des ouvriers tailleurs de Paris, L. p. 139. V. aussi plus loin *Action en payement,* p. 58.)

9. — Lorsque d'ailleurs le marché a été régulièrement passé entre un fournisseur et le ministre, l'administration est seule et complétement responsable vis-à-vis de l'entrepreneur de l'exécution des clauses du traité, sans qu'elle puisse opposer au fournisseur des conventions passées entre l'État français et un gouvernement étranger, pour modifier les conditions du marché. (10 février 1869, Souberbielle, L. p. 143.)

10. — La convention passée entre un fournisseur et des chefs de service au sujet d'un marché de fournitures lie le fournisseur qui s'y est soumis ; elle est au contraire conditionnelle vis-à-vis de l'État à l'égard de qui elle ne devient un contrat irrévocable et définitif que du jour où le ministre compétent l'aura revêtue de son approbation.

En effet, aux termes de l'article 79 du décret du 31 mai 1862, tous les marchés passés par les chefs de service ou les commissions déléguées « sont subordonnés à l'approbation du ministre, et les adjudications de ces marchés ne sont valables et définitives qu'après cette approbation, sauf les exceptions spécialement autorisées et rappelées dans le cahier des charges ».

11. — Il convient de faire observer dès à présent que, si le ministre, en donnant son approbation à un marché passé avec un de ses chefs de service, apportait des modifications à ce traité, le fournisseur ne serait pas tenu de s'y sou-

mettre et pourrait refuser de se lier dans d'autres termes que ceux de la convention primitive. C'est par application de ces principes qu'aux termes du règlement du 1er septembre 1827 sur le service des subsistances militaires, « lorsque l'approbation d'un marché contient des conditions nouvelles ou des réserves, le traitant doit déclarer, à la suite de cette approbation, qu'il accepte ces conditions ou qu'il consent à ces réserves ». Dans le règlement du 26 mai 1866 qui a remplacé celui de 1827, l'article 121 a reproduit la même disposition. (V. aux Annexes.)

12. — En cas de doute sur l'existence de l'approbation ministérielle, ce serait d'ailleurs au fournisseur qui réclamerait l'exécution du traité et le payement des fournitures par lui faites à justifier de cette approbation qui seule a pu rendre la convention définitive. (31 janvier 1873, Favrichon-Dubois, L. p. 112.)

13. — Le Conseil d'État a eu, avant même le décret de 1862 qui a reproduit sur ce point la disposition de l'article 11 de l'ordonnance du 4 décembre 1836, à s'occuper de difficultés nées à l'occasion de cette approbation ministérielle, dont il a d'ailleurs consacré la nécessité. (V. 20 juillet 1854, Olivet, L. p. 670.) Il est certain d'abord que l'appréciation des circonstances qui peuvent déterminer le ministre à refuser son approbation à un marché de fournitures n'est pas du ressort des tribunaux administratifs; il y a là de la part du ministre un acte de pure administration qui n'est pas susceptible de recours au Conseil d'État par la voie contentieuse. (6 décembre 1844, Cardon, L. p. 615; 17 janvier 1849, Cosse, L. p. 53.) C'est ce qui a été décidé également en matière d'adjudication de travaux publics. (28 février 1873, Bénac, L. p. 206.) Tant que les marchés passés au nom de l'État par voie d'adjudication, dans les formes que nous exami-

nerons plus loin, n'ont pas été approuvés, le ministre peut, sans tenir compte des adjudications déjà tentées, ordonner qu'il sera procédé à une nouvelle adjudication.

14. — Toutefois, si le refus du ministre d'approuver un marché constitue un acte d'administration inattaquable, il n'en résulte pas que l'entrepreneur évincé ne soit pas fondé à réclamer une indemnité si le refus d'approbation ne s'est produit que tardivement, alors que l'entrepreneur avait dû faire des dépenses et des livraisons pour se conformer aux termes du marché passé par lui avec le chef du service local. (29 juin 1870, Dufoure, L. p. 840. V. aussi 10 juin 1868, Doyère, L. p. 643, et 9 février 1872, hauts fourneaux de Franche-Comté, L. p. 62.) Mais si un adjudicataire de fournitures peut avoir droit à une indemnité au cas où un commencement d'exécution lui a fait concevoir l'espérance d'une approbation définitive du marché, il ne pourrait pas se fonder sur le silence prolongé du ministre pour conclure à une approbation tacite de son traité. L'approbation expresse constitue le seul lien de droit qui puisse enchaîner l'administration. C'est ce qui résulte d'un arrêt du 21 mai 1867 (Véniard, L. p. 502) dans une espèce où l'entrepreneur avait eu des motifs très-sérieux de croire à une approbation tacite de son marché par le ministre. (V. aussi 2 mars 1870, Blackmore, L. p. 225, et 4 juillet 1872, Martin, L. p. 402.)

15. — Des dispositions spéciales ont apporté des exceptions à la règle d'après laquelle les marchés passés par les chefs d'un service local ne deviennent obligatoires qu'en vertu de l'approbation du ministre compétent. Ainsi, aux termes d'une instruction du ministre de la guerre du 4 novembre 1853 sur le mode d'adjudication des fournitures de pain à faire à la troupe, le marché est, immédiatement après l'adjudication, accepté par le prési-

dent de la commission au nom du ministre, et, si les opérations de la commission donnent lieu, séance tenante, à
une protestation de la part d'un des soumissionnaires
évincés, le marché n'est accepté que sous réserve de l'approbation de l'intendant divisionnaire. Il a été jugé à cet
égard que, lorsqu'un soumissionnaire a été, en l'absence
de tout autre, déclaré adjudicataire d'une fourniture de
pain de troupe, l'acceptation du marché est définitive et
n'est pas dès lors subordonnée à l'approbation de l'intendant divisionnaire, bien qu'une protestation ait été élevée
par un tiers contre les opérations, si la soumission de ce
tiers n'a été déposée qu'après l'adjudication prononcée.
(25 juin 1857, Motheau, L. p. 517.)

16. — Les clauses générales de la marine du 10 juin
1870 ont déterminé de la façon suivante ceux des marchés
pour lesquels l'approbation du ministre n'est pas nécessaire : (art. 8) — Les marchés dont l'importance n'excède pas
dix mille francs sont approuvés en conseil d'administration par les délégués du ministre, sauf en ce qui concerne
le service des hôpitaux, dont les marchés doivent toujours
être approuvés par le ministre lui-même. — Les marchés
qui sont passés sur prix maximum déterminé à l'avance
par le ministre sont aussi approuvés par les délégués du
ministre, quelle que soit leur importance, lorsque le prix
soumissionné ne dépasse pas ce maximum. — Les autres
marchés sont soumis à l'approbation du ministre lui-
même ; néanmoins, dans les cas d'urgence, les délégués
du ministre peuvent en ordonner immédiatement l'exécution dans la limite des besoins pressants du service, pour
tout ou partie de la fourniture.

17. — Nous verrons, en nous occupant des marchés
passés avec les départements, dans quelle mesure le décret
du 25 mars 1852 a fait rentrer dans les attributions pré-

fectorales le soin d'approuver les marchés de fournitures qui concernent les établissements départementaux. Ajoutons seulement qu'en ce qui concerne l'Algérie, le décret du 27 octobre 1858 a confié aux préfets l'approbation des cahiers des charges relatifs aux fournitures pour les hôpitaux, hospices civils, asiles, dépôts d'ouvriers, prisons et tous autres établissements administrés pour le compte de l'État ou du département, et l'adjudication desdites fournitures. Enfin dans les colonies le Conseil privé statue sur les marchés et adjudications de tous les approvisionnements et sur les traités pour fournitures quelconques. On observe d'ailleurs dans les colonies, à titre de raison écrite, l'ordonnance du 4 décembre 1836, dont les dispositions réglant les marchés passés au nom de l'État ont été reproduites, comme nous l'avons indiqué, par le décret du 31 mai 1862.

SECTION II

FORMES DE L'ADJUDICATION

18. — L'article 68 du décret du 31 mai 1862 a posé le principe que tous les marchés passés au nom de l'État doivent être faits avec concurrence et publicité, sauf des exceptions qui seront examinées plus loin. Cette règle de la concurrence et de la publicité, empruntée à l'article 12 de la loi du 31 janvier 1833 et aux dispositions des ordonnances du 4 décembre 1836 et du 31 mai 1838 (art. 45), avait déjà trouvé place à une époque antérieure dans une série de dispositions législatives spéciales à certains marchés de fournitures; ainsi la loi du 27 mai 1791 (tit. V, art. 60 et 61) l'avait établie pour les fournitures de papiers

1.

et registres de la régie de l'enregistrement; la loi du
20 septembre 1791 (tit. II, art. 6) pour les marchés du
département de la guerre, excepté celles des vivres et des
fourrages; la loi du 16 mai 1792 (tit. II, art. 34) pour les
fournitures des denrées, habillement, équipement et entretien des invalides. Aujourd'hui, elle est suivie pour tous
les marchés passés avec l'État.

19. — Deux exceptions seulement ont été faites à cette
règle : elles se trouvent formulées en ces termes dans le
décret de 1862 :

« Art. 71. Les adjudications publiques relatives à des
fournitures, à des travaux, à des exploitations ou fabrications qui ne peuvent être sans inconvénient livrés à une
concurrence illimitée, sont soumises à des restrictions qui
n'admettent à concourir que des personnes préalablement
reconnues capables par l'administration et produisant des
garanties exigées par les cahiers des charges. » Les titres
propres à justifier que le soumissionnaire réunit les conditions
spéciales de capacité déterminées par le cahier des charges
doivent être joints, à peine de nullité, à la soumission.

« Art. 72. Le mode d'approvisionnement des tabacs
exotiques employés par l'administration est déterminé par
un règlement spécial. »

Il n'existe pas, à proprement parler, de règlement spécial sur l'approvisionnement des tabacs exotiques employés
par l'administration des manufactures de l'État, et le principe de l'adjudication avec concurrence et publicité est en
fait le mode d'approvisionnement usité comme pour tous
les autres marchés passés au nom de l'État. Toutefois, aux
termes de l'article précité, le ministre est autorisé à apporter à ce principe telles restrictions que lui semble comporter l'intérêt de l'État dans l'approvisionnement des
tabacs exotiques, et à traiter même de gré à gré lorsque

l'approvisionnement a lieu dans des contrées où l'adjudication n'est pas possible, ou lorsque le peu d'importance relative du marché ne lui semble pas comporter cette voie.

20. — Nous verrons plus loin, en traitant des marchés de gré à gré, non plus des restrictions apportées au principe de la concurrence et de la publicité, mais sa suppression complète dans des cas limitativement déterminés par la loi.

21. — Les marchés sont passés par voie d'adjudication publique et au rabais. L'annonce de ces adjudications est faite à l'avance. Voici, à cet égard, la disposition de l'article 74 du décret de 1862 :

« Art. 74. L'avis des adjudications à passer est publié, sauf le cas d'urgence, un mois à l'avance, par la voie des affiches et par tous les moyens ordinaires de publicité. Cet avis fait connaître : 1° le lieu où l'on prendra connaissance du cahier des charges; 2° les autorités chargées de procéder à l'adjudication; 3° le lieu, le jour et l'heure fixés pour l'adjudication. »

22. — A partir de ce moment, les fournisseurs appelés à concourir ont une sorte de droit acquis à ce que l'exécution du traité auquel ils sont conviés ait lieu dans les conditions qui sont indiquées au cahier des charges. Sans doute le ministre peut toujours modifier les clauses du contrat tant que l'adjudication n'est pas intervenue; mais ce droit est refusé aux fonctionnaires de l'administration et particulièrement à ceux qui sont chargés de présider la séance d'adjudication. C'est du moins ce qui résulte d'un arrêt du Conseil d'État du 20 juin 1859 (aff. Léon, L. p. 47). Il s'agissait, dans l'espèce de cet arrêt, d'une fourniture de pain, de vin, de sucre et de café, à faire aux troupes, et qui, aux termes du cahier des charges, devait être l'objet d'un seul marché. A l'ouverture de la séance dans laquelle il devait être procédé à l'adjudication de ces

fournitures, et antérieurement au dépôt des soumissions, le président de la commission chargée de procéder à l'adjudication avait expliqué que, nonobstant les termes du cahier des charges, les fournitures pourraient être scindées, de façon que l'adjudicataire de la fourniture du pain pourrait être autre que celui de la fourniture du vin, du sucre ou du café. Le Conseil d'État a décidé que le président n'avait pas le droit de modifier ainsi le sens et la portée du cahier des charges. (V. aussi 11 décembre 1874, Legrand, L. p. 982.)

Dans une autre affaire, où la même question posée devant le Conseil d'État n'a pas été résolue par lui, le ministre de la guerre a admis le principe en y apportant des restrictions : « Je reconnais, a-t-il dit, que, lorsque l'administration a imposé dans un cahier des charges, serait-ce pour sa propre garantie, certaines obligations aux soumissionnaires, il est de son devoir de tenir la balance égale et de ne pas favoriser l'un ou quelques-uns d'entre eux. Mais est-ce manquer à ce devoir que de permettre de régulariser un vice de forme, séance tenante, sans que le cours de l'opération en soit suspendu? Y a-t-il là un privilège particulier, une intention de favoriser un des soumissionnaires? Ce n'est qu'une tolérance bienveillante, une latitude laissée à tous et dont tous peuvent être appelés à profiter. » (8 septembre 1861, Durouchoux, L. p. 816. V. aussi 25 mai 1870, Barbier, p. 641.)

23. — Nous arrivons à l'adjudication elle-même : « Art. 75. Les soumissions sont remises cachetées en séance publique. Lorsqu'un maximum de prix ou un minimum de rabais a été arrêté d'avance par le ministre ou par le fonctionnaire qu'il a délégué, ce maximum ou ce minimum est déposé cacheté sur le bureau à l'ouverture de la séance. »

Lorsqu'un délai est fixé pour le dépôt des soumissions, il est bien certain qu'un soumissionnaire aurait le droit de demander la nullité de l'adjudication s'il ne lui avait pas été possible par la faute de l'administration de déposer sa soumission avant l'heure fixée pour la clôture. Toutefois, ce droit a été refusé à un soumissionnaire qui avait déposé sa soumission sans réclamer contre la mesure prise de fermer la boîte destinée à recevoir les soumissions une heure avant le temps fixé, et qui se plaignait de n'avoir pu en déposer une nouvelle pendant cette dernière heure. (1er mars 1866, Martin, L. p. 200.)

24. — « Art. 76. Dans le cas où plusieurs soumissionnaires offriraient le même prix, et où ce prix serait le plus bas de ceux qui sont portés dans les soumissions, il est procédé, séance tenante, à une réadjudication, soit sur de nouvelles soumissions, soit à l'extinction des feux, entre ces soumissionnaires seulement. »

Le cahier des clauses et conditions générales de la marine dispose que, si la réadjudication ne produisait aucun résultat, il serait procédé, par le tirage au sort, à la désignation de l'adjudicataire.

25. — Si un adjudicataire croit devoir protester contre la nécessité de la réadjudication, et soutenir que son offre dans la première adjudication était plus avantageuse que celle de tous ses autres concurrents, il doit s'abstenir de concourir à la réadjudication, ou du moins n'y concourir qu'en faisant toutes ses réserves sur son droit à être proclamé adjudicataire au rabais consenti par lui au début. C'est ce qui résulte d'un arrêt du 7 décembre 1870. (Plon, L. p. 1092.) M. Henri Plon, imprimeur-éditeur, s'était pourvu contre une décision par laquelle le ministre, après une première adjudication jugée sans résultat, avait ordonné qu'il serait procédé, séance tenante, à une réadju-

dication du droit d'imprimer et de publier les journaux officiels du gouvernement français. M. Plon soutenait que les offres faites par lui lors de la première adjudication rentraient dans les stipulations du cahier des charges de l'entreprise ; que, dès lors, ces offres étant moins avantageuses que celles faites par les autres soumissionnaires, c'était à tort qu'il n'avait pas été déclaré adjudicataire et qu'il avait été procédé à une réadjudication.' Le Conseil d'État l'a débouté de sa demande par les motifs suivants : « Considérant que le sieur Plon a pris part, sans protestation ni réserves, à la réadjudication à laquelle il a été procédé après une adjudication jugée sans résultat, séance tenante, du droit d'imprimer et de publier les deux journaux officiels du gouvernement français, et qu'il a soumissionné le droit dont s'agit, que, dans ces circonstances, le sieur Plon ne saurait être admis à demander aujourd'hui l'annulation, tant de la décision par laquelle le ministre d'État a prescrit qu'il serait procédé à cette réadjudication que de celle par laquelle il l'a approuvée, et son renvoi devant le ministre compétent pour y faire valoir ses droits, soit à l'impression et à la publication des journaux précités, soit à une indemnité. » (V. aussi, 25 juin 1857, Motheau, L. p. 517.)

26. — « Art. 77. Les résultats de chaque adjudication sont constatés par un procès-verbal relatant toutes les circonstances de l'opération. »

Aux termes de l'article 18 des conditions générales de la marine, du 10 juin 1870, si un fournisseur, après avoir soumissionné une fourniture, refuse de signer le procès-verbal de l'opération passée à son profit, le dépôt de garantie de la soumission dont nous parlerons plus loin (p. 27) est acquis au Trésor public. (V. 5 juillet 1855, Blanc, L. p. 501.)

27. — Le procès-verbal de l'adjudication des fournitures

pour l'État, signé par l'adjudicataire, est transmis à la suite du cahier des charges et de la soumission en double expédition, si le marché est fait à Paris, et triple expédition dans les autres cas. Il est enregistré sur minute, et ces divers actes sont établis sur papier timbré ou visés pour timbre.

28. — « Art. 78. Il est fixé, par le cahier des charges, un délai pour recevoir des offres de rabais sur le prix de l'adjudication. Si pendant ce délai, qui ne doit pas dépasser trente jours, il est fait une ou plusieurs offres de rabais d'au moins 10 pour 100 chacune, il est procédé à une réadjudication entre le premier adjudicataire et l'auteur ou les auteurs des offres de rabais, pourvu que ces derniers aient, préalablement à leurs offres, satisfait aux conditions imposées par le cahier des charges pour pouvoir se présenter aux adjudications. »

29. — La concurrence, nous l'avons dit, est un des principes sur lesquels doit reposer l'adjudication. Signalons cependant une exception posée par l'article 19 du décret de 1862, aux termes duquel il est interdit à un comptable de prendre intérêt dans les adjudications, marchés et fournitures dont il effectue la recette ou la dépense.

30. — Le ministre pourrait-il exclure d'avance un négociant de toutes les adjudications qui auront lieu à l'avenir dans une circonscription désignée? Le Conseil d'État a jugé que les instructions données à cet effet par le ministre ne constituaient qu'une mesure d'exécution d'un service placé dans ses attributions, et que le rejet de la réclamation formée contre cette mesure par le négociant exclu ne constituait pas une décision susceptible d'être déférée au Conseil d'État par la voie contentieuse. (16 août 1859, Didier, L. p. 599; 8 février 1864, Corre, L. p. 103.) Toutefois, si le ministre peut s'enquérir des garanties de moralité et de solvabilité des concurrents, et écarter d'une adjudication,

après examen, ceux d'entre eux qui ne remplissent pas les
conditions exigées par les règlements, il ne pourrait prononcer par avance l'exclusion d'une personne de toutes les
adjudications, sans commettre un excès de pouvoir et sans
méconnaître les principes de libre concurrence qui forment
la base des adjudications.

31. — Que décider d'ailleurs en règle générale si, en
dehors de ce qui vient d'être dit pour la concurrence, les
formes prescrites pour l'adjudication n'ont pas été suivies?
Un recours contentieux sera-t-il ouvert à l'adjudicataire
qui prétend que l'adjudication n'a pas été régulière? Il est
certain que l'adjudicataire qui formule cette plainte peut
la porter devant le ministre. Mais si sa demande est
repoussée, pourra-t-il s'adresser au Conseil d'État et
demander la nullité de l'adjudication? Et, réciproquement,
l'administration peut-elle se fonder sur l'irrégularité de
l'adjudication, pour en demander l'annulation? En ce qui
concerne le droit pour le soumissionnaire de se pourvoir
contre une décision ministérielle qui aurait validé une
adjudication au profit de son concurrent, en violation des
clauses du cahier des charges, la question a été tranchée
par plusieurs arrêts dans le sens de l'affirmative. (26 juillet 1851, Martin, L. p. 537; 9 janvier 1868, Servat, L.
p. 13; 8 septembre 1864, Durouchoux, L. p. 816; 16 février 1870, Mangane, L. p. 107; 7 décembre 1870, Plon,
L. p. 1092.) Il faut remarquer, à propos de ces arrêts, que
le Conseil d'État semble exiger, pour faire droit à la
demande de l'adjudicataire, que les violations de la loi allé-
guées par lui aient un caractère de gravité exceptionnelle,
qu'elles aient eu pour conséquence l'injuste éviction des
concurrents de l'adjudicataire, et que ceux-ci n'aient pas
été rendus non recevables, comme on l'a vu plus haut, à
s'en prévaloir.

M. Aucoc donne la raison de cette jurisprudence en ces termes (t. II, p. 166) : « Les concurrents qui se présentent à une adjudication ne sont pas les premiers venus. Ils sont appelés par les affiches à prendre part à l'adjudication; ils font des démarches, des études; ils préparent des capitaux; ils déposent des cautionnements. L'administration, qui les a dérangés de leurs affaires en leur annonçant qu'elle suivrait certaines formes pour les adjudications, s'est engagée implicitement envers eux à observer ces formes. D'autre part, les concurrents évincés n'agissent pas dans l'intérêt du public, quoique le public puisse profiter de la décision qui sera rendue; ils ont un intérêt personnel à faire tomber l'adjudication prononcée au profit d'un de leurs concurrents, dont ils auraient pu prendre la place, si sa soumission avait été écartée pour cause d'irrégularité. Un intérêt de cette nature leur donne qualité pour présenter une réclamation par la voie contentieuse. »

Il convient toutefois de placer à côté de cette jurisprudence un arrêt plus récent rendu, il est vrai, par application de la législation spéciale des colonies, mais qui, dans son principe, semble faire échec à la doctrine ainsi consacrée. Un sieur Lefort avait soumis au Conseil privé de l'île de la Reunion, constitué en Conseil du contentieux administratif, une demande tendant : 1° à faire annuler un marché de gré à gré ayant pour objet l'impression d'un journal et la fourniture des ouvrages de typographie nécessaires aux divers services de la colonie; 2° à faire ordonner la mise en adjudication de cette fourniture. Sa demande était fondée sur la violation du règlement du 19 février 1863 et du règlement du 14 janvier 1869, relatifs aux marchés passés dans les colonies, en ce que ce marché n'aurait pas été passé avec concurrence et publicité. Sa demande, repoussée par le Conseil privé de la colonie, l'a été égale-

ment par le Conseil d'État dans les termes suivants :
« Considérant que les dispositions des règlements précités
qui exigent que tous les marchés, sauf dans les cas
d'exception spécialement déterminés, soient mis en adjudication, ont eu pour objet d'établir des garanties dans
l'intérêt soit de l'État, soit de la colonie ; que, dès lors,
l'inobservation de ces dispositions, dont se plaint le sieur
Lefort, ne saurait ouvrir à son profit un recours par la
voie contentieuse, et qu'ainsi c'est avec raison que le
Conseil privé constitué en Conseil du contentieux administratif a déclaré sa demande non recevable. » (4 juillet 1873,
Lefort, L. p. 612.)

On peut rapprocher de cet arrêt deux décisions déjà
anciennes d'où il semblerait résulter que l'inobservation
des formalités de l'adjudication n'aurait pas d'autre sanction que la responsabilité ministérielle. Dans les deux
espèces, c'était l'administration qui alléguait le manque
de concurrence et de publicité. Il s'agissait, en premier
lieu, d'un arrêté du ministre de la marine qui avait annulé
un marché passé à l'amiable en se fondant sur ce qu'une
décision qui disposait, sans concurrence ni publicité, d'une
fourniture susceptible d'être exécutée par plusieurs autres
établissements existant en France était nulle de plein droit.
Cet arrêté a été annulé par le Conseil d'État dans les termes
suivants : « Considérant que, par une convention particulière du 21 avril 1830, le ministre de la marine a
traité avec le sieur Saint-Bris de la fourniture des limes,
râpes, faucillons et carreaux pour les ports de Cherbourg, Brest, Rochefort et Toulon ; — considérant que,
si le ministre a annoncé, par des actes antérieurs, l'intention de soumettre cette fourniture à la concurrence
et à la publicité, ladite convention n'en doit pas moins
être maintenue, puisque aucune loi n'a prescrit cette

forme à peine de nullité, ni interdit au ministre de la marine la faculté de passer des marchés particuliers pour les fournitures dont il s'agit. » (18 septembre 1831, Saint-Bris, L. p. 223.) Dans la seconde espèce, le ministre de la marine avait annulé un traité à l'amiable passé avec un fournisseur de bois, par le motif qu'il y avait eu défaut de concurrence et de publicité. L'arrêt du Conseil d'État a réformé la décision du ministre en tant qu'elle prononçait la nullité du marché, par le motif que le ministre de la marine « avait qualité pour conclure le marché qui avait pour objet une fourniture de planches pour le service de son département ». (28 février 1834, Méjan, L. p. 147.)

Il résulte de ces diverses décisions que si l'administration a recours à l'adjudication publique, elle est tenue d'observer les formes établies dans l'intérêt des concurrents, mais qu'il lui appartient, sous sa propre responsabilité, de décider si la fourniture sera ou non adjugée avec concurrence et publicité, même dans le cas où la concurrence et la publicité sont prescrites par des ordonnances ou des décrets.

32. — Pour compléter ce qui a trait aux formalités de l'adjudication, nous devons rappeler un article du Code pénal relatif à la liberté des enchères, et qui est ainsi conçu : « Art. 412. Ceux qui, dans les adjudications de la propriété, de l'usufruit ou de la location des choses mobilières ou immobilières, d'une entreprise, d'une fourniture, d'une exploitation ou d'un service quelconque, auront entravé ou troublé la liberté des enchères ou des soumissions, par voies de fait, violences ou menaces, soit avant, soit pendant les enchères ou les soumissions, seront punis d'un emprisonnement de quinze jours au moins, de trois mois au plus, et d'une amende de cent francs au moins et de cinq mille francs au plus.

« La même peine aura lieu contre ceux qui, par dons ou promesses, auront écarté les enchérisseurs. »

La jurisprudence a eu à appliquer plusieurs fois cette disposition et à infliger cette pénalité, notamment à un pacte que les entrepreneurs désignent sous le nom de *revidage* : c'est une convention par laquelle plusieurs des concurrents à une future adjudication s'associent pour qu'un seul d'entre eux offre jusqu'à tel prix pour la fourniture demandée, et stipulent qu'en cas d'adjudication au profit de celui qui s'est porté soumissionnaire, ce dernier, devenu adjudicataire, payerait une certaine somme aux autres. Les entrepreneurs qui ont participé à cette convention ne peuvent prétendre qu'il n'y a là qu'une association licite ayant pour objet le partage entre les associés du bénéfice éventuel qui résulterait de la différence entre le prix réel de l'adjudication et celui fixé pour limite à la convention, une sorte de contrat aléatoire qui, par l'événement, n'a pu avoir aucun effet ni recevoir d'exécution, puisque le prix de l'ajudication a dépassé le prix stipulé dans la convention. La Cour de cassation s'est toujours refusée, et à juste titre, à cette interprétation, et n'a vu dans ce pacte qu'une entrave à la liberté des enchères passible des pénalités de l'article 412 : « Attendu que cette convention ne peut être considérée que comme un pacte illicite entre ceux qui paraissent devoir se présenter concurremment à l'adjudication, et qui, au moyen de promesses respectives du partage d'un bénéfice éventuel, pour le cas où le prix de l'adjudication n'excéderait pas un prix par eux fixé d'avance, s'abstiendraient de la légitime concurrence qui se serait établie entre eux dans l'adjudication, si ce pacte n'eût pas existé, et mettrait ainsi une entrave à ce que l'adjudication soit portée à sa valeur réelle. » (Ch. crim. Rej. 19 nov. 1841, Lecher,

S. 42, 1, 561. — *Adde* Cass. 12 mars 1841, Rigal, S. 41, 1, 786.) « Attendu, lit-on dans un autre arrêt, que, si l'association entre plusieurs personnes pour acquérir dans les ventes publiques n'est pas prohibée par la loi lorsqu'elle est loyale, s'annonce hautement et tend seulement à réunir des capitaux qui, pris isolément, resteraient inefficaces pour agir, il en est autrement lorsque, par la concentration des intérêts distincts et divisés, l'association a pour but et a eu pour résultat, à l'aide des promesses, soit d'écarter les enchérisseurs, soit d'en diminuer le nombre ; que dans ce dernier cas les dispositions du paragraphe 2 de l'article 412 C. pén. sont applicables. » (19 juin 1874, Rej., Datty, S. 74, 1, p. 327.)

Enfin, dans le même ordre d'idées, celui qui reçoit une somme d'argent pour prix de son abstention aux enchères se rend par là complice du délit d'entrave à la liberté des enchères puni par l'article 412. (Ch. crim. Cass. 8 janvier 1863, Rigot, S. 63, 1, 277 ; 14 août 1863, Poitier, S. 63, 1, 551.)

Ajoutons que les dispositions de l'article 412 sont applicables à la liberté des surenchères. (Cass. 12 mars 1835, S. 35, 1, 461.) Les motifs en effet sont identiques.

33. — Avant de terminer ce qui est relatif à l'adjudication, il convient de faire observer que c'est dans le cahier des charges qu'il faut chercher les diverses conditions de l'entreprise. Voici, d'après un auteur (M. Vauchelle, *Adm. milit.*, t. I, p. 448), l'énumération des conditions communes à tous les marchés passés avec l'administration de la guerre et qui sont pour la plupart stipulées dans tous les marchés de l'État : 1° la désignation des objets à livrer, leur quantité, le lieu et les époques de leur livraison ; 2° l'obligation de ne livrer que des matières ou autres objets de qualité reconnue bonne,

loyale et marchande, dans l'acception exacte que le commerce a coutume de donner à ces termes ; 3° l'obligation de fournir conformément aux échantillons et modèles adoptés, quand il s'agit d'objets, confectionnés ou autres, susceptibles de comparaison ; 4° le prix convenu de chaque objet, au nombre, au poids ou à la mesure, suivant le cas ; 5° les termes et époques de payement, soit pour à-compte, s'il y a lieu, soit pour solde de la fourniture, ainsi que le nom et la qualité de l'autorité chargée d'ordonnancer les payements ; 6° le mode de justification des fournitures et le délai accordé, sous peine de déchéance, pour la production des titres justificatifs ; 7° la nature ou le montant du cautionnement à fournir, et l'époque où il devra être réalisé ; 8° la condition qu'il sera pourvu au service aux frais, risques et périls du traitant, dans le cas où il ne remplirait pas ses engagements dans les délais, qualités, dimensions ou poids convenus ; 9° la condition que, si les prix des marchés passés par défaut et au compte du traitant étaient moins élevés que ceux de son marché, le département de la guerre bénéficiera de la différence ; 10° l'obligation explicite de se soumettre à toutes les dispositions réglementaires en vigueur, tant pour l'exécution du service entrepris que pour la justification de cette exécution ; 11° le mode à suivre pour le jugement de toutes les contestations qui pourraient s'élever, tel que celui des expertises contradictoires, des indemnités, le tout suivant les règles de la justice administrative.

En dehors de ces conditions communes à tous les marchés, il en est de spéciales à chaque nature de traités, et les cahiers des charges annexés aux contrats d'adjudication varient à cet égard suivant le service que le marché doit assurer ; ainsi, pour les marchés de la guerre, il existe des cahiers des charges spéciaux pour les fournitures d'habillement, celles des fourrages, pour les subsistances militaires. Pour la marine, dont les marchés sont régis par les clauses et conditions générales du 10 juin 1870, il existe des cahiers types spéciaux renfermant les conditions techniques de chacune des espèces de marchés de fournitures passés par ce département.

34. — C'est donc dans le texte du cahier des charges que se trouve la convention formant la loi réciproque du fournisseur et de l'administration. C'est d'ailleurs l'expédition de ce cahier des charges remise à l'entrepreneur et non pas la minute qui constitue le texte obligatoire de la convention. Il a été jugé qu'en cas de différences entre la minute et l'expédition, c'était cette dernière pièce qui formait seule le lien de droit entre les parties. (2 mai 1861, Dato, L. p. 321.)

Nous devons ajouter que celui-là seul est fournisseur dont le nom figure dans le marché. Peu importerait la production de procurations émanées du titulaire du marché et donnant pouvoir au porteur de ces procurations de traiter avec l'administration ; à moins d'être agréé par elle, ce mandataire du titulaire ne peut être considéré comme fournisseur. (18 décembre 1862, Bonafous, L. p. 828.)

Le soumissionnaire déclaré adjudicataire et proclamé fournisseur peut cependant se dégager des liens de son marché en se substituant un tiers avec le consentement de l'administration ; mais il convient d'observer que ce tiers ne peut être considéré comme fournisseur en titre qu'autant qu'il y a eu remise effective du service entre ses mains. Jusque-là, et bien que le ministre ait autorisé la substitution avec recommandation de l'exécuter le plus tôt possible, le substitué n'est que le mandataire du premier fournisseur qui reste chargé, sous sa responsabilité, de l'inexécution du marché. (16 août 1841, Chegaray, L. p. 447.)

SECTION III

MARCHÉS DE GRÉ A GRÉ

35. — L'article 69 du décret du 31 mai 1862 donne l'énumération des cas dans lesquels l'administration peut traiter de gré à gré pour certaines fournitures :

« Art. 69. Il peut être traité de gré à gré : 1° pour les fournitures, transports et travaux dont la dépense totale n'excède pas dix mille francs, ou, s'il s'agit d'un marché passé pour plusieurs années, dont la dépense annuelle n'excède pas trois mille francs; — 2° pour toute espèce de fournitures, de transports ou de travaux, lorsque les circonstances exigent que les opérations du gouvernement soient tenues secrètes : ces marchés doivent préalablement avoir été autorisés par l'Empereur, sur un rapport spécial; — 3° pour les objets dont la fabrication est exclusivement attribuée à des porteurs de brevets d'invention ou d'importation; — 4° pour les objets qui n'auraient qu'un possesseur unique; — 5° pour les ouvrages et les objets d'art et de précision dont l'exécution ne peut être confiée qu'à des artistes éprouvés; — 6° pour les exploitations, fabrications et fournitures qui ne sont faites qu'à titre d'essai; — 7° pour les matières et denrées qui, à raison de leur nature particulière et de la spécialité de l'emploi auquel elles sont destinées, sont achetées et choisies aux lieux de production ou livrées sans intermédiaire par les producteurs eux-mêmes; — 8° pour les fournitures, transports ou travaux qui n'ont été l'objet d'aucune offre aux adjudications, ou à l'égard desquels il n'a été proposé que des prix inacceptables; toutefois, lorsque l'administration a cru devoir arrêter et faire connaître un maximum de prix, elle ne doit pas dépasser ce maximum ; — 9° pour les fournitures, transports et travaux qui, dans le cas d'urgence évidente, amenée par des circonstances imprévues, ne peuvent pas subir les délais des adjudications ; — 10° pour les affrétements passés au cours des places par l'intermédiaire des courtiers, et pour les assurances sur les chargements qui s'ensuivent ; — 11° pour les achats de tabac ou de salpêtre indigènes dont le mode est réglé par une législation spéciale ; — 12° pour le transport des fonds du Trésor. »

36. — Ces marchés sont passés par les ministres ou par les fonctionnaires qu'ils délèguent à cet effet. « Ils ont lieu (art. 80) : 1° soit sur un engagement souscrit à la suite du cahier des charges ; 2° soit sur soumission souscrite par celui qui propose de traiter ; 3° soit sur correspondance, suivant l'usage du commerce. — Il peut y être suppléé par les travaux sur simple mémoire ou par des achats faits sur simple facture, pour les objets qui sont livrés immédiatement, quand la valeur n'excède pas mille francs. Les marchés de gré à gré passés par les délégués d'un ministre et les achats ou travaux exécutés dans la limite qui vient d'être déterminée sont toujours subordonnés à son approbation, à moins soit de nécessité résultant de force majeure, soit d'une autorisation spéciale ou dérivant des règlements : circonstances qui sont relatées dans lesdits marchés ou dans les décisions approbatives des achats ou des travaux. »

37. — Lorsque, d'après la nature des offres faites par le fournisseur, la fixation du prix des fournitures dépend d'un élément variable, à quel jour faut-il se reporter, dans l'hypothèse d'un marché de gré à gré, pour déterminer le prix dû au fournisseur, lorsque la base adoptée par celui-ci a en effet varié entre le jour des offres et celui de

leur acceptation? Ainsi, un sieur Ellul avait proposé le
12 décembre 1841 à l'administration militaire de se charger de la fourniture des vivres viandes nécessaires au service de l'hôpital militaire de Philippeville, moyennant un
rabais de 10 pour 100 au-dessous de la mercuriale. Le
marché définitif avait été passé dans ces termes le 4 janvier 1842. Était-ce d'après la mercuriale du 12 décembre
1841, date des offres, ou d'après celle du 4 janvier 1842,
date de leur acceptation par l'administration, que le prix
devait être établi? Par un arrêt du 30 juin 1846, le
Conseil d'État s'est prononcé dans ce dernier sens. (Ellul,
L. p. 374.)

38. — L'approbation à laquelle est subordonnée, aux termes
de l'article 80 du décret de 1862, lorsqu'il s'agit de marchés
de gré à gré, la validité des conventions préparées par les
fonctionnaires locaux n'est pas censée intervenue par cela
seul que le ministre aurait gardé le silence pendant un
temps plus ou moins prolongé. Mais une approbation pourrait, il semble, être tacite, pourvu qu'elle résultât nécessairement d'un acte ou d'un écrit du ministre. Il en est ici
comme pour les marchés passés par voie d'adjudication.
(21 mai 1867, Véniard et Rivron, L. p. 502; 20 décembre
1872, Mélet, L. p. 738.)

Du reste, un marché ne doit être considéré comme définitivement conclu qu'autant que l'intention des parties de
s'engager actuellement est bien certaine. Ainsi la convention qu'un marché interviendra d'une manière conforme
aux règlements n'a que la valeur d'un simple projet si elle
n'a pas été revêtue de la signature des parties contractantes
et si rien n'établit d'ailleurs que l'une d'elles l'ait définitivement acceptée. (12 juin 1874, de Plazanet, L. p. 556.)

39. — Il arrive que, dans certains marchés rentrant
dans la catégorie de ceux qu'elle peut passer de gré à gré,

l'administration emploie quelques-unes des formes des adjudications publiques. Dans ces marchés mixtes, usités notamment pour la marine, l'administration n'a pas uniquement égard au chiffre des soumissions, comme elle est tenue de le faire dans les adjudications, mais à toutes sortes de circonstances de nature à influer sur sa détermination. Dans ces cas, elle adjuge la fourniture au soumissionnaire qui lui convient le mieux, sans être liée par le chiffre de la soumission.

Toutefois, ces sortes de marchés donnent lieu à une application des règles faites pour assurer la publicité et la concurrence dans le cas d'adjudications proprement dites. Ainsi il est donné lecture en séance publique des soumissions déposées ; puis, après la clôture de la séance, les diverses soumissions sont examinées par les membres du bureau qui consignent dans un procès-verbal le résultat de leur appréciation sur chacune d'elles, et c'est au vu de ce procès-verbal que le ministre statue définitivement sur le choix de l'adjudicataire.

SECTION IV

GARANTIES EXIGÉES DES FOURNISSEURS

§ I. — Cautionnement.

40. — La plus importante des garanties exigées des fournisseurs est le cautionnement. A côté d'elle et avant elle, il convient d'en mentionner une autre imposée comme condition de validité de la soumission et qui est stipulée de droit dans nombre de marchés, c'est le dépôt de garantie des soumissions qui est fixé dans les proportions de

5 pour 100 de la valeur présumée de la totalité de la fourniture. Cette garantie ne concerne que la soumission, tandis que le cautionnement est le gage de l'inexécution du marché. En outre, pour le dépôt de garantie, on admet des valeurs qu'on n'accepte pas pour le cautionnement ; telles sont les rentes nominatives départementales et les rentes au porteur; mais ces dernières ne sont reçues qu'à la Caisse des dépôts et consignations à Paris. (Circ. min. 1er sept. 1870.)

Les soumissionnaires justifient du dépôt de garantie par la production d'un récépissé timbré qu'ils joignent à leur soumission. L'administration garde, jusqu'à ce que la justification de la réalisation du cautionnement lui ait été fournie, le récépissé du dépôt versé par le soumissionnaire déclaré adjudicataire. Les autres récépissés de dépôt sont rendus aux soumissionnaires ou à leurs représentants aussitôt après la clôture de la séance d'adjudication. Nous avons vu (p. 14) que le dépôt de garantie des soumissions est acquis au Trésor public et l'adjudication déclarée nulle si l'adjudicataire ou son représentant refuse de signer le procès-verbal d'adjudication. Il peut être saisi également si le soumissionnaire, déclaré adjudicataire dans les délais fixés par le cahier des charges, n'a pas réalisé le dépôt de son cautionnement définitif, et cela lors même qu'une difficulté se serait élevée entre lui et l'administration sur l'interprétation des clauses du marché. (28 janvier 1864, Bouchet, L. p. 76.)

41. — Tout adjudicataire d'un marché de fournitures est tenu, lorsqu'il n'en a pas été exempté par une clause particulière du traité, de déposer un cautionnement comme garantie de l'exécution de son marché. Ce cautionnement, qui peut être immobilier et consister dès lors en hypothèques aux termes du droit commun, est le plus souvent

effectué, soit en numéraire, soit en inscriptions de rentes sur l'État, nominatives et directes. Le cautionnement en rentes est réalisé au choix du fournisseur, en rentes 3, 4, 4 1/2 et 5 pour 100 aux conditions déterminées par le décret du 31 janvier 1872. Le cautionnement en numéraire est reçu à Paris par la Caisse des dépôts et consignations, et dans les départements par les trésoriers-payeurs généraux et les receveurs particuliers des finances à titre de préposés de cette caisse. Le cautionnement en rentes nominatives et directes est reçu à Paris au ministère des finances par l'agent judiciaire du Trésor public. Le cahier des charges fixe ordinairement le délai dans lequel le dépôt doit être effectué.

42. — Le cautionnement est fixé par le marché, d'après la valeur présumée de la totalité de la fourniture, dans la proportion de 10 pour 100 de cette valeur. Lorsque l'importance de la fourniture est limitée par un minimum et par un maximum, le cautionnement est calculé sur la valeur du minimum à livrer pendant la durée du marché. L'administration se réserve d'ailleurs de diminuer ou d'augmenter exceptionnellement le taux du cautionnement. Il peut arriver en effet, pour les fournitures d'une grande importance, que l'administration ait intérêt à réduire le taux du cautionnement pour ne pas obliger le fournisseur à immobiliser une somme considérable dont il serait forcé de tenir compte dans la fixation de ses prix, ou pour éviter que la concurrence ne soit trop restreinte. Au contraire, dans quelques circonstances, on peut sentir la nécessité de garantir par un cautionnement plus fort l'exécution d'un marché qui doit pourvoir à des besoins impérieux dont l'inexécution serait de nature à compromettre le service. (V. Circ. du min. de la marine du 1er sept. 1870.)

L'administration peut aussi n'exiger qu'une caution provisoire, en attendant le cautionnement définitif. Lorsque la durée du marché est très-courte, le cautionnement peut être effectué sous forme de simple dépôt, et alors il ne produit pas intérêt quand il est réalisé en numéraire. Mais si, en pareil cas, le marché n'est pas exécuté dans le délai prévu au contrat, la somme déposée est convertie d'office en cautionnement définitif.

Pour les marchés de gré à gré, l'administration peut même s'abstenir d'exiger un cautionnement lorsque le fournisseur avec lequel elle traite et auquel elle a fait directement appel lui présente de suffisantes garanties, ou lorsque la fourniture est peu importante, ou que la marchandise qui fait l'objet du traité est prête à être livrée. Mais la dispense du cautionnement n'est qu'une mesure tout à fait exceptionnelle.

43. — Nous devons ajouter que le cautionnement n'est pas toujours une simple garantie pour l'État des condamnations qu'il pourrait obtenir contre le fournisseur ; dans certains marchés on stipule qu'en cas d'inexécution du contrat, le cautionnement reste acquis à l'État. Dans ce cas l'administration a droit à l'intégralité du cautionnement sans avoir à justifier de l'étendue du préjudice qui lui a été causé. Cette stipulation renferme une véritable clause pénale dont nous étudierons plus loin les effets. (28 janvier 1853, Marcin, L. p. 142.)

44. — Les intérêts des cautionnements en numéraire, réglés au 31 décembre de chaque année, sont servis par la Caisse des dépôts et consignations à raison de 3 pour 100 l'an (360 jours) à partir du 61ᵉ jour qui suit la date de la réalisation du cautionnement définitif. (Art. 2, loi du 18 janvier 1805 — 28 nivôse an VII — et ordonnance du 3 juillet 1816.) Lorsque le cautionnement est effectué en rentes, le fournisseur reçoit de l'agent judiciaire du Trésor

un certificat qui lui sert pour en toucher les arrérages.

45. — La restitution du cautionnement a lieu après l'exécution du marché. Elle est autorisée, sur la demande du fournisseur, par un certificat de mainlevée que lui délivre l'administration. Cette mainlevée n'est donnée que pour les droits de l'État et sans préjudice de ceux qui peuvent appartenir à des tiers en vertu du décret du 12 décembre 1806. Nous retrouverons ce décret en nous occupant des sous-traitants.

46. — Lorsque les entrepreneurs n'ont pas réalisé leurs cautionnements aux époques fixées, l'administration peut résilier le traité. Aux termes de l'article 118 du règlement du 1er septembre 1827 sur les subsistances militaires, lorsque les entrepreneurs n'avaient pas réalisé leurs cautionnements au terme prévu, l'administration de la guerre avait le droit de résilier le traité et de faire payer aux entrepreneurs, à titre de dommages-intérêts, une somme égale à la moitié du cautionnement stipulé. L'article 126 du règlement de 1866, qui a remplacé celui de 1827, porte seulement que, si le marché de l'entrepreneur qui n'a pas réalisé son cautionnement à l'époque fixée est résilié, l'entrepreneur est soumis aux pénalités déterminées par le cahier des charges. (V. aux Annexes.)

47. — Le cautionnement est spécial à l'entreprise pour laquelle il a été fourni et ne peut être étendu et appliqué à la garantie de faits autres que ceux du service dont il s'agit. Le Conseil d'État a eu plusieurs fois à faire l'application de ce principe dans le cas de cautionnements d'officiers comptables du service des vivres, et à décider dans quels cas le cautionnement devait ou non s'appliquer à l'entreprise, suivant que le service rentrait dans les attributions du comptable cautionné ou qu'il en était distinct et indépendant. (13 octobre 1809, Monnat; 9 septembre 1811,

Lavergne ; 4 juin 1815, Léveillé ; 3 décembre 1823, Laligant, L. p. 799 ; 22 mars 1851, Mortel, L. p. 210.)

Il est certain également que, pour que l'administration puisse invoquer la garantie du cautionnement, il faut que celui contre lequel elle l'invoque se soit personnellement engagé envers elle à l'exécution du marché. Aucun recours ne serait ouvert au profit de l'État sur les biens de celui qui aurait seulement participé à des marchés de fournitures, sans les avoir revêtus de sa signature, soit comme fournisseur, soit comme caution. (Rej. 9 juin 1847 ; Seguin, S. 48, 1, 54.)

48. — La résiliation régulière d'un marché, résultant du consentement simultané des parties contractantes, décharge immédiatement la caution de ses obligations. (9 janvier 1812, Plumier.)

49. — Un tiers peut se porter garant, au lieu et place du fournisseur, de l'exécution de ses engagements et fournir le cautionnement exigé par la loi ; mais il faut que ce tiers soit agréé par le ministre, sauf pour les marchés d'urgence.

§ II. — Hypothèque.

50. — Une autre garantie imposée à tous les fournisseurs, outre celles qui peuvent être stipulées dans les cahiers des charges, consiste dans une hypothèque légale qui frappe leurs biens à raison des sommes et des valeurs dont ils peuvent être comptables et sans qu'il soit nécessaire qu'une convention expresse en ait consenti l'affectation. Cette hypothèque, dont l'origine remonte à la loi des 28 octobre, 5 novembre 1790, titre II, article 14, a été confirmée par la loi du 4 mai 1793 dans un article 3, ainsi conçu : « Quoique les marchés avec les fournisseurs

soient passés par des actes sous signature privée, la nation aura néanmoins hypothèque sur les immeubles appartenant aux fournisseurs et à leurs cautions, à compter du jour où les ministres auront accepté leurs marchés. » Elle a donné lieu à plusieurs questions vivement débattues. Et d'abord les dispositions des lois de 1790 et 1793 sont-elles encore en vigueur ou au contraire ont-elles été abrogées par le Code civil ? Il ne nous semble pas douteux que l'hypothèque établie au profit du Trésor public sur les biens des fournisseurs ait survécu au Code civil. La disposition des lois de 1790 et 1793 portant création de cette hypothèque a le caractère d'une loi spéciale, et les lois spéciales ne sont abrogées par les lois générales qu'autant qu'elles sont inconciliables avec la loi nouvelle. « Il faut reconnaître, dit M. Christophle, que le Code civil n'a pas porté atteinte aux lois antérieures qui créaient, en matière d'hypothèque, au profit de l'État, des droits particuliers. Une disposition comme celle de l'article 2098 (aux termes duquel le privilége à raison des droits du Trésor royal et l'ordre dans lequel il s'exerce sont réglés par les lois qui les concernent) n'était pas nécessaire pour réserver ces droits. Il suffit que le texte nouveau soit muet pour que l'État soit admis à invoquer l'ancienne législation, et l'argument qu'on prétendrait tirer de l'article 2121, qui ne donne d'hypothèque légale à l'État que sur les biens des comptables, perd ici toute valeur. » (*Trav. publ.,* t. Ier, p. 160.)

51. — Est-il nécessaire, pour que l'acte d'adjudication emporte hypothèque, que cet acte ait été passé par-devant notaire ? La jurisprudence et la majorité des auteurs ont pensé que la forme notariée n'était pas nécessaire et que, aux termes des lois de 1790 et de 1793, les actes administratifs contenant les stipulations relatives aux marchés

suffisaient pour emporter hypothèque sur les biens des fournisseurs. L'article 2127 du Code civil, aux termes duquel l'hypothèque conventionnelle ne peut être consentie que par un acte notarié, n'a pas abrogé la disposition spéciale des deux lois précitées, et, d'ailleurs, comme le dit encore M. Christophle (*loco cit.*), cette exception aux règles générales ne présente aucun danger pour ceux qui traitent avec l'État. Les garanties que les parties trouvent dans l'intervention d'un notaire, elles les trouvent aussi bien dans celle des agents de l'administration. Les formes solennelles de l'adjudication, l'approbation ministérielle ou préfectorale dont sa validité dépend, tiennent lieu sans inconvénient pour les fournisseurs, qui savent fort bien à quoi ils s'engagent, de la présence de l'officier ministériel. Un acte notarié aurait pour unique résultat de mettre des frais considérables à leur charge et d'apporter des lenteurs fâcheuses à l'expédition des affaires administratives. (V. Cass. 12 janvier 1835, de Gayrosse, S. 35, 1, 11 ; Cass. 3 mai 1843, Seguin, D. rep. V° priv. et hyp. n° 1572, 2°; Rej. 9 juin 1847, D. 53, 1, 306.)

52. — L'administration est tenue de prendre inscription sur les biens assujettis à l'hypothèque. Le Code civil a laissé subsister cette hypothèque, mais elle n'en est pas moins soumise aux principes que la législation nouvelle a établis pour toutes les hypothèques, et, en particulier, à la nécessité de l'inscription. Le code n'a apporté à ce principe de l'inscription que des exceptions limitativement déterminées et n'a pas compris parmi elles l'hypothèque accordée au Trésor par la loi de 1793.

Pour que l'inscription prise par l'État sur les biens d'un fournisseur soit valable, il n'est pas nécessaire qu'elle contienne une évaluation de la créance, si elle indique d'ailleurs le montant de l'adjudication. Un arrêt déjà cité de la Cour de cassation (v. *supra* de Gayrosse), rendu dans le cas d'une entreprise de travaux publics à laquelle s'applique la même hypothèque, a décidé que cette indication remplissait suffisamment le vœu de la loi.

53. — Aux termes de l'article 3 de la loi de 1793, l'hypothèque frappe tous les biens du fournisseur, et non pas seulement ceux qui sont spécialement offerts à titre de cautionnement. Mais il est certain qu'il ne s'agit ici que des biens présents et non pas de ceux qui seraient acquis par le fourniseur postérieurement à l'adjudication.

54. — Comme dernière garantie à laquelle sont soumises toutes les entreprises de fournitures, le Code pénal a édicté aux articles 43 et 'suivants un certain nombre de peines contre les fournisseurs qui ont fait manquer le service pour lequel ils avaient traité. Nous y reviendrons plus loin.

55. — En dehors de ces garanties générales applicables à tous les marchés, les cahiers des charges peuvent en stipuler de particulières qui varient suivant la situation et les circonstances. C'est ce qui est indiqué en ces termes par l'article 73 du décret du 31 mai 1862 : « Les cahiers des charges déterminent la nature et l'importance des garanties que les fournisseurs ou entrepreneurs produisent, soit pour être admis aux adjudications, soit pour répondre de l'exécution de leurs engagements. Ils déterminent aussi l'action que l'administration exerce sur ces garanties, en cas d'inexécution des engagements. »

SECTION V

§ I. — Enregistrement des marchés.

56. — La loi du 28 avril 1816 (art. 51, § 3) avait assujetti au droit de 1 pour 100 « les adjudications au rabais et marchés pour approvisionnements et fournitures dont le prix doit être payé par le Trésor royal ou par les administrations locales ou par des établissements publics ». La loi du 15 mai 1818 avait disposé, dans son article 73, que celles de ces adjudications dont le prix doit être payé directement ou indirectement par le Trésor public et les cautionnements relatifs à ces adjudications et marchés ne seraient plus soumis qu'à un droit fixe d'enregistrement de 1 franc. Ce droit avait été élevé à 2 francs par la loi du 18 mai 1850 (art. 8). Mais l'article 1er, n° 9, de la loi du 28 février 1872, relative aux augmentations d'impôt, a décidé que le droit gradué de 1 franc pour 1,000 francs serait perçu « sur les adjudications et marchés pour constructions, réparations, entretien, approvisionnements et fournitures dont le prix doit être payé par le Trésor public » ; et le même article ajoute : « L'article 73 de la loi du 15 mai 1818 est abrogé. » En conséquence, les marchés de fournitures sont retombés aujourd'hui sous l'empire du droit proportionnel établi par l'article 51, § 3, de la loi du 28 avril 1816 ; ce droit gradué est de : 5 francs pour les sommes et valeurs de 5,000 francs et au-dessous ; 10 francs pour celles de 5,000 francs à 10,000 francs ; 20 francs pour celles

de 10,000 francs à 20,000 francs; et ensuite à raison de 20 francs pour chaque somme ou valeur de 20,000 francs, ou fraction de 20,000 francs.

Nous devons ajouter que la question de savoir si les marchés départementaux étaient compris dans cette disposition de la loi de 1872 et devenaient passibles du droit proportionnel comme les marchés passés par l'État, les établissements publics ou les administrations locales, a été discutée et tranchée dans le sens de l'affirmative par un arrêt de cassation du 16 août 1875. (S. 76, 1, 129.)

57. — L'article 78 de la loi du 15 mai 1818 avait maintenu la disposition de l'article 51 de la loi du 28 avril 1816, en ces termes : « Demeurent assujettis au timbre et à l'enregistrement sur la minute, dans le délai de vingt jours, conformément aux lois existantes : 1° les adjudications ou marchés de toute nature, aux enchères, au rabais ou sur soumissions; 2° les cautionnements relatifs à ces actes. »

Cet article est encore en vigueur.

58. — Les cautionnements relatifs aux marchés doivent le droit de 50 centimes par 100 francs, réglé par l'article 69, § 2, n° 8, de la loi du 22 frimaire an VII. Les procès-verbaux d'adjudication des fournitures des divers services de la guerre et de la marine et des marchés ayant pour objet le travail dans les prisons doivent être enregistrés au droit fixe de 3 francs. (Arrêtés des 6 fructidor an XI et 15 brumaire an XII; lois des 15 mai 1818, 6 juin 1857 et 28 février 1872.)

59. — Dans tous les cas, il faut ajouter au droit d'enregistrement la perception du décime autorisée par les lois de finances, et qui monte actuellement à un décime et demi par franc du droit principal.

60. — Généralement les cahiers des charges des entreprises de fournitures comprennent l'enregistrement parmi

les frais qui doivent être supportés par l'adjudicataire. Voici à cet égard la disposition de l'article 12, § 2, des conditions générales de la marine : « Tout marché, après la notification de son approbation par le ministre ou les délégués du ministre, est soumis au timbre et à l'enregistrement par les soins et aux frais des fournisseurs. »

Il faut suivre en tous cas les termes de la convention, et le fourniseur, si la convention a précisé le montant des droits qui seraient à sa charge, ne peut être contraint de supporter une somme plus forte. Ainsi, lorsque le cahier des charges a spécifié que le droit à payer par l'adjudicataire était le droit fixe de 2 francs, celui-ci a son recours contre l'administration pour ce qu'il serait obligé de payer au delà. C'est ce qui a été jugé en faveur d'un entrepreneur de fournitures qui, par suite d'une condamnation judiciaire envers l'administration de l'enregistrement, avait dû acquitter, outre le droit fixe de 2 francs, un droit proportionnel sur la cession à lui faite par l'État du matériel de l'entreprise. Le Conseil d'État a décidé qu'il était en droit de demander au ministre de la guerre le remboursement de la somme payée pour le droit proportionnel. 13 juillet 1870, Laffitte, L. p. 887.)

61. — Nous devons rappeler la prescription de deux ans établie par l'article 61, § 1er, de la loi du 22 frimaire an VII, en ces termes : « Il y a prescription pour la demande des droits, savoir : 1° après deux années à compter du jour de l'enregistrement, s'il s'agit d'un droit non perçu sur une disposition particulière dans un acte, ou d'un supplément de perception insuffisamment faite ou d'une fausse évaluation dans une déclaration et pour la constater par voie d'expertise. Les parties seront également non recevables après le même délai pour toute demande en restitution de droits perçus. » Cette disposition a été

complétée par la loi du 16 juin 1824, article 14.

Il a été jugé : 1° que cette prescription n'était pas opposable à une demande en supplément de droits relatifs à un marché de fournitures dont l'importance était incertaine lors de la perception du droit et n'a été révélée que par l'exécution du marché (Cass. 4 avril 1864, S. 64, 1, 189 ; Trib. de Toulouse 6 août 1863, S. 65, 2, 50 ; 2° que cette même prescription court contre l'administration, non du jour où l'acte a été présenté à la formalité de l'enregistrement, mais seulement du jour où, les fournitures étant faites, l'administration a été mise à même de reconnaître qu'elles ont été plus considérables que celles déclarées lors de l'enregistrement de l'acte d'adjudication. (23 mai 1832, S. 32, 1, 395 ; 17 avril 1833, S. 33, 1, 385 ; 27 juillet 1853, S. 53, 1, 772.)

§ II. — De la patente des fournisseurs.

62. — Les fournisseurs, comme tous les autres industriels, sont soumis à l'impôt de la patente. Le tarif qui règle le droit auquel ils sont soumis est compris dans le tableau C annexé à la loi du 25 avril 1844, et ainsi conçu en ce qui les concerne :

« Tableau C : première partie. Droit proportionnel au quinzième. — Fournisseurs généraux d'objets concernant l'habillement, la remonte, le harnachement et l'équipement des troupes, etc., 1,000 francs ; de subsistances aux armées, 1,000 francs ; de bois et lumière aux troupes, 1,000 francs ; fournisseurs des objets ci-dessus indiqués par décision militaire, 150 francs ; fournisseurs de fourrages aux troupes dans les garnisons, 100 francs ; fournisseurs de vivres et fourrages dans un gîte d'étape, 25 francs ;

fournisseurs de bois et de lumière aux troupes dans les garnisons, 25 francs. »

Il convient d'ajouter que ces droits ont été rehaussés d'un cinquième par l'article 3 de la loi du 29 mars 1872.

63. — Il peut y avoir difficulté sur le point de savoir à quelle catégorie du tableau C appartient le fournisseur : la différence, par exemple, entre un fournisseur général et un fournisseur par décision militaire, entre ce dernier et un fournisseur aux gîtes d'étape peut dans certaines circonstances offrir quelque incertitude. Il a été décidé que les particuliers qui s'étaient engagés envers le département de la marine à fournir le pain et la viande nécessaires à une escadre d'évolution pendant son séjour dans les eaux d'un port, et qui, dans l'espace de cinq mois, avaient fait à l'escadre, à plusieurs reprises, pendant ses séjours sur rade, des fournitures s'élevant à 119,917 francs, devaient être considérés comme ayant exercé dans le port dont il s'agit la profession de fournisseurs des subsistances aux armées par division militaire, et non pas seulement celle de fournisseurs aux gîtes d'étape. (30 août 1865, Leca, L. p. 897.)

Un entrepreneur qui avait soumissionné au ministère de la guerre deux lots sur douze dans la fourniture des shakos et des visières de bonnets de police et un lot sur six dans celle des effets de grand équipement nécessaires à l'armée, qui, de plus, se chargeait habituellement de la fourniture de divers objets d'équipement nécessaires aux ports de Brest, de Cherbourg et de Toulon, devait-il être imposé comme fournisseur général ou seulement comme fournisseur par division militaire ? Le fournisseur soutenait que pour être fournisseur général dans le sens de la loi, il faut que le marché porte sur la totalité d'une catégorie d'objets d'habillement ou d'équipement, et non pas seulement sur une portion déterminée de ces objets ; les administrations de la guerre et de la marine ne veulent pas avoir et n'ont pas de fournisseurs généraux pour les objets dont il s'agit, et lorsqu'elles mettent telle ou telle fourniture en adjudication, elles la divisent en un certain nombre de lots et exigent même qu'aucun des soumissionnaires ne puisse rester adjudicataire de plus de trois lots à la fois. L'administration des contributions directes soutenait de son côté que la mise en adjudication des fournitures militaires en divers lots n'était pas chose nouvelle; ce mode était employé bien avant 1844 par les administrations de la guerre et de la marine, du moins en ce qui concernait les objets d'habillement ou d'équipement des troupes. La loi de 1844, en déclarant imposable à la patente le fournisseur général d'objets de cette nature, n'a donc pas voulu atteindre d'autres fournisseurs généraux que ceux qui se rendent adjudicataires des fournitures d'objets d'habillement ou d'équipement des troupes, dans les conditions déterminées par les administrations de la guerre et de la marine. Le Conseil d'État a donné gain de cause au contribuable et a décidé qu'il devait être imposé seulement comme fournisseur par division militaire. (30 décembre 1858, Vacheront, 776.)

On peut aussi citer, par analogie, une espèce dans laquelle celui qui s'est rendu adjudicataire de l'entreprise générale des fournitures à faire aux maisons d'arrêt, de justice et de correction et aux dépôts de sûreté d'un département, a été imposé à la patente comme fournisseur général dans les prisons et dépôts de mendicité (tableau C, 5ᵉ partie), alors même qu'il ne fournirait pas la totalité des objets nécessaires au service des détenus. (22 juin 1858, Lebreton, L. p. 435.)

Il a été décidé enfin que le fournisseur qui était chargé, d'après le cahier des charges de son entreprise, d'une

part, de l'approvisionnement de tous les gîtes d'étape d'un
département; d'autre part, d'exécuter le service des fourrages dans un arrondissement comprenant une ville de
garnison, mais qui, en fait, avait seulement fourni des
fourrages dans des gîtes d'étape, devait être imposé non
comme fournisseur de fourrages aux troupes dans les garnisons, mais comme fournisseur de fourrages dans un gîte
d'étape. (20 juin 1855, Salomon Caen, L. p. 443.)

64. — Pour les fournisseurs comme pour tous autres
industriels, le droit fixe auquel ils doivent être soumis au
cas où leur industrie ne serait pas dénommée dans le
tableau C est réglé, aux termes de l'article 4 de la loi du
25 avril 1844, d'après l'analogie des opérations ou des
objets de commerce, par le préfet, sauf recours au conseil
de préfecture ou au Conseil d'État, en cas de contestation;
c'est ainsi que l'industrie de fournisseur de charbon de
terre pour le chauffage des troupes n'étant pas désignée
au tableau C, il a été décidé que, parmi les industries dé-
nommées dans ce tableau, celle avec laquelle elle présente
le plus d'analogie est l'industrie de fournisseur de bois aux
troupes d'une division militaire, et qu'ainsi le fournisseur
de charbon doit être, par assimilation, imposé à la patente
de fournisseur de bois. (11 janvier 1851, Lecomte-Du-
four, 86.)

65. — Pour être soumis à la patente comme fournisseur, il ne suffit pas d'avoir livré à l'État ou aux établissements publics des fournitures ; si ces livraisons n'ont eu
lieu que comme conséquence d'une industrie soumise elle-
même à la patente et si elles ne constituent pas un marché
de fournitures proprement dit, il n'y a pas lieu de soumettre le contribuable au tarif applicable aux fournisseurs :
ainsi dans une espèce où l'industrie exercée par le contribuable consistait à préparer des conserves alimentaires et

à les vendre ensuite soit aux particuliers, soit aux administrations de la guerre et de la marine pour l'alimentation
des armées, et où les fournitures qu'il avait faites à ces
administrations avaient eu lieu en vertu de marchés spéciaux et pour des quantités déterminées, le Conseil d'État
a décidé que ce contribuable ne devait pas être imposé
comme fournisseur général de subsistances aux armées, et
que, comme il n'était pas non plus un simple marchand de
conserves alimentaires, il y avait lieu de procéder au classement de sa profession par voie d'analogie. (10 juillet 1856,
Chollet, L. p. 457.)

De même un sieur Luo, vendant habituellement à d'autres marchands des sucres, cafés et savons, s'était borné
à fournir à un hôpital militaire les objets de son commerce.
Il a été reconnu qu'il avait été imposé à tort au droit fixe
de patente comme exerçant la profession de fournisseur
dans les hôpitaux civils et militaires et qu'il devait l'être
comme marchand d'épiceries en gros. (19 décembre 1861,
Luo, L. p. 908.)

66. — Comme on vient de le voir, le tableau C, dans la
partie que nous avons citée, porte : « fournisseurs généraux de bois et lumière aux troupes, 1,000 francs; fournitures des objets ci-dessus indiqués *par division militaire*,
150 francs; fournisseur de fourrage aux troupes dans les
garnisons, 100 francs. » La question s'est élevée de savoir
ce qu'il faut entendre par ces mots *par division militaire*.
Faut-il comprendre que le fournisseur doit être imposé à
autant de droits fixes de 150 francs qu'il dessert de divisions militaires ou bien qu'un seul droit fixe est dû, quel
que soit le nombre des divisions militaires desservies? Le
Conseil d'État a admis cette seconde interprétation. (21 mars
1860, Rueff, L. p. 237.) Il est évident, en effet, ainsi
que l'administration des contributions directes le re-

connaissait elle-même, que ces mots *par division militaire* ont été insérés dans le tarif pour déterminer l'espèce
de fournisseur, pour distinguer celui de la deuxième catégorie des deux autres, et non pour indiquer que le droit
de 150 francs serait exigible pour chacune des divisions
dans lesquelles le service serait fait.

67. — Il est une règle générale en matière de patentes,
c'est que le peu d'importance du commerce n'est pas une
cause d'exemption de l'impôt. Ce principe s'applique aux
fournisseurs comme à tout autre industriel; la modicité de
la fourniture, fût-elle justifiée, ne pouvait servir de base à
une demande en réduction par la voie contentieuse. (19 décembre 1855, Veysset, L. p. 751). Le même arrêt a décidé
que la circonstance qu'un fournisseur de bois et de lumière aux troupes d'une division militaire, soumis au
droit fixe de 150 francs, aurait été autorisé à fournir de
la houille au lieu de bois dans quelques-uns des départements dont se compose la division, ne saurait autoriser à
prononcer une réduction sur une contribution dont le
taux est fixé par la loi.

68. — On sait que le patentable qui a plusieurs établissements distincts est frappé, quelle que soit la classe ou la
catégorie à laquelle il appartient, par la loi du 4 juin 1858,
d'un demi-droit fixe qui a été porté par la loi du 29 mars
1872 à un droit fixe entier, à raison de l'industrie exercée
dans chacun de ces établissements, même dans les établissements secondaires. Cette règle générale est applicable
aux fournisseurs. Mais la question de savoir dans quels
cas un fournisseur peut être réputé avoir plusieurs établissements dans le sens des lois de 1858 et de 1872 a été
et peut être souvent discutée; ainsi un adjudicataire de la
fourniture de chauffage et de lumière à faire aux troupes
dans plusieurs divisions a été imposé en cette qualité dans

une ville située dans une de ces divisions ; imposé en la même qualité sur le rôle d'une ville située dans une autre division, il a obtenu décharge du demi-droit de patente dans cette seconde ville par le motif qu'il n'y possédait ni bureau, ni chantier, ni magasin, et que dès lors il n'y avait pas d'établissement distinct dans le sens de l'article 9 de la loi du 4 juin 1858. (3 juillet 1866, Rueff, L. p. 761.)

De même un sieur Brunet, imposé à un double droit de patente comme fournisseur de fourrages aux troupes dans deux localités différentes, a demandé et obtenu décharge d'un de ces droits ; l'arrêté qui la lui a accordée est ainsi conçu : « Considérant que le sieur Brunet est domicilié à Saint-Clar (Gers), où il a été imposé, pour l'année 1872, aux droits de patente comme exerçant la profession de fournisseur de fourrages aux troupes ; que si le requérant s'est rendu adjudicataire des fournitures de fourrages à faire aux troupes dans le département de la Charente, il ne réside pas à Angoulème, où il est représenté par un mandataire qui n'a aucun pouvoir propre ; que, dans ces conditions, le sieur Brunet ne saurait être considéré comme ayant à Angoulème un établissement au sens des lois susvisées ; que dès lors c'est à tort qu'il a été imposé et maintenu pour l'année 1872 au droit fixe de patente sur le rôle d'Angoulème comme fournisseur de fourrages aux troupes. » (27 février 1874, Brunet, L. p. 199.)

Cette même question s'est souvent présentée dans les marchés pour les fournitures des prisons dont l'examen ne rentre pas directement dans le cadre de ce travail. Les marchés pour le service dans les prisons, dont nous avons déjà cité des exemples, sont en effet qualifiés par la jurisprudence, comme nous le verrons plus loin, de marchés de travaux publics, et il en résulte que la juridiction administrative est compétente pour les contestations qu'ils soulèvent et que ces contestations doivent être soumises d'abord au conseil de préfecture, et, en appel, au Conseil d'État. Mais au fond et en réalité ce sont de véritables marchés de fournitures. Pour eux se présentent les mêmes questions que pour les autres marchés dont il est parlé dans ce travail. En ce qui concerne le point spécial qui nous occupe, il a été décidé que l'adjudicataire des fournitures à faire dans les prisons de deux départements qui est domicilié dans l'un de ces départements où il est imposé au droit fixe de patente comme fournisseur général dans les prisons ne doit pas être imposé à un demi-droit fixe additionnel au chef-lieu de l'autre de ces départements où il n'a ni domicile, ni établissement, ni boutique, ni magasin. (18 février 1865, Bochet, L. p. 226 ; 5 juillet 1865, Bochet, L. p. 689 ; *adde* 26 décembre 1860, Cross, L. p. 805 ; 13 mars 1862, Bruillard, L. p. 203 ; 26 mars 1863, Goubé, L. p. 293 ; 18 août 1864, Millot, L. p. 799.)

69. — D'après une ancienne jurisprudence, la règle était que les patentables qui exercent des professions imposées sans égard à la population, et par conséquent les fournisseurs, devaient être assujettis à la contribution des patentes dans le lieu de leur domicile, et le Conseil d'État avait appliqué ce principe en plusieurs circonstances. (V. 9 mars 1859, Marcard, L. p. 174, et 21 mars 1860, Rueff, L. p. 237.) Aujourd'hui l'on doit appliquer le § 3 de l'article 9 de la loi du 4 juin 1858 aux termes duquel « les droits fixes et les demi-droits fixes sont imposables dans les communes où sont situés les établissements, boutiques ou magasins qui y donnent lieu ». Le Conseil d'État a fait application de cette règle au fournisseur en décidant qu'un fournisseur de vivres aux troupes dans les garnisons qui avait son domicile dans une commune, mais qui avait le siége de son industrie dans une autre, devait être

imposé non dans la première, mais dans la seconde commune. (30 avril 1862, Dethieux, L. p. 361 ; *adde* 11 février 1870, Beutz, L. p. 70.)

70. — Aux termes de l'article 23 de la loi du 25 avril 1844, la contribution des patentes est due pour l'année entière par tous les individus exerçant au mois de janvier une profession imposable ; le décès et la faillite déclarée du patentable sont les deux seules causes d'exception à cette règle de l'annualité de la patente, lorsque ce décès ou cette faillite a entraîné la fermeture des magasins, boutiques ou ateliers du patentable. Le Conseil d'État a décidé, par application de ce principe, qu'un contribuable qui exerçait au 1er janvier 1858 la profession de fournisseur de bois et de lumière aux troupes et qui, par suite de l'expiration de son marché, avait été obligé de renoncer, le 1er mai 1858, à sa profession, ne se trouvait dans aucun des cas d'exception prévus par la loi, et que dès lors il devait la patente pour l'année entière. (18 juin 1859, Lecomte, L. p. 433.)

71. — Les patentes sont personnelles et ne peuvent servir qu'à ceux à qui elles sont délivrées (art. 16, L. du 25 avril 1844). Un sieur Lucq avait été déclaré, à partir du 1er novembre 1862 adjudicataire de fournitures de fourrages aux troupes, et avait par conséquent exercé depuis le 1er novembre la profession de fournisseur à raison de laquelle il avait été imposé au rôle supplémentaire comme ayant exercé pendant les deux derniers mois de l'année 1862. Il demandait décharge des droits afférents à ces deux mois, par le motif que les droits de patente avaient été payés, pour l'année entière, par le précédent adjudicataire. Il a été jugé, conformément à une jurisprudence constante, que cette circonstance n'était pas de nature à lui faire obtenir décharge. (21 avril 1864, Lucq, L. p. 368.)

Le même entrepreneur apportait encore à l'appui de sa demande ce motif que son service, aux termes mêmes de son marché, n'avait consisté, durant les mois de novembre et décembre 1862, que dans la distribution aux troupes, moyennant une commission de 2 1/2 pour 100, de l'approvisionnement laissé en magasin par le précédent adjudicataire, et que, dès lors, l'accomplissement de cette obligation, en dehors de toute chance de gain ou de perte, ne saurait être considéré comme l'exercice de la profession patentable de fournisseur de fourrages. Ce motif n'a pas été admis par le Conseil d'État, et il a été reconnu que le contribuable devait être considéré comme ayant exercé la profession de fournisseur à partir du jour où il était devenu adjudicataire des fournitures.

La date de l'adjudication ne devrait cependant pas être prise en considération pour déterminer l'époque à partir de laquelle la patente est due, s'il résultait des termes mêmes du marché que la non-exécution n'aura lieu qu'à une époque ultérieure. C'est ainsi qu'il a été décidé qu'un fournisseur des hôpitaux et hospices civils et militaires qui avait passé au mois de septembre un marché dont l'exécution ne devait commencer qu'au 1er janvier suivant, ne pouvait être imposé à la patente avant cette dernière date. (14 juin 1861, Luo, L. p. 505.)

72. — Nous terminerons ce qui a trait aux patentes en examinant la question de savoir si un individu qui s'est engagé envers un entrepreneur général de transports militaires (tableau C, 3e partie) à effectuer une partie des convois militaires dont ce dernier est entrepreneur, doit être assujetti à la patente comme entrepreneur particulier de transports. Dans plusieurs circonstances, le Conseil d'État s'était prononcé dans le sens de l'affirmative (9 janvier 1856, Hebrard, L. p. 14; 9 décembre 1857, Baar,

L. p. 791 ; 1ᵉʳ décembre 1858, Barutaud, L. p. 675). Mais un dernier arrêt a décidé qu'un marché complétement étranger à l'administration, passé ainsi entre un entrepreneur général et un tiers, ne pouvait faire considérer ce dernier comme entrepreneur particulier de transports de la guerre pour gîtes d'étape. Si cet individu possède des chevaux et des voitures avec lesquels il effectue les transports pour le compte de l'entrepreneur général, il doit être imposé comme voiturier. (14 juin 1861, Muller, L. p. 498.)

CHAPITRE II

EFFETS DES MARCHÉS DE FOURNITURES

73. — Les marchés de fournitures sont exclusivement des contrats de vente. C'est là un principe qui domine toute la matière, et dont nous verrons plus loin les conséquences au point de vue de la compétence. En ce qui concerne la translation de la propriété des fournitures et leur livraison, ce sont donc les règles du titre de la vente qui doivent être appliquées, et en particulier les articles 1585 et suivants sur le moment où le contrat peut être considéré comme parfait, et sur la responsabilité des risques dans le cas où il s'agit de marchandises qui se pèsent, se comptent ou se mesurent, et l'article 1606 relatif à la délivrance de la chose vendue. Il convient d'ajouter que, le plus souvent, les cahiers des charges règlent ces points pour les marchés auxquels ils s'appliquent, et indiquent les conditions dans lesquelles les fournitures devront être livrées.

Ainsi, en règle générale et aux termes de l'article 1585, lorsque des fournitures sont faites au poids, au compte ou à la mesure, ce qui est l'hypothèse la plus ordinaire, ces fournitures sont aux risques du fournisseur jusqu'à ce qu'elles soient pesées, comptées ou mesurées, de sorte que, si des événements de force majeure, en causant la perte des marchandises, ont empêché que la livraison pût être effectuée, c'est pour le compte de l'entrepreneur que les fournitures ont péri, si une clause spéciale du cahier des charges n'a pas stipulé le contraire.

74. — Ces principes ont été consacrés par la jurisprudence dans de nombreux arrêts. Un sieur Bonnet s'était engagé à fournir à l'administration de la guerre 600 quintaux de blé; 300 de ces quintaux, dirigés par le fournisseur sur Besançon, avaient été pris par l'armée allemande à la gare de Dole; le fournisseur pensait que l'administration militaire, ayant mis à sa disposition une partie des sacs nécessaires au transport des blés, et ayant fait délivrer une réquisition pour ce transport, était devenue propriétaire des blés dont la perte devait dès lors être à sa charge. Malgré ces circonstances favorables, le Conseil d'État a rejeté la demande du sieur Bonnet, par ce motif qu'au moment où l'armée allemande s'était emparée de ces blés, l'administration n'en avait pas encore pris livraison. (25 juillet, 1873, Bonnet, L. p. 688.)

75. — Quand un lieu a été fixé pour la livraison des marchandises, leur perte est au compte du fournisseur, si elle se produit avant leur arrivée au lieu de livraison. Il a été décidé, par application de cette règle, qu'en cas de perte, pendant le transport, d'effets fournis à l'administration de la guerre, l'État, n'ayant pas pris encore livraison de ces effets, ne devait pas être déclaré responsable de la perte, bien que, dans l'espèce, à raison des événements de guerre qui avaient fait suspendre sur le chemin de fer le service des marchandises entre Alençon et Rouen, les effets livrables à Rouen n'eussent été expédiés sur cette dernière place qu'en vertu d'un ordre du sous-intendant militaire d'Alençon. En effet, en donnant cet ordre, le sous-intendant était intervenu, non pour prendre livraison des fournitures, mais pour vaincre les obstacles

qui s'opposaient au transport. (21 mars 1873, Blin et Fontaine, L. p. 275.)

Il a été décidé par un autre arrêt qu'en cas d'incendie d'un magasin affecté au service des lits militaires, l'entrepreneur de cette fourniture était responsable de la perte des effets détruits, parce qu'ils avaient été incendiés, non dans un bâtiment militaire, mais dans un magasin qui avait été pris à loyer d'un particulier. (31 mai 1851, Vallée, L. p. 397.) C'est encore la consécration de ce principe que, tant que la livraison n'est pas consommée, les risques sont au compte des fournisseurs.

76. — L'intention d'exonérer le fournisseur de la responsabilité des pertes arrivées avant la livraison devrait, pour être admise, ressortir clairement des clauses du marché. Un maître de forges à Hennebont, le sieur Trottier, réclamait au ministre de la marine le payement de 220 caisses de feuilles de fer-blanc, livrables à Cherbourg et perdues dans le trajet entre les deux gares de Hennebont et Cherbourg, et se fondait sur ce qu'aux termes de son marché, il était seulement tenu de livrer ses marchandises dans les délais déterminés, en gare d'Hennebont, et que l'administration prenait à sa charge les risques du transport entre Hennebont et Cherbourg. Voici dans quels termes le Conseil d'État a rejeté sa demande : « Considérant qu'en vertu de l'article 1er de son marché, le sieur Trottier, qui fait élection de domicile à Cherbourg, s'engage envers le ministre de la marine à fournir et à livrer ses marchandises dans cette ville à ses frais et risques ; — considérant que, pour se soustraire à l'application de cette clause, le sieur Trottier se fonde sur ce que, aux termes du § 1er de l'article 3, la totalité de la fourniture doit être livrée à Hennebont dans un délai maximum de trente jours, à partir de la notification de

l'approbation du marché; — considérant que le but de cette dernière stipulation était de fixer, pour l'exécution du marché, un délai certain et indépendant des retards qu'éprouvaient à cette époque les transports, non d'exonérer le sieur Trottier des risques que faisaient peser sur lui les autres clauses de son marché; et que c'est en vue de ces mêmes risques que, dans le deuxième paragraphe du même article, le requérant stipulait que l'administration de la marine lui remettrait des réquisitions afin de faciliter les transports d'Hennebont à Cherbourg; que, dans ces circonstances, c'est avec raison que le ministre de la marine a rejeté la réclamation du sieur Trottier... » (Trottier, 20 novembre 1872, L. p. 668.)

En revanche, dans une espèce où les marchandises qu'un entrepreneur s'était engagé à fournir au ministre de la guerre étaient livrables et payables à Pesth, il a été décidé qu'à dater du jour de la livraison effectuée dans cette dernière ville, conformément à la convention, les marchandises étaient aux risques et périls de l'État, et que le fournisseur n'était pas responsable des déchets et avaries qu'elles avaient pu subir en cours de route entre Pesth et Marseille, bien qu'il se fût engagé à les faire parvenir *franco* quai de Marseille. (8 août 1872, Strauss, L. p. 508; *adde* 13 juillet 1870, Compagnies des chemins de fer, L. p. 889; 27 novembre 1874, Letellier, L. p. 921.)

C'est seulement la réception définitive au lieu de livraison qui doit être prise en considération pour déterminer l'époque à laquelle les marchandises sont aux risques de l'administration; une réception provisoire dans un autre lieu, ou le payement d'un à-compte sur le prix, ne suffirait pas pour produire cet effet. (4 août 1866, Dufils, L. p. 938; 24 mars 1820, Herbinat, S. C. N. 6, 2, 238.)

77. — De cette règle que le transport des marchan-

dises doit se faire aux risques et périls du fournisseur, il
faut tirer cette conséquence que les entrepreneurs sont
tenus, à moins de stipulation contraire dans le cahier des
charges, de supporter les frais de transport de leurs fournitures. (8 mai 1874, Renou, L. p. 418.)

78. — Une fois d'ailleurs la réception des fournitures
accomplie, il importerait peu qu'elles fussent restées à
un autre titre entre les mains du fournisseur; leur perte
par cas fortuit devrait être supportée par l'État. C'est ce
qui résulte d'un arrêt du 31 mai 1855 (Le Boyer, L. p. 373):
Un sieur Le Boyer avait, conformément à son marché,
livré à l'administration de la marine 25 mules destinées au service de l'artillerie: ces mules, reçues par
l'administration, furent ensuite remises au sieur Le Boyer
qui, aux termes de son marché, devait les transporter au
Sénégal; pendant le trajet, les mules furent jetées à la mer
au milieu d'une tempête, pour le salut du navire. Le Conseil d'État a décidé que les risques de la traversée étaient
à la charge de l'administration et qu'elle devait le prix des
mules.

79. — Si, même après la livraison, les marchandises
sont reconnues de mauvaise qualité, l'administration n'en
est pas moins fondée à exercer une action en remboursement de leur valeur contre le fournisseur, sans que celui-ci
puisse opposer une fin de non-recevoir tirée de ce que les
marchandises, reçues et payées par l'administration, seraient devenues, à partir de la réception, la propriété de
l'État, alors surtout que des décisions de justice en ont
ordonné la confiscation et les ont attribuées à des établissements de bienfaisance. (30 juillet 1857, Hervouët, L.
p. 613.)

80. — A la différence des fournisseurs, les agents
comptables chargés de la garde des subsistances apparte-

nant à l'État sont recevables, dans certains cas, à se prévaloir des cas de force majeure, pour rejeter sur l'administration la perte des marchandises, survenue même avant la livraison. Ainsi, aux termes des articles 294 et 295 du règlement sur les subsistances militaires, du 1er septembre 1827, et des articles 11 et 46 de l'ordonnance du 25 janvier 1845, les événements de force majeure doivent être constatés dans les vingt-quatre heures par un procès-verbal dressé par le sous-intendant militaire ou l'autorité qui le remplace; si la constatation n'a pu être faite dans ce délai par le sous-intendant militaire, celui-ci doit confirmer l'acte qui a dû être dressé par l'autorité locale, soit par un procès-verbal d'enquête, soit par une déclaration sur l'exactitude des faits après enquête. Il faut tirer de ces dispositions la conséquence que le comptable peut être déchargé des conséquences de la perte des marchandises survenue par force majeure, lorsque cette force majeure a été régulièrement constatée. (Bénier, 22 février 1850, L. p. 174; Noël, 27 février 1852, L. p. 12.)

81. — En ce qui concerne l'action en payement des fournitures livrées, le contrat détermine pour chaque marché la manière dont ce payement sera fait aux entrepreneurs. Un décret du 19 avril 1806, rendu en vue de hâter, dans l'intérêt du Trésor, la liquidation des sommes dues aux fournisseurs, a décidé (article 1er) que, dans chacun des marchés de fournitures, une clause expresse devait déterminer une époque fixe pour la remise des pièces constatant les fournitures faites à l'État en vertu du marché, et (article 2) que toute pièce qui n'aurait pas été déposée dans les bureaux des ministres respectifs avant l'époque de rigueur déterminée par le marché devrait être considérée comme non avenue, et ne pourrait, sous aucun prétexte, être admise en liquidation, soit en faveur du

traitant, soit en faveur de ses cessionnaires ou sous-traitants.

82. — En principe, c'est entre le fournisseur seul avec lequel l'État a traité et l'administration que doit se régler le payement des fournitures; les tiers qui ont pu traiter avec le fournisseur n'ont d'action que contre lui. Nous aurons cependant à signaler plus loin des exceptions à ce principe, en nous occupant des sous-traitants. De même, lorsque l'État a des répétitions à exercer contre un fournisseur, il ne pourrait s'adresser à un tiers, soit comme caution, soit comme débiteur solidaire, qu'en justifiant d'un engagement pris par ce tiers envers l'État, à raison de l'entreprise. (30 janvier 1862, Teissère, L. p. 85.)

De son côté, le fournisseur n'a d'action que contre l'État, soit qu'il y ait eu marché de fournitures proprement dit passé avec un ministre ou avec un chef de service local, soit qu'il s'agisse d'approvisionnements faits par des agents de l'État chargés de ce soin, et qui ont souscrit l'obligation de payer les fournitures livrées. C'est en effet un principe général que le fonctionnaire public qui, dans le cercle de ses attributions, contracte avec des tiers, n'engage que l'administration qu'il représente, et ne s'engage pas personnellement. Donc, en pareil cas, l'action en payement doit être dirigée non pas contre l'agent, mandataire de l'État, mais contre l'État lui-même. (V. une application de ce principe; arrêt de cassation, 21 août 1843, S. 44, 1, 180.)

Mais pour que la convention passée entre un fournisseur et un agent de l'administration puisse donner naissance à une action en payement contre l'État, il faut que cet agent ait qualité pour traiter, et qu'il ait reçu un mandat exprès à cet égard, ou que, du moins, un mandat tacite résulte des fonctions mêmes qu'il remplit. Des marchands avaient traité avec un agent comptable qui, chargé par voie d'abonnement avec l'administration, et sous sa propre responsabilité, d'assurer le service des vivres dans diverses localités, était devenu ensuite insolvable; ils prétendirent exercer une action directe contre l'État, pour se faire payer du prix de leurs fournitures. Ils soutenaient que, dans le système de gestion intéressée adopté alors par l'administration, les agents comptables étaient des mandataires chargés de pourvoir, moyennant une prime, à certaines fournitures, et choisissant dans ce but des préposés qui s'engageaient à faire ces fournitures aux lieux convenus; que ceux-ci étaient les véritables fournisseurs, et dès lors les véritables créanciers de l'État, les agents comptables ne jouant dans la négociation du marché que le rôle d'intermédiaires. Le Conseil d'État a rejeté cette prétention par le motif que, dans l'espèce, l'agent comptable n'avait reçu aucune délégation spéciale, ni aucune autorisation du ministre pour passer des marchés. (20 juillet 1854, Olivet, L. p. 670; *adde* 23 décembre 1852, Julliany, L. p. 653.)

Il a été décidé de même que la livraison de cuirs faite par un marchand au maître bottier d'un régiment ne pouvait donner lieu, en cas d'insolvabilité de ce dernier, à une action directe contre l'État en faveur du marchand, si celui-ci ne justifiait pas que le conseil d'administration du régiment lui avait garanti le payement des fournitures. Peu importait que, dans l'espèce, l'officier payeur du régiment eût consenti à payer directement au marchand, sur les fonds dus par l'administration du corps au maître bottier, le prix de diverses fournitures à ce dernier; il n'aurait pu par ce fait engager la responsabilité du conseil d'administration pour le payement du solde restant dû au fournisseur. (2 août 1860, Lemercier, L. p. 582; *adde* 13 février 1874, Ménier, L. p. 161.)

83. — A plus forte raison doit-on décider qu'aucune action ne peut être exercée contre l'État, lorsque le fournisseur a traité avec les agents d'un pouvoir insurrectionnel. C'est ainsi qu'un sieur Cibille qui n'était pas chargé, antérieurement à l'insurrection du 18 mars 1871, du service des prisons de Paris, et qui avait fait, depuis le 5 avril jusqu'au 25 mai de la même année, des fournitures pour l'alimentation des personnes se trouvant à ce moment dans les établissements pénitentiaires de Paris, s'est vu refuser par l'État le payement des sommes qui pouvaient lui rester dues pour solde de ces fournitures. Le Conseil d'État a décidé qu'en traitant avec les agents de la Commune insurrectionnelle, il avait agi à ses risques et périls, et qu'il lui serait tenu compte seulement du prix des denrées qui, trouvées en magasin dans les prisons lors de la rentrée des troupes ou fournies ultérieurement, avaient été employées par l'administration pour les besoins du service. (14 février 1873, Cibille, L. p. 169 ; *adde* 30 janvier 1874, Bruneau, L. p. 100. V. plus loin *Compétence*, n° 105.

Nous avons vu plus haut que la même solution a été adoptée par le Conseil d'État, lors même que la fourniture n'a eu lieu aux agents du pouvoir insurrectionnel que par continuation d'un marché régulier, précédemment conclu avec l'État. (V. *supra* p. 4.)

84. — Le fournisseur qui a traité avec l'État ne saurait être contraint de demander tout ou partie de son payement à un tiers à qui l'État a donné en location la chose fournie; il est, nonobstant cette location, resté créancier direct de l'État, sauf le recours qui peut appartenir à ce dernier contre son locataire. C'est ce qui a été décidé dans une espèce où l'État avait loué un navire pour le transport de munitions de guerre, et l'avait ensuite sous-loué à des négociants pendant une partie de la période de la réquisi-

tion. Il a été jugé qu'il devait payer la totalité du prix de l'affrétement. (31 juillet 1874, Trotel, L. p. 763.)

85. — Ajoutons, pour terminer sur ce point, que lorsque les agents de l'État, bien qu'ayant pouvoir de faire des approvisionnements qui se rattachent à leur service, sont chargés de faire ces acquisitions à titre d'abonnement, les fournisseurs n'ont aucune action directe contre l'État, mais seulement contre l'agent avec lequel ils ont traité. (V. *supra* arrêt Motheau, p. 8.)

DEUXIÈME PARTIE

EXÉCUTION DES MARCHÉS

CHAPITRE PREMIER

DE LA COMPÉTENCE EN MATIÈRE DE MARCHÉS DE FOURNITURES

86. — En règle générale, c'est à l'autorité administrative, à l'exclusion des tribunaux, qu'il appartient aujourd'hui de connaître de toutes contestations ou demandes relatives à l'exécution ou à l'interprétation, comme aussi à la résiliation des marchés de fournitures passés, soit avec un ministre personnellement, soit en son nom par les agents de son administration.

Dans l'ancien droit, les questions qui intéressaient la liquidation de ces marchés étaient portées à l'origine devant la Cour des aides; puis, peu à peu, elles furent attribuées, par voie d'évocation, à une commission du Conseil du roi; celles qui avaient trait aux convois militaires et aux étapes furent successivement du ressort des trésoriers de France, puis des intendants, sauf appel au Conseil d'État. (Dareste, *Justice administ.*, p. 64, 91, 134.) Sous l'empire du droit intermédiaire, l'administration fut autorisée à poursuivre le règlement de ses comptes avec les

4

entrepreneurs de fournitures devant les tribunaux civils. Le décret des 4-9 mars 1793 porte à ce sujet : « Les entrepreneurs, marchands et fournisseurs qui ont passé des marchés avec les ministres ou autres agents de la République, et qui n'ont point rempli leurs engagements, seront poursuivis devant le tribunal de leur domicile. »

On ne tarda pas à reconnaître les inconvénients et les abus de ce système qui, contrairement au principe de la séparation des pouvoirs, donnait à l'autorité judiciaire le droit de contrôler des actes administratifs, et qui n'était pas moins préjudiciable aux intérêts des fournisseurs qu'à ceux de l'État. En effet, l'obligation pour les tribunaux de se mettre au courant de toutes les pièces des comptabilités formidables qu'entraînent souvent les liquidations de marchés de fournitures, était la cause des retards les plus fâcheux, retards qui ne peuvent être évités que par le contrôle et le concours des agents qui ont suivi toutes les phases du marché. Il y avait donc là un obstacle à la rapidité des services publics et une entrave à l'action du gouvernement avec les fournisseurs. Aussi, après une épreuve de courte durée, le contentieux des marchés de fournitures fut attribué, sauf quelques exceptions sur lesquelles nous reviendrons, à l'autorité administrative. (Arrêtés des 2 germinal an V, 9 fructidor an VI, art. 15 ; lois des 12 vendémiaire an VIII, 13 frimaire an VIII, 18 ventôse an VIII, 28 pluviôse an VIII, art. 4 ; arrêté du 19 thermidor an IX ; décret du 11 juin 1806.) Il y a là un principe d'ordre public auquel il n'est pas permis de déroger par des conventions particulières. « Le décret réglementaire du 11 juin 1806, dit M. de Cormenin, qui attribue cette juridiction aux ministres, a la force d'un acte législatif. Si donc ce décret est une loi, ou, ce qui est la même chose, s'il en a le caractère, l'autorité et les effets, il ne peut y être dérogé que par une loi. » C'est par application de cette règle que le Conseil d'État a réputé non écrite la clause d'un marché de fournitures passé avec l'administration et soumettant les contestations qui pourraient s'élever à un tribunal arbitral. (17 août 1825, Boyer, L. p. 492. V. aussi 19 février 1823, Guérard; 17 juillet 1822, Commas.)

87. — C'est au ministre d'abord qu'a été attribué le contentieux des marchés de fournitures en vertu des diverses dispositions législatives qui ont été considérées comme impliquant virtuellement sa compétence plutôt qu'elles ne l'établissent en termes formels. La loi du 12 vendémiaire an VIII porte à son article 4 que « les ministres *sont tenus d'arrêter les comptes des agents comptables*, dans les trois mois au plus tard de leur remise, et de les faire passer de suite à la Trésorerie, avec les pièces justificatives, auxquelles ils joindront copie des marchés et décisions nécessaires à leur vérification ultérieure à la comptabilité nationale », et l'arrêté du 18 ventôse an VIII autorise le ministre des finances « *à prendre des arrêts exécutoires provisoirement contre* les entrepreneurs, *fournisseurs*, soumissionnaires et agents quelconques, chargés des services depuis la mise en activité de la Constitution de l'an III, soit pour la réintégration des à-compte accordés pour lesdits services....., soit pour le recouvrement des débets résultant des comptes qui doivent être arrêtés par les ministres et déposés à la Trésorerie nationale ».

88. — Après la compétence du ministre vient celle du Conseil d'État; elle résulte du décret du 11 juin 1806, article 14, ainsi conçu : « Notre Conseil d'État continuera d'exercer les fonctions qui lui sont attribuées par les constitutions de l'Empire et par nos décrets; il connaîtra en outre : 1° ...; 2° *de toutes contestations ou demandes rela-*

tires soit aux marchés passés avec nos ministres, avec l'intendant de notre maison, ou en leur nom, soit aux travaux ou fournitures faits pour le service de leurs départements respectifs, pour notre service personnel ou celui de nos maisons. »

89. — La question s'est posée, en présence de ces différents textes, de savoir si les ministres sont appelés à s'occuper des contestations relatives aux marchés de fournitures comme juges du premier degré ou simplement comme administrateurs, ainsi qu'ils font en matière de travaux publics, et si la disposition précitée du décret de 1806 n'a pas eu pour but de constituer le Conseil d'État seul juge en premier et dernier ressort des contestations relatives aux marchés de fournitures qu'un texte de loi n'aurait pas dévolues expressément à un autre tribunal administratif comme tribunal du premier degré. En d'autres termes, quel est le caractère de la décision rendue par le ministre ? Est-ce un acte de gestion qui ne fait pas obstacle à ce que le Conseil d'État soit saisi du litige, ou au contraire doit-on lui attribuer le caractère d'une décision contentieuse rendue en première instance ? Sur cette question, très-discutée en doctrine, nous croyons suffisant de reproduire une partie des conclusions données dans une affaire Boulingre (17 janvier 1867, L. p. 74) par M. le commissaire du gouvernement de Belbeuf, qui en a indiqué très-nettement les termes et la portée : « Longtemps on a enseigné que le pouvoir d'arrêter les comptes des fournisseurs impliquait pour les ministres le droit de prononcer juridiquement sur les contestations relatives aux marchés passés pour les besoins de leurs départements respectifs. L'obligation de se pourvoir devant le Conseil d'État dans le délai de trois mois à partir de la notification de la décision ministérielle n'a pas peu contribué à accréditer cette opinion.

« Mais, aujourd'hui, la doctrine de la juridiction ministérielle, en ce qui touche le contentieux des marchés de fournitures, est abandonnée par la plupart des maîtres de la science. On admet généralement que les décisions des ministres en pareille matière ne constituent que des actes de gestion, ayant, il est vrai, force exécutoire, mais ne pouvant être assimilés à de véritables actes de juridiction. Comme preuve, on fait remarquer que certains actes de gestion ne font pas obstacle à ce que les parties portent, suivant les cas, leurs réclamations, soit devant les tribubunaux civils, soit devant les conseils de préfecture. De même, ajoute-t-on, en matière de fournitures, il ne saurait résulter du renvoi devant la juridiction administrative supérieure que les ministres soient, au premier degré, les juges de la contestation. En un mot, la décision des ministres n'est considérée que comme l'énoncé de la prétention de la partie adverse.

« Hâtons-nous d'ajouter que cette divergence d'opinion est purement doctrinale. Peu importe en effet qu'il existe ou qu'il n'existe pas de juge du premier degré ; peu importe que le ministre ait prononcé comme juge ou comme administrateur ; ce qui importe, quand la décision du ministre a été prise contrairement à la prétention du fournisseur, c'est que celui-ci ait un juge. Quel sera donc, soit qu'il statue par voie de recours contre une décision juridictionnelle, soit qu'il prononce directement sur la réclamation de la partie, quel sera le juge suprême de la contestation ? Ici nous avons un texte précis : c'est l'article 14 du décret du 11 juin 1806 qui attribue expressément compétence au Conseil d'État. »

90. — Quoi qu'il en soit du caractère des décisions des ministres en matière de marchés, on doit dire que, dans la pratique, elles obtiennent les effets propres aux juge-

ments, et l'on peut poser cette règle qu'il appartient aux ministres d'interpréter et de faire exécuter les marchés passés par eux ou en leur nom ; on n'a pas d'ailleurs à se préoccuper de la forme ou de la nature du contrat pour en attribuer la connaissance au ministre ; il suffit qu'il soit destiné à assurer un service public et qu'il soit contracté au nom de l'État. Voici une série d'espèces dans lesquelles la compétence ministérielle a été reconnue et qui peuvent être utiles à titre d'exemples : c'est au ministre de la guerre qu'il appartient : 1° de déterminer, d'après les stipulations d'un marché de fournitures, les bases d'après lesquelles il doit être procédé aux opérations de l'estimation des objets mobiliers cédés par une compagnie chargée d'un service public, à une autre compagnie 30 août 1845, Desmazures, L. p. 468); 2° de statuer sur les effets d'un cautionnement relatif à un marché de fournitures passé avec l'administration de la guerre, alors que les cautions se sont engagées, à défaut des engagés principaux, à remplir toutes les obligations de ce marché et se sont soumises en outre à toutes les dispositions du règlement sur les subsistances militaires 6 mars 1846, Castinel, L. p. 124); 3° de connaître des contestations relatives à l'exécution des marchés passés par lui ou ses délégués pour la vente des fumiers d'un corps de cavalerie et notamment des demandes en indemnité formées contre l'administration par l'adjudicataire des fumiers (10 août 1847, Min. de la guerre, L. p. 552 ; 4° de connaître des contestations concernant le sens ou l'exécution des marchés de fournitures passés en Algérie avec l'administration de la guerre (12 août 1848, Diégo–Allès, L. p. 518 ; 5° c'est au ministre de la guerre, chargé de liquider et d'arrêter les dépenses du service des subsistances, qu'il appartient de statuer sur les comptes et sur la responsabilité tant des comptables désignés par lui que des citoyens qui se sont constitués comptables par leur immixtion dans ce service (25 août 1849, Bénier, L. p. 581); 6° de décider la question de savoir si des fournisseurs des armées ont agi en qualité d'agents du gouvernement ou pour leur propre compte et en leur nom privé; ni les tribunaux ni les préfets ne sont compétents à cet égard (10 juillet 1822, Bénier, L. p. 51); 7° de décider, par application de l'article 1733 du Code civil, si un fournisseur est responsable de l'incendie d'un bâtiment de l'État dont il avait obtenu la concession pour y emmagasiner ses fourrages à la charge d'en répondre comme locataire et dans les termes du droit commun (29 novembre 1851, Lucq Rosa, L. p. 718).

La question de responsabilité qui peut incomber à une Compagnie chargée des transports par mer du matériel de guerre, à raison d'avaries survenues à ce matériel durant la traversée, est une difficulté relative à l'exécution d'un marché qui rentre dès lors dans la compétence du ministre, et l'article 436 du Code de commerce, d'après lequel les protestations et réclamations au sujet d'avaries sont nulles si elles ne sont suivies, dans le mois de leur date, d'une demande en justice, n'est pas applicable à cette espèce. (19 décembre 1868, Cie transatl., L. p. 1059.) Par la même raison le ministre est compétent pour déclarer une Compagnie de transports maritimes responsable de la perte de fournitures dont le transport avait été confié à cette Compagnie en vertu d'un marché passé entre elle et le ministre, et qui ont été englouties avec le navire qui les portait, à la suite d'un abordage, par un bâtiment étranger, de ce navire, propriété de la Compagnie. (20 décembre 1872, Valéry, L. p. 735.)

De même encore, c'est au ministre des finances qu'il

appartient de statuer, sauf recours au Conseil d'État, sur les difficultés relatives à l'exécution des marchés passés par le département des finances pour le service de ce département, et, en particulier, de décider si une Compagnie avec laquelle le ministre avait traité pour le transport de la Havane en France des cigares destinés à l'administration des tabacs devait être déclarée responsable des avaries subies par des caisses de ces cigares pendant la traversée. (25 mai 1870, Cie gén. transatl., L. p. 644.)

91. — Nous verrons plus loin (n°s 300 et 301) que les contestations relatives au payement de fournitures faites dans l'intérêt de la défense nationale entre un préfet et un fournisseur pour l'équipement d'une légion sont du ressort de la compétence administrative. A ce cas s'appliquent les mêmes règles que pour tous les marchés de fournitures passés avec les ministres ou en leur nom : le ministre statue à l'exclusion du Conseil de préfecture, et sauf recours au Conseil d'État. (13 mars 1872, Veyret, L. p. 162.) Notons que sur ce dernier point la rédaction des arrêts du Conseil d'État n'est pas toujours uniforme et se ressent de l'incertitude des textes sur lesquels se fonde la compétence ministérielle. Ainsi un arrêt rendu peu de temps après celui que nous venons de citer passe sous silence la compétence du ministre et s'exprime comme si la juridiction contentieuse en cette matière était dévolue tout entière au Conseil d'État. (22 avril 1872, conflit du Rhône, Moreau, L. p. 245.) C'est la formule dont s'était déjà servi l'arrêt du 17 janvier 1867 intervenu sur les conclusions de M. de Belbeuf citées plus haut p. 64.

92. — Le ministre est compétent lorsqu'il s'agit de marchés passés par ses agents ; si donc cette qualité d'agent était contestée, si, par exemple, un particulier poursuivi en payement pour vente de marchandises excipait de la

qualité d'agent du gouvernement, les tribunaux devraient surseoir jusqu'à ce que l'autorité administrative eût prononcé sur cette qualité. (2 novembre 1832, Fabre, L. p. 610.)

93. — En ce qui concerne les colonies, la compétence en première instance est régie par des dispositions spéciales ; c'est le Conseil privé de la colonie, constitué en Conseil de contentieux administratif, qui statue, sauf recours au Conseil d'État, sur les contestations soulevées entre l'administration et les fournisseurs ou tous autres qui auraient passé des marchés avec le gouvernement, concernant le sens et l'exécution des marchés. (11 février 1842, Lagarrigue, L. p. 39; 18 juin 1848, Pellen, L. p. 391 ; 27 juillet 1850, Laurichesse, L. p. 710 ; 22 mai 1862, commune de Saint-Benoît, L. p. 409; 12 décembre 1873, Min. de la marine, L. p. 930; 8 janvier 1875, ville de la Basse-Terre, L. p. 6.)

94. — Le recours au Conseil d'État contre les décisions ministérielles rendues en matière de marchés de fournitures est soumis aux mêmes règles que tous les autres recours portés devant cette juridiction. En conséquence, ne serait pas recevable le recours formé par une personne qui, n'ayant aucun intérêt dans la contestation, ou n'ayant pas été partie dans l'instance administrative, ne justifierait d'aucun mandat pour attaquer la décision rendue par le Conseil. C'est ainsi que les sous-traitants et préposés d'un fournisseur sont, comme nous le verrons, sans qualité pour attaquer la liquidation établie par le ministre pour le service du fournisseur. (1er septembre 1825, Lisfranc, p. 292.) C'est ainsi encore que le Conseil d'État a dénié le droit de former un recours devant lui à un particulier réclamant une indemnité pour pertes subies dans un marché de fournitures et déférant au Conseil d'État la décision ministérielle

qui avait rejeté sa demande en indemnité ; dans cette
espèce que nous avons déjà citée, il résulte de l'instruction
que le requérant avait bien reçu du fournisseur, **adjudicataire du marché**, mandat pour son exécution et pour le
règlement des comptes avec l'État, mais qu'il ne justifiait
d'aucun acte de l'administration qui l'aurait accepté comme
substitué au titulaire du marché. (18 décembre 1862,
Bonnafous, v. *supra* p. 23, L. p. 828.)

95. — Le délai pour former le recours est de trois mois
à compter de la notification de la décision attaquée ; ce
délai est le même pour toute la France continentale, en y
comprenant la Corse et l'Algérie, sans augmentation à
raison des distances. A ce délai s'ajoutent, pour ceux qui
habitent hors de France, les délais de distance tels qu'ils
sont déterminés par l'article 73 du C. de pr. civ. Mais, dans
ces termes, le délai est applicable à tous les fournisseurs
sans distinction. Un arrêt du 10 juin 1869 a rejeté la prétention d'un fournisseur qui soutenait que les dispositions
établies par la loi du 6 brumaire an V, pour protéger les
défenseurs de la patrie contre les prescriptions et délais,
devaient être appliquées à un fournisseur qui se trouvait
par le fait de son marché attaché au service de l'armée
française, et a décidé que la déchéance résultant des
articles 11 et 13 du décret du 22 juillet 1806 combinés
avec l'article 73 du C. de pr. civ. était applicable à ce fournisseur. (10 février 1869, Souberbielle, L. p. 143.)

96. — Il arrive souvent qu'en fait les préfets, les intendants militaires, et en général les chefs de service, pro-
noncent sur des questions relatives à des marchés qui ont
pour objet des services locaux. Ainsi, par exemple, pour
les fournitures de la marine, si le fournisseur se croit
fondé à se plaindre de la décision de la commission des
recettes chargée de vérifier les livraisons, il doit sur-le-

champ en prévenir le commissaire des approvisionnements et adresser dans les vingt-quatre heures, à peine de déchéance (6 décembre 1855, Viton, L. p. 703), sa réclamation au préfet maritime, qui peut faire procéder à un nouvel examen par une commission nommée extraordinairement. Cette décision du préfet est immédiatement exécutoire et ne peut être attaquée que devant le ministre, sauf recours au Conseil d'État. Mais il ne s'agit pas, dans ce cas, d'une décision proprement dite, d'un premier degré de juridiction. L'arrêté du préfet n'est pas susceptible de revêtir l'autorité de la chose jugée ; il n'y a pas de délai pour l'attaquer ; il constitue plutôt à proprement parler un acte d'instruction destiné à préparer la décision du ministre. (Serrigny, *Compét. et procéd. en mat. admin.*, 2ᵉ édit., t. III, n. 1329, p. 220. — Dufour, t. VI, p. 337.) On doit donc considérer comme abrogé un arrêté du 19 thermidor an IX, aux termes duquel il appartenait aux préfets de statuer sur les contestations relatives aux payements des marchés de fournitures faits pour le compte du gouvernement, sauf le recours au ministre et ensuite au Conseil d'État, et qui attribuait une véritable juridiction aux préfets. On a fait d'ailleurs observer avec raison que cet arrêté ne s'occupait que des régies établies par le gouvernement, et qu'il n'a plus de raison d'être du jour où le système des régies a été abandonné sans retour.

97. — Avant de passer aux cas exceptionnels où il y a lieu de soumettre certains marchés à la compétence du Conseil de préfecture ou de l'autorité judiciaire, nous devons faire observer que, à la différence de ce qui se passe pour les marchés de fournitures, les contestations en matière de travaux publics sont jugées en premier ressort par les Conseils de préfecture, aux termes de la loi du 28 pluviôse an VIII. Il importe donc essentiellement, au point de

vue de la compétence, de distinguer quelle est la nature exacte de l'entreprise, et si elle constitue un marché de travaux publics ou un marché de fournitures. La justice a eu plusieurs fois à examiner si le traité qui lui était soumis constituait réellement un de ces derniers marchés. C'est ainsi que la Cour de cassation a reconnu le caractère d'entrepreneur de travaux publics et non de fournisseur à l'individu chargé, en vertu d'une adjudication administrative, de l'entretien d'une route (Cass. 13 juin 1866, de Béthune, S. 66, 1, 259), et que le Conseil d'État a décidé que le marché passé entre l'État et une compagnie pour l'établissement d'un télégraphe électrique sous-marin aux risques et périls de la compagnie concessionnaire ne constituait pas un marché de fournitures, mais un marché de travaux publics, à l'égard duquel le Conseil de préfecture était compétent (20 mars 1862, Tél. électr. s.-marin de la Méd., L. p. 245).

98. — Nous aurons l'occasion de revenir sur cette distinction entre les marchés de travaux publics et les marchés de fournitures, quand nous nous occuperons des marchés passés par les communes. Nous devons dès maintenant formuler une règle qui permette de faire facilement la distinction entre les deux marchés. On peut dire que quand le but du traité est la fourniture d'un objet, la livraison de matières qui se consomment ou non par le premier usage, il y a marché de fournitures, quand même l'exécution de ce marché entraînerait accessoirement pour le fournisseur un certain travail à exécuter sur un immeuble de l'État. L'objet principal d'un marché de travaux publics doit être au contraire un travail relatif au domaine public immobilier de l'État, soit que les matériaux à mettre en œuvre pour ce travail soient ou non fournis par l'entrepreneur. M. Dufour cite (t. VI, p. 333) une espèce jugée

par le Conseil d'État le 18 décembre 1839 (Lecœur, L. p. 582), où la qualification du contrat n'était pas sans difficulté. Il s'agissait d'un traité passé pour le chauffage des pompes à feu de Chaillot. Il semble d'abord qu'il y eût là un marché de fournitures rentrant dans la compétence ministérielle. Mais, dit M. Dufour, si l'on considère le mode tout artificiel de distribution de ces eaux qui sont élevées par des machines, recueillies par des travaux souterrains, amenées par des aqueducs et des conduites dans des réservoirs où elles sont réparties pour les besoins du service, on ne peut se dissimuler que les traités destinés à mettre et maintenir en activité tout le système, et spécialement les marchés pour le chauffage des machines, ont, en réalité, pour objet une branche de travaux publics et tombent, à ce titre, sous l'empire de la loi du 28 pluviôse an VIII. C'est ce que le Conseil d'État a reconnu dans l'arrêt précité du 18 décembre 1839, en admettant virtuellement la compétence du Conseil de préfecture. Nous aurons l'occasion de donner plus loin d'autres exemples de la même distinction.

99. — À qui, en cas de contestation sur la nature des marchés, appartiendrait-il de décider? Ce serait très-certainement à l'autorité administrative, en vertu du principe de la séparation des pouvoirs, et le Conseil d'État n'a jamais hésité à revendiquer pour l'administration le droit de prononcer sur ces difficultés. On trouve à cet égard dans un de ses arrêts le considérant suivant : « Considérant que les lois du 28 pluviôse an VIII et du 16 septembre 1807 ont chargé l'autorité administrative de prononcer sur les réclamations des particuliers pour tous les torts ou dommages résultant de l'exécution des travaux publics..... qu'il n'est pas contesté que les travaux exécutés par la Compagnie du canal du Midi aient le caractère de travaux

5

publics..... que d'ailleurs, en cas de contestation, ce serait à l'administration seule qu'il appartiendrait de reconnaître le caractère de ces travaux. » (7 décembre 1854, Aussenac, L. p. 949. — 14 décembre 1857, Etang de Rassuen, L. p. 821.) La Cour de cassation a décidé aussi que la déclaration par ordonnance royale que des entrepreneurs tels que les membres d'une agence de subsistances étaient des agents administratifs, comptables envers le gouvernement, faisait obstacle à ce qu'aucune condamnation judiciaire pût être prononcée contre eux, sur les poursuites des tiers qui avaient traité avec l'agence ou pour son compte (21 août 1839, S. 40, 1. 538). Il convient d'ajouter que cette décision n'est pas en contradiction avec la jurisprudence que nous retrouverons, et aux termes de laquelle l'action des sous-traitants contre l'entrepreneur doit être portée devant l'autorité judiciaire. Dans l'espèce de l'arrêt de 1839, les membres de l'agence n'étaient pas, à proprement parler, des fournisseurs, mais des intermédiaires agissant au nom de l'État et stipulant pour ce dernier, non pour eux-mêmes.

100. — Il y a des cas où, par exception, le Conseil de préfecture est compétent même en matière de marchés de fournitures.

Le décret du 22 avril 1812, en cas de difficultés relativement à la réception des étoffes et effets d'habillement, d'équipement et de harnachement dans les régiments, autorise les majors à en ordonner, nonobstant même l'avis du Conseil d'administration, le rejet en tout ou en partie, sauf recours au Conseil de préfecture. Ce décret, postérieur aux dispositions qui ont organisé la compétence en matière de marchés de fournitures, n'a été abrogé par aucune loi. On doit donc encore aujourd'hui l'appliquer.

101. — Les marchés passés avec l'État pour l'entretien

et le travail des détenus dans les établissements de répression appartiennent par leur objet à la catégorie des marchés de fournitures. Toutefois (comme nous l'avons dit p. 45) de nombreux arrêts du Conseil d'État les ont assimilés à des marchés de travaux publics et leur ont par suite appliqué l'article 40 de la loi du 28 pluviôse an VIII, sur la compétence du Conseil de préfecture. Cette jurisprudence, qui s'est introduite d'abord à l'occasion de traités dans lesquels l'entrepreneur s'engageait accessoirement à exécuter certains travaux pour l'entretien ou la réparation du bâtiment servant de prison, et qui s'est bientôt étendue à tous les marchés sans distinction, est passée, pour ainsi dire, en force de loi, et personne aujourd'hui ne songe plus à l'attaquer.

102. — La compétence du Conseil de préfecture entraîne ici les mêmes conséquences qu'en matière de travaux publics. Ainsi la décision ministérielle, qui repousse une demande de l'entrepreneur, ne fait pas obstacle à ce que celui-ci porte sa réclamation devant le Conseil de préfecture, compétent pour en connaître en premier ressort, et ne serait pas susceptible d'être déférée directement à la juridiction contentieuse du Conseil d'État. Ainsi encore, la compétence du Conseil de préfecture étant d'ordre public, il ne peut y être dérogé par les clauses des cahiers des charges. (V. 29 juin 1850, Letestu, L. p. 629; 2 avril 1852, Baudoin, L. p. 71; 20 janvier 1853, Ratisbonne, L. p. 146; 10 mars 1853, Wallut, L. p. 313; 2 juin 1853, Le Terme, L. p. 589; 10 mars 1853, Lafont, L. p. 317; 18 mars 1858, Labelle, L. p. 226; 19 mai 1864, Dupuis, L. p. 456; 7 février 1867, Vidal, L. p. 153; 20 février 1868, Goguelat, L. p. 198; 5 août 1868, Vidal, L. p. 855; 14 février 1873, Vilorgeux, L. p. 171; 1er mai 1874, Hyrvoix, L. p. 411.)

103. — La jurisprudence d'après laquelle le Conseil de
préfecture est compétent pour statuer sur l'interprétation
et l'exécution des marchés pour le service des prisons et
le travail des détenus doit-elle s'appliquer lorsque le marché, au lieu de comprendre d'une manière générale le
service d'entreprise et le travail des détenus, porte spécialement sur telle ou telle fourniture déterminée? Le Conseil
d'État admet que le contrat conçu dans ces termes constitue un marché de fournitures proprement dit, et que dès
lors l'autorité compétente pour statuer en cas de difficulté
est, non pas le Conseil de préfecture, mais le ministre et le
Conseil d'État, suivant les règles que nous avons indiquées plus haut. Voici comment s'exprimait à cet égard
le commissaire du gouvernement dans une espèce déjà
citée, où il s'agissait d'une contestation entre l'administration et un fournisseur relativement à un marché passé
avec le ministre de l'intérieur *pour la fourniture du pain*
dans les prisons : « Le ministre de l'intérieur, s'appuyant
sur des précédents qui n'ont trait qu'indirectement à l'espèce, estime que le Conseil de préfecture était compétent
pour connaître de la situation. En effet, dans la pensée
du ministre, il s'agirait d'un marché de la même nature
que ceux relatifs à l'entreprise du travail des détenus dans
les prisons. Or la décision du ministre n'ayant pas le caractère juridictionnel, elle ne ferait pas obstacle à ce que
le sieur Boulingre portât sa réclamation devant le Conseil
de préfecture, d'où la conséquence que, en l'état, le recours
ne serait pas recevable.

« Nous sommes en présence d'un marché de fournitures
passé en vue d'assurer l'un des services les plus importants
du ministère de l'intérieur.

« Il n'est pas besoin de vous rappeler que ni l'article 4
de la loi du 28 pluviôse an VIII, ni aucune autre disposition

législative, n'attribue aux Conseils de préfecture la connaissance des contestations qui peuvent s'élever relativement à l'exécution des marchés de fournitures.

« Un marché de cette nature est-il conclu, non avec l'État, mais avec un département ou une commune, la contestation doit être portée devant l'autorité judiciaire. Mais si, au contraire, c'est avec l'État que le fournisseur a traité, la compétence de l'autorité judiciaire fait place à la compétence de l'autorité administrative, en vertu de cette règle de notre droit public que l'autorité judiciaire ne peut s'immiscer dans l'examen des dépenses destinées à assurer le fonctionnement des grands services de l'État....... Mais alors quel est le juge du premier degré?..... Ce ne peut être, nous le répétons, le Conseil de préfecture, puisque, en sa qualité de juridiction d'exception, il ne doit être saisi que des contestations dont les lois et règlements lui ont expressément réservé la connaissance. » Ces conclusions ont été adoptées par le Conseil d'État (17 janvier 1867, Boulingre, L. p. 73).

104. — Une décision analogue est intervenue sur une contestation engagée entre l'administration et un particulier qui, antérieurement au 18 mars 1871, n'était pas chargé du service des prisons, et qui avait fourni pendant la période de l'insurrection des denrées pour l'alimentation des personnes se trouvant alors dans les établissements pénitentiaires de Paris; cet industriel attaquait la décision par laquelle le ministre de l'intérieur lui avait refusé le payement des sommes dues pour solde de ces fournitures. Le demandeur, en effet, dans l'espèce, se bornait à réclamer le payement des fournitures qu'il prétendait avoir faites à l'État, sans qu'aucun traité les eût précédées et en eût réglé les conditions. De plus, il n'alléguait point avoir pourvu à tout le service d'entretien, ainsi qu'au travail des

détenus, mais seulement à leur alimentation. Il ne s'agissait donc que d'un quasi-contrat qui ne pouvait être assimilé qu'à un simple marché de fournitures ; dès lors, le
Conseil de préfecture n'était pas compétent. (24 février
1873, Cibille, L. p. 169. V. aussi 24 avril 1874, Milet, L.
p. 376.)

105.—Il convient d'ajouter, en ce qui concerne les contestations relatives aux marchés pour le service des prisons et soumises à la compétence du Conseil de préfecture,
que, d'une part, aucune disposition de loi n'a fixé le délai
dans lequel un entrepreneur de ce service devrait porter sa
demande devant le Conseil de préfecture; et que, d'autre part,
la déchéance résultant des dispositions du décret du 22 juillet 1806 n'est relative qu'à la procédure des affaires con-
tentieuses portées devant le Conseil d'État ; par suite, cette
demande ne peut être déclarée non recevable devant le
Conseil de préfecture quand même une décision ministérielle aurait déjà rejeté sa prétention et lui aurait été notifiée depuis plus de trois mois. (5 août 1868, Vidal, L.
p. 855.) C'est là une conséquence du principe établi plus
haut, et en vertu duquel la décision du ministre n'a pas en
cette matière de caractère contentieux.

106. — Ce que nous venons de dire sur la compétence
administrative est exclusivement applicable aux contestations qui s'élèvent entre l'État et l'entrepreneur de fournitures; celles qui s'élèvent entre ce dernier et l'agent, le
sous-traitant avec lequel il a fait marché, retombent sous
l'empire du droit commun et doivent être portées devant
l'autorité judiciaire. Nous nous occuperons plus loin des
sous-traitants; ce sont les particuliers dont le fournisseur
s'assure le concours pour être en mesure de répondre à
tous les besoins de son service, des tiers avec lesquels
l'État n'a pas traité. Les difficultés qui peuvent s'élever

entre eux et les fournisseurs principaux ne regardent point l'administration. Une jurisprudence constante a sanctionné ce principe, qui n'est plus discuté aujourd'hui. Ajoutons que l'incompétence des tribunaux administratifs est absolue, et que les parties n'y peuvent déroger par leurs conventions particulières.

107. — Nous verrons plus loin qu'un décret du 12 décembre 1806 accorde aux sous-traitants, pour certains marchés de fournitures, un privilége de second ordre, tant sur le cautionnement déposé par l'entrepreneur que sur les fonds qui peuvent lui être dus par l'État; or les contestations qui peuvent naître de l'exercice de ce privilége sont également de la compétence des tribunaux ordinaires; le ministre n'a pas à en connaître. C'est ce qui a été jugé dans les termes suivants par un arrêt du 14 août 1852 (Leleu, L. p. 396) : « Considérant que d'après le décret du 12 décembre 1806, les agents et préposés des entrepreneurs des services de la guerre n'ont aucune action directe contre l'État à raison des avances ou fournitures par eux faites pour le compte des entrepreneurs qu'ils représentent ; que si le décret de 1806 leur confère un privilége de second ordre sur les sommes qui peuvent être dues par l'administration aux entrepreneurs pour le compte desquels ils ont fourni, ainsi que sur leur cautionnement, ce privilége ne peut, aux termes dudit décret et de l'article 46 du règlement du 1er décembre 1838, s'exercer devant le ministre de la guerre, mais seulement par production devant les tribunaux civils et par opposition signifiée et reçue au bureau des oppositions à Paris et aux caisses des payeurs dans les départements. » (V. aussi : 15 avril 1857, Vélut, L. p. 276; 7 mai 1857, Lépaulle, L. p. 382, rendus en matière d'entreprises de travaux publics.)

108. — Aux termes de l'article 632 du Code de com-

merce, les entreprises de fournitures sont rangées dans la classe des actes de commerce; il en résulte donc que ce sont les tribunaux de commerce qui sont appelés à connaître des contestations dont il vient d'être parlé. C'est ce qui résulte d'ailleurs d'un arrêt de la Cour de cassation du 10 février 1836 (S. 37, 1, 157) : « Attendu, dit cet arrêt, qu'il est constaté par l'arrêt qu'en 1826 le demandeur avait fait, avec l'administration, un traité relatif à des fournitures; attendu qu'aux termes de l'article 632 du Code de commerce, cette entreprise était commerciale de sa nature, et que les sous-traités faits par le demandeur avaient conséquemment un caractère commercial; qu'ainsi le tribunal de première instance et la Cour royale, jugeant commercialement, étaient compétents..... »

CHAPITRE II

INTERPRÉTATION DES MARCHÉS

109. — Les marchés de fournitures passés avec l'État sont soumis, en ce qui concerne leur interprétation, aux mêmes principes que ceux qui régissent les conventions des particuliers. Les stipulations des marchés doivent d'ailleurs être rigoureusement observées. « Trop souvent, dit M. Dufour, les fournisseurs sont animés de la pensée que c'est l'équité et non la rigueur du droit qui doit présider à l'interprétation des stipulations. Dès qu'une réclamation prend la forme d'une prétention juridique, il n'y peut être répondu que par une application stricte des clauses du marché qui font la loi des parties. C'est donc la convention qui doit être appliquée, et ce n'est que dans le cas de doute sur sa signification et sa portée que le juge doit se reporter aux règles sur l'interprétation des contrats formulées par le Code Napoléon aux articles 1156 et suivants. » Nous allons d'abord passer en revue, et à titre d'exemples, une série d'espèces dans lesquelles le Conseil d'État a eu à interpréter des marchés de fournitures. Nous verrons ensuite ce qui a trait aux frais que les marchés entraînent avec eux, au payement du prix, et enfin aux indemnités qui peuvent être dues à l'entrepreneur par l'État.

SECTION PREMIÈRE

INTERPRÉTATION PROPREMENT DITE ET EXÉCUTION DES MARCHÉS

110. — Les décisions suivantes relatives à des interprétations de diverses clauses de marchés de fournitures pourront servir d'exemple dans un grand nombre de cas analogues.

§ I. — Difficultés sur l'étendue des obligations des fournisseurs.

111. — Un marché passé pour la fourniture et l'entretien du mobilier du service des lits militaires, la conservation et l'entretien des couchettes et châlits en fer et en bois appartenant à l'État dans l'intérieur de la France, portait cette clause : « Les couchettes et châlits à tréteaux en fer seront repeints et *désinfectés* toutes les fois que la nécessité en sera constatée et que le fonctionnaire de l'intendance militaire en donnera l'ordre. » Le ministre de la guerre s'était fondé sur cette disposition pour mettre les fournisseurs en demeure de pourvoir à la destruction des punaises dans les couchettes et châlits en fer servant au couchage des troupes. Les fournisseurs s'y refusèrent, prétendant que la désinfection des couchettes et châlits prévue par l'article précité ne comprenait pas la destruction des punaises. Cette interprétation a été admise par le Conseil d'État, qui a décidé que l'obligation de désinfecter les lits n'emportait celle de détruire les punaises que dans le cas où l'existence et le séjour de ces insectes dans cette partie du mobilier y constitueraient une cause reconnue d'infection. (6 mai 1853, Chambry, L. p. 506.)

112. — Aux termes d'un traité passé avec l'administration, un fournisseur était autorisé, au cas où il serait forcé d'abandonner l'entreprise, à en transmettre la continuation à un successeur agréé par l'administration. Conformément à cette disposition, il a demandé à l'administration de lui substituer un autre entrepreneur, et l'administration a consenti à la substitution. A partir de cette époque, le nouveau fournisseur est seul obligé envers l'État à l'exécution de la convention, et réciproquement l'État n'a plus d'engagement qu'envers lui. En conséquence, si, ultérieurement, l'administration croit devoir résilier le marché par le motif que le nouveau fournisseur ne remplit plus les conditions prévues par le traité, l'ancien fournisseur, demeuré étranger à la seconde convention, n'est pas fondé à demander la continuation du marché à son profit, ni à réclamer une indemnité à raison du refus de l'administration. (12 juillet 1866, Reidon, L. p. 807. V. aussi 17 mai 1855, Lecture, L. p. 352.)

113. — Un cahier des charges relatif à l'entreprise des transports militaires d'Algérie contenait la disposition suivante : « Seront payés comme transports exécutés par le roulage tous ceux qui auront lieu sur les routes reconnues carrossables par l'autorité militaire. Les autres transports seront toujours supposés avoir été effectués à dos de mulet, et ils seront payés comme tels » Le Conseil d'État, interprétant cet article, a décidé que l'entrepreneur avait consenti à accepter, pour l'appréciation de l'état matériel de chaque route, les déclarations de l'autorité militaire, et comme, dans l'espèce, il ne s'élevait aucun débat sur le sens et la portée du mot carrossable, mais seulement sur le point de savoir si telle ou telle route devait être considérée comme carrossable, la difficulté ne portant que sur des appréciations de fait émanées de l'autorité militaire, l'entrepreneur n'avait donc pas le droit de les contester devant la juridiction contentieuse. (20 décembre 1855, Saulière, L. p. 769.)

114. — Aux termes d'un marché passé par un fournisseur pour l'approvisionnement de la viande fraîche à faire aux troupes dans les provinces d'Oran et d'Alger, aucune distinction n'était faite entre le temps de paix et le temps de guerre. Le Conseil d'État en a tiré cette conséquence, peut-être rigoureuse en équité, mais conforme aux règles d'interprétation spécialement admises en cette matière, que la circonstance de la reprise des hostilités n'avait pu modifier les engagements contractés et changer les conditions du marché (2 février 1846, Mantout, L. p. 60.)

115. — Aux termes des dispositions du cahier des charges d'une entreprise de fourniture de vivres dans un arrondissement d'Algérie, le service de l'entrepreneur consistait à fournir des vivres aux troupes de toutes armes, quel que fût leur effectif, cantonnées, campées, baraquées, bivouaquées ou de passage dans toute l'étendue de l'arrondissement auquel s'appliquait l'entreprise, et tous les frais quelconques se rattachant à l'exécution du service, jusques et y compris la distribution aux parties prenantes, étaient à la charge de l'entrepreneur, au moyen du prix déterminé par le marché. Cette disposition a été interprétée en ce sens que l'entrepreneur était obligé de fournir, au prix de son marché, jusqu'aux limites de l'arrondissement, les vivres nécessaires aux troupes composant une colonne expéditionnaire, sans pouvoir réclamer le remboursement des frais de transport de ces vivres aux gîtes d'étape. (13 juillet 1864, Josserand, L. p. 658.)

116. — Le cahier des charges du marché passé pour le service du littoral algérien entre l'État et la Compagnie

des services maritimes des messageries désigne limitativement les escales des bateaux des messageries sur le littoral. Il en résulte que la Compagnie n'est pas tenue de supporter les dépenses d'embarquement ou de débarquement qui peuvent être faites dans un port dont le nom ne figure pas parmi les escales désignées au marché. (4 juillet 1872, C¹ des serv. marit., L. p. 404.)

117. — Une difficulté s'est élevée au sujet de l'interprétation d'une disposition du cahier des charges de l'entreprise de fabrication d'armes dans une manufacture, en vertu de laquelle l'entrepreneur était tenu, pour tous les bâtiments et usines, des réparations dites locatives et de celles qui seraient nécessitées par les dégradations provenant du fait de l'entrepreneur et de ses agents. Un certain nombre de dalles avaient été brisées dans les ateliers et les allées des usines de la manufacture. L'entrepreneur prétendait que les frais de réparation de ces dalles ne devaient pas être mis à sa charge, d'abord parce qu'il ne s'agissait pas là d'une réparation locative dans le sens prévu par l'article 1754, § 4, du Code civil, et aussi parce que les ouvriers qui avaient causé le dégât ne pouvaient être considérés comme ses agents, puisqu'ils n'étaient aucunement soumis à son autorité. La prétention de l'entrepreneur n'a pas été accueillie, les dégradations ont été considérées comme provenant du fait personnel du fournisseur, et les réparations ont été regardées comme locatives à raison de leur peu d'importance relativement à l'étendue des bâtiments et usines qui composaient la manufacture et de la dépense peu considérable qu'elles avaient entraînée. (24 avril 1874, Escoffier, L. p. 374.)

118. — L'entreprise du service général des pompes funèbres de la ville de Paris qui, au moins par son importance, se rapproche des marchés passés avec l'État, a

donné lieu à de grandes difficultés sur la question de
savoir si l'entrepreneur de ce service était en droit d'exiger
que les agents d'affaires qui remplissent le rôle d'intermédiaires entre l'administration des pompes funèbres et les
familles représentent des mandats dûment légalisés constatant les commandes faites par les familles à cette administration. L'entrepreneur se fondait, pour soutenir qu'il avait ce
droit, sur un article du cahier des charges aux termes
duquel « les commandes de fournitures doivent être faites à
l'entrepreneur du service des inhumations par écrit et signées,
soit par un membre de la famille, soit par un fondé de
pouvoir, sur des feuilles d'ordre imprimées ». Le Conseil
d'État, adoptant sur ce point l'avis du ministre de l'intérieur, a décidé que, si cet article exigeait que la commande
fût signée de la famille ou d'un fondé de pouvoir, il n'en
résultait pas que ce dernier dût justifier d'une procuration
écrite et légalisée, et qu'un pouvoir verbal est suffisant
pour lui permettre de faire des commandes au nom de la
famille pour laquelle il se présente. (6 mai 1848, Lemaistre,
L. p. 266.)

§ II. — Difficultés relatives aux obligations de l'État.

119. — Aux termes de l'article 1er de la loi du 6 mai
1841, « les machines à vapeur de fabrication étrangère,
quelle qu'en soit la force, employées sur des navires français destinés à la navigation internationale maritime, sont
exemptes de tous droits, et les machines à vapeur de
fabrication française, quelle qu'en soit la valeur, employées
sur des navires destinés à la navigation internationale
maritime, donnent droit à une prime de 33 pour 100 de la
valeur en entrepôt des mêmes machines de construction
étrangère ». On a soulevé la question de savoir si cette

prime s'appliquait aux machines destinées aux bâtiments de la marine de l'État, et le Conseil d'État, adoptant la négative, a décidé que cette disposition avait pour but de protéger les bâtiments de commerce français qui se livrent, en concurrence avec la marine étrangère, à la navigation internationale maritime, et que, dès lors, le bénéfice n'en était applicable qu'aux machines installées sur ces navires. (6 mai 1848, Mazeline, L. p. 264.)

120. — L'administration est liée par la lettre du contrat tout aussi bien que l'entrepreneur de fournitures. Ainsi, le cahier des charges d'un marché relatif à l'affrétement d'un navire par l'administration de la guerre portait que les propriétaires du navire tiendraient le navire à la disposition de l'administration pendant un temps déterminé, et que de son côté l'administration le garderait pendant le même temps au prix stipulé dans le marché. Il a été jugé que l'administration n'avait pu pendant ce délai forcer le fournisseur à accepter une réduction sur le prix convenu, et, à défaut par lui de l'accepter, prononcer la résiliation du marché. (2 décembre 1858, Swan, L. p. 689.)

Il a été décidé de même, par interprétation du cahier des charges d'une fourniture de viande aux troupes, aux termes duquel l'entrepreneur était tenu d'entretenir à ses frais, risques et périls une réserve de 4,000 têtes de gros bétail et de la reconstituer dans un délai de quarante-cinq jours, dans le cas où l'administration en aurait disposé, que cette obligation était absolue et ne pouvait cesser qu'avec le marché lui-même; en conséquence, le ministre ne pouvait, dans ce cas, prétendre que cette réserve n'aurait plus de raison d'être à partir du jour où l'administration avait notifié à l'avance au fournisseur la résiliation qui devait se produire à l'expiration du marché. (2 mai 1861, Dato, L. p. 318.)

Dans une espèce analogue, il a été décidé au contraire,
aux termes d'un cahier des charges, que l'obligation de
réunir et d'entretenir constamment un approvisionnement de fourrages pour soixante jours n'ayant été imposée à l'entrepreneur que dans l'intérêt du service, le
ministre de la guerre était libre de l'en dispenser; dès
lors l'entrepreneur n'était pas fondé à exiger que l'État
lui reprît à l'expiration de son marché l'approvisionnement qu'il prétendait avoir réuni, nonobstant la dispense
formelle qui lui aurait été notifiée au nom du ministre
de la guerre. (31 décembre 1861, Gabarrou, L. p. 935.)

Ces contradictions apparentes s'expliquent d'ailleurs
par les dispositions différentes des cahiers des charges
dont le Conseil d'État a mission de faire l'application.
Ainsi, en présence d'une disposition d'un cahier des
charges qui portait qu'en cas de rassemblement extraordinaire de troupes dans un camp, il serait accordé au
fournisseur des approvisionnements de ce camp des augmentations de prix ou une indemnité si la levée du camp
empêchait d'utiliser les approvisionnements, le Conseil
d'État a décidé que cette indemnité était due au fournisseur pour l'excédant de ses approvisionnements devenus
inutiles par suite du départ des troupes, et malgré l'avis
du ministre d'après lequel les approvisionnements réunis
par le fournisseur ne l'auraient été qu'en vue d'obtenir
une indemnité, et sans les ordres formels de l'administration. (28 juin 1851, Têtu, L. p. 469.) Au contraire, un
fournisseur avait passé avec le ministre de la guerre des
marchés aux termes desquels il s'engageait à fournir les
approvisionnements aux troupes de l'expédition du Mexique,
en station ou en détachement sur un certain territoire,
quel qu'en fût l'effectif; il était stipulé en outre que les
approvisionnements se trouvant à cette époque dans les

diverses places de ce territoire lui seraient cédés à certaines conditions déterminées. L'entrepreneur se fondait sur les termes de ces marchés pour réclamer le prix de marchandises qui lui avaient été cédées, et qui n'avaient pas été distribuées aux troupes; sa demande a été rejetée : « Considérant qu'aucune clause de ces marchés n'obligeait l'État à faire consommer la totalité des approvisionnements cédés à l'entrepreneur; que celui-ci n'était donc pas fondé à demander le remboursement des marchandises qui n'avaient pas été distribuées aux troupes. » (14 février 1873, Kintzinger, L. p. 168.)

121. — Un traité avait été passé entre le ministre de la guerre et les compagnies de chemins de fer pour le transport des poudres et matières explosibles, et avait prescrit pour ces transports l'emploi de la vitesse accélérée moyennant un prix plus élevé en faveur des compagnies. Quelques années après, le ministre de la guerre déclara nulle et sans effet cette convention, comme constituant de la part de l'État une obligation sans cause, et bien qu'aucuns règlements ni traités n'eussent rendu ce mode de transport obligatoire pour les compagnies de chemins de fer; cette prétention du ministre de se soustraire au traité par lui consenti n'a pas été admise; il a été déclaré, au contraire, « que cette convention avait eu pour objet de prescrire l'emploi de la vitesse accélérée, et que si, par suite, un prix plus élevé avait été stipulé en faveur des compagnies, celles-ci avaient dû se soumettre à toutes les exigences de ce nouveau service et à des pénalités plus fortes en cas de retard dans les expéditions ». (31 mars 1864, Dufils, L. p. 307.)

122. — Aux termes d'un marché relatif à la fourniture de pain à livrer aux troupes campées dans toute l'étendue d'un arrondissement, quel qu'en fût l'effectif, le ministre

avait la faculté de faire exécuter le service par les agents de l'administration dans le cas de création d'armées et de formation de camps. Il a été décidé que les rassemblements de troupes réunies et campées sur des plateaux autour d'une place forte pour y faire des terrassements ne constituaient pas un camp dans le sens prévu par le cahier des charges, et n'autorisaient pas le ministre à retirer à l'entrepreneur la fourniture du pain à ces troupes. (31 décembre 1869, Franck, L. p. 1053.)

123. — Un marché avait été passé entre l'administration de la guerre et une compagnie pour l'affrétement d'un navire à vapeur destiné au transport de troupes et de matériel, et le contrat portait que l'administration assurait le navire « contre les éventualités de guerre et contre les risques de mer ». A la suite de l'échouement du navire, survenu par un fait imputable au capitaine, la Compagnie prétendit mettre la perte à la charge de l'administration par la raison qu'il s'agissait d'un contrat d'affrétement dont les clauses doivent être interprétées d'après l'intention présumée des parties, et que, la Compagnie étant anglaise, on devait supposer que, pour le sens et la portée de la clause de la charte partie relative à l'assurance du navire, elle avait entendu se référer aux dispositions de la loi anglaise, suivant laquelle l'assureur est responsable des fautes du capitaine. Ce système n'a pas été admis, et le Conseil d'État, reconnaissant, par interprétation du contrat, que la perte du navire ne devait être attribuée à aucune des deux causes prévues, a décidé que cette perte ne devait pas être mise à la charge de l'État. (24 février 1860, Ellen Lack, L. p. 146.)

124. — Il a été décidé enfin par interprétation d'une soumission souscrite par les entrepreneurs de la fourniture des poteaux nécessaires à la construction et à l'en-

tretien des lignes télégraphiques, que l'administration n'était pas tenue, avant d'ordonner le remplacement des poteaux qui seraient jugés impropres au service, de faire constater la nécessité du remplacement contradictoirement avec les fournisseurs. (27 décembre 1865, Norès, L. p. 1025.)

§ III. — Difficultés d'interprétation relatives au prix.

125. — Un article du cahier des charges de l'entreprise d'un service de combustible pour le département de la guerre était ainsi conçu : « Si, postérieurement à l'adjudication, il était établi de nouveaux droits de péage, de douane et d'octroi, ou si ces droits étaient supprimés ou diminués, les prix consentis à l'entrepreneur seront augmentés ou diminués dans une proportion analogue à l'augmentation ou diminution que les droits existants auront éprouvée. A l'expiration de son marché, l'entrepreneur devra justifier, d'une manière authentique, que ces droits n'ont subi aucune diminution pendant toute la durée dudit marché. » Aux termes d'une autre disposition du même traité, toutes les pièces de dépense destinées à constater les droits de l'entrepreneur *devaient être produites, sous peine de déchéance, dans un délai de trois mois à partir de l'expiration du trimestre dans lequel ces dépenses auraient eu lieu.* Or, postérieurement à la signature du marché, une augmentation du droit d'octroi avait été établie sur les combustibles, et les fournisseurs, au lieu d'élever sur leurs factures, dans une proportion analogue, les prix originairement consentis, avaient attendu la fin du service, et cinq mois après l'expiration du marché avaient réclamé un supplément de prix en raison de l'exhaussement du tarif. Se fondant sur la première des deux dispositions ci-dessus rapportées, ils soutenaient que cet article, après avoir mis

sur la même ligne et assujetti aux mêmes règles l'augmentation et la diminution des droits, disposait en termes formels qu'à l'expiration du marché seulement, l'entrepreneur devrait justifier que les droits n'avaient subi aucune diminution pendant sa durée; or il n'était pas concevable, suivant eux, que l'augmentation fût soumise à une autre règle que la diminution. Le Conseil d'État cependant s'est prononcé en faveur de l'interprétation contraire présentée par le ministre et a repoussé par la déchéance la demande de l'entrepreneur comme formée après le délai de trois mois fixé par le cahier des charges. (29 janvier 1847, Serre, L. p. 69.)

126. — Il a été décidé par interprétation du cahier des charges d'un marché pour le service des embarquements et des débarquements du matériel de la guerre, aux termes duquel l'entrepreneur avait droit à deux prix, l'un pour le service fait dans le port, l'autre pour le service fait dans la rade de Marseille, que les embarquements et débarquements effectués dans le port devaient être considérés et payés comme ayant eu lieu en rade lorsque l'entrepreneur avait été tenu de fournir des embarcations. (19 mai 1858, Auzilly, L. p. 393.)

127. — L'article 22 du cahier des charges pour la fourniture du pain aux troupes porte qu'il appartient au ministre de changer, pendant toute la durée des marchés, l'assiette des gîtes d'étape, et de faire passer les cantonnements au service permanent et réciproquement. Un fournisseur ayant réclamé, aux termes des clauses spéciales de son marché, une augmentation de prix pour les livraisons de pain faites par lui dans les localités où le service n'était pas permanent, et qui rentraient par suite dans la catégorie des cantonnements éventuels et des gîtes d'étape, le ministre avait excipé des termes de l'article 22 pour

refuser l'augmentation de prix. Le Conseil d'État a décidé avec raison que si, aux termes de cet article, le ministre restait libre, pendant toute la durée du marché, de changer l'assiette des gîtes d'étape et de faire passer les cantonnements au service permanent et réciproquement, cette disposition ne lui donnait pas le droit, en l'absence de tout changement dans la nature du service et par le seul fait d'une dénomination nouvelle, de rendre applicables aux cantonnements éventuels et aux gîtes d'étape les prix établis pour les fournitures faites dans les places de station. (4 juin 1857, Damage, L. p. 447.)

128. — Aux termes d'une charte partie passée entre l'administration de la guerre et des entrepreneurs de transport des troupes, l'administration avait affrété un navire pour une période de quatre mois, en se réservant la faculté de proroger l'affrétement pour une seconde période dont la durée ne pouvait être moindre de quatre mois. Malgré l'avertissement donné à l'armateur avant l'expiration de la première période que le contrat ne serait pas renouvelé, le navire, quelques jours avant cette époque, avait été employé par l'autorité militaire à faire successivement plusieurs transports, et, ces missions remplies, l'armateur avait maintenu son navire à la disposition de l'administration jusqu'à l'expiration de la seconde période. Il a été décidé, dans ces circonstances, que le fret était dû pour la totalité de cette seconde période et non pas seulement pour le temps pendant lequel le navire avait été effectivement employé. (25 juin 1857, Folsch, L. p. 520.)

129. — Un marché de fournitures de pain à faire aux troupes stipulait que le prix du pain devait être réglé en prenant pour base le prix du pain de première qualité dans le chef-lieu de l'arrondissement. La première qualité du pain dans cette ville se composait de deux catégories :

l'une comprenait le pain long et la couronne de un kilŏ, et l'autre était formée uniquement du pain rond de deux kilos ; le pain long et la couronne étaient d'ailleurs taxés sur les mercuriales·à un prix supérieur à celui du pain rond de deux kilos. Le Conseil d'État a décidé, d'après les termes de ces dispositions, que le règlement des fournitures devait se faire, non d'après le prix le plus élevé de la première catégorie, mais d'après le prix moyen des deux catégories, par le motif que la différence de taxe était motivée sur une différence de fabrication et non sur une différence dans la qualité des farines. (13 juillet 1864, Josserand, L. p. 660.)

130. — Un marché passé entre l'État et une Compagnie des services maritimes pour le transport par mer des dépêches porte : « Art. 27. Dans le cas où, par suite d'un accident éprouvé par un des bâtiments de l'entreprise, le voyage commencé ne pourrait s'achever, l'agent des postes sera chargé, si faire se peut, et en s'entendant à ce sujet avec le capitaine et les agents de la Compagnie, d'assurer le transport des dépêches par le premier paquebot, français ou étranger, se rendant au lieu de leur destination, ou en communication avec les points intermédiaires ou correspondants ; les frais du transport seront à la charge de la Compagnie et retenus par l'administration sur le payement de la subvention accordée par l'État. » L'hypothèse prévue par cet article se réalise, et le transport est interrompu par l'effet de circonstances de force majeure et sans aucune faute imputable à la Compagnie ; cependant l'agent des postes n'a pas usé du droit de faire transporter les dépêches par un bâtiment n'appartenant pas à la Compagnie et aux frais de cette dernière ; le transport des dépêches s'est effectué par un autre paquebot de la même Compagnie qui accomplissait un voyage

réglementaire. Y avait-il lieu d'appliquer la disposition
finale de l'article 27 ? La négative a été adoptée, et il a été
décidé que, dans ces circonstances, l'interruption du service postal ne pouvait donner lieu à aucune retenue sur
le payement de la subvention allouée à la Compagnie.
(28 juillet 1864, Messag. imp., L. p. 699).

131. — Un marché passé pour la fourniture de la farine
à faire aux troupes françaises de l'armée du Mexique portait que cette fourniture devait être faite aux troupes
« dans tous les points qu'elles pourraient occuper au tra-
vers de San Juan à San Luis, Guanajato et Morelia, entre
ces villes et au delà ». Le Conseil d'État a décidé par
interprétation de cette disposition que l'engagement pris
par le fournisseur envers l'État ne s'appliquait qu'au rayon
indiqué dans le traité et aux points limitrophes, sans pouvoir être étendu à d'autres localités ; par conséquent,
l'entrepreneur avait droit à un supplément de prix pour
les farines qu'il avait livrées dans les localités situées
en dehors du rayon fixé (25 mars. 1867, Mayer, L. p. 304.)

132. — Un marché avait prévu qu'aucune indemnité
ne serait due à un fournisseur de vivres pour l'armée en
raison des denrées qui pourraient être abandonnées ou
perdues par suite de la « désoccupation » d'une place ; il
a été jugé qu'on devait faire rentrer dans ce cas de désoccupation l'évacuation qui avait eu lieu en vertu d'un
ordre émané de l'autorité militaire supérieure dans un
moment où l'ennemi était loin de la place ainsi évacuée.
(26 mai 1869, Heit, L. p. 524.)

133. — Le cahier des charges des fournitures de viande
à faire dans un établissement de l'État portait la disposition suivante : « Le prix de la fourniture sera déterminé
par celui de la vente sur pied des bestiaux sur les marchés de Sceaux et de Poissy, ou de tout autre marché

officiel qui remplacerait ces marchés ; à cet effet, il sera
formé de la réunion des mercuriales hebdomadaires de ces
marchés : 1° une moyenne de prix de la première qualité
de viande de bœuf, et 2° une moyenne de prix de la première qualité de veau et de mouton réunis. Ce sera sur le
prix résultant de ces deux moyennes, qui sera établi à la
fin de chaque mois, que les soumissionnaires devront dans
leur soumission proposer un rabais de tant pour cent,
rabais unique et devant s'appliquer également aux différentes espèces de viandes. » Le fournisseur soutenait que
cet article obscur et incorrect devait être interprété en ce
sens qu'après avoir établi, sur les mercuriales hebdomadaires des marchés de Sceaux et de Poissy, la moyenne du
prix du bœuf et la moyenne du prix du veau et du mouton, on devait, par le rapprochement de ces deux moyennes,
former une moyenne unique de laquelle résulterait un prix
unique à affecter à l'ensemble des viandes de diverse nature fournies par lui. Le Conseil d'État a décidé au contraire que l'article précité du cahier des charges avait eu
pour but et pour effet de substituer au prix unique, précédemment payé pour les diverses natures de viandes,
deux prix séparés, formés sur des moyennes distinctes, et
applicables, l'un au bœuf, l'autre au veau et au mouton.
(18 février 1863, Mézières, L. p. 145.)

134. — Un marché avait été passé en temps de paix
entre l'administration de la guerre et un fournisseur. La
guerre étant survenue, doit-on dire que les fournitures
supplémentaires nécessitées par les besoins de la campagne sont rentrées dans les prévisions du marché ? Il
y aurait là une véritable injustice, et c'est à bon droit
qu'il a été décidé que les dispositions du marché n'é-
taient applicables qu'en temps de paix et qu'il devait
être alloué une indemnité à l'entrepreneur pour les

fournitures en question. (23 mars 1870, Klein, L. p. 334.)

135. — Aux termes du cahier des charges de l'entre prise du service postal dans l'Indo-Chine, « les passagers fonctionnaires, civils ou militaires, et les ecclésiastiques français voyageant sur réquisition de l'administration, seront admis sur les paquebots de la Compagnie avec leur famille et leur suite, en vertu d'une lettre des commissaires du gouvernement en France, à Suez, à Saïgon ou à la Réunion, des gouverneurs et des commandants de station dans les colonies, à 30 pour 100 de rabais sur les prix, tant pour les passagers de 1re et de 2e classe que pour les passagers du pont ». Il a été reconnu, par interprétation de cet article, que la femme d'un fonctionnaire de Cochinchine, voyageant seule avec ses enfants, sur réquisition du gouverneur des possessions françaises de la Cochinchine et sur l'avis du service de santé de la colonie, ne rentrait pas dans la catégorie des passagers en vue desquels a été stipulé le rabais. (21 janvier 1871, Cie des services marit., L. p. 3.)

136. — Aux termes d'un article du cahier des charges dressé pour les fournitures de fourrages à la ration, il est accordé au fournisseur des augmentations de 10 et 15 pour 100 sur les prix du traité, lorsque le nombre des chevaux à nourrir est porté à un quart ou à moitié au delà de l'effectif prévu au marché. Cet article doit être entendu en ce sens qu'il s'applique seulement aux fourrages qui ont été consommés pendant le cours du marché et non aux approvisionnements que l'entrepreneur est tenu de laisser en magasin à la fin de son service. Le prix de ces derniers est réglé par un autre article du même traité qui, après avoir stipulé que les denrées reprises par l'entrepreneur à son entrée en exercice et celles qui lui sont remises pendant le cours de son marché sont calculées aux prix

6

stipulés dans les traités, déduction faite de 2 1/2 pour 100, ajoute qu'il en est de même pour les denrées que l'entrepreneur laisse en magasin en fin de service, quel que soit le nombre de chevaux à nourrir. (10 janvier 1873, Lajard, L. p. 30.)

SECTION II

DES FRAIS QUI SONT LA SUITE DES MARCHÉS

137. — En ce qui concerne les frais accessoires et les dépenses de diverse nature que les marchés entraînent avec eux, les cahiers des charges doivent être avant tout consultés pour savoir qui doit les supporter, et dans la plupart des cas, c'est au compte du fournisseur qu'ils sont mis par le traité. C'est ainsi que nous avons vu (n. 60) que c'était en général le fournisseur qui était tenu, aux termes des marchés, de payer les droits d'enregistrement. C'est aussi le plus souvent le titulaire des marchés qui doit acquitter les droits d'octroi, de navigation, de péage, etc., et le cahier des charges en fait généralement mention. Souvent parfois il est énoncé que le traitant acquittera les droits, sauf remboursement de la part de l'administration. Pour la marine, les Conditions générales du 10 juin 1870 ont spécifié ceux des frais et des droits qui resteraient à la charge de la marine et ceux qui seraient à la charge des fournisseurs.

138. — Il peut arriver, en matière de droits d'octroi, que le tarif soit modifié après la conclusion du marché; en cas d'augmentation des droits, par qui cette augmentation sera-t-elle supportée? Lorsque le cahier des charges stipule que les droits seront acquittés par le fournisseur pour

son propre compte et sans remboursement, celui-ci n'est admis à réclamer aucune indemnité par suite des changements de tarif; l'administration ne doit, en effet, supporter les impôts nouveaux que s'il est exprimé au contrat que les droits établis et à établir ne seront pas à la charge du fournisseur. (V. anal. arrêts rendus en matière de marchés de travaux publics; impôts à la charge de l'administration, 17 janvier 1873, Jacquot et Cordillot, L. p. 75, — à la charge de l'entrepreneur, 2 mai 1873, Monjallon, L. p. 382.) Encore a-t-il été jugé, dans un cas où le cahier des charges mettait les impôts qui pouvaient être établis, après la conclusion du marché, à la charge de l'administration, qu'un fournisseur de vins pour les hopitaux militaires n'était pas fondé, à raison du rétablissement de l'impôt des boissons par la loi du 20 décembre 1849, postérieurement à sa soumission, à faire supporter cet impôt par l'État, lorsque l'impôt, qui ne devait être supprimé qu'à une époque déterminée (1er janvier 1850), existait au temps de l'adjudication, et lorsque les mercuriales qui avaient servi de base à cette adjudication comprenaient le prix du vin grevé de cet impôt. (26 mai 1853, Brébant, L. p. 551.)

De même, dans un marché pour la fourniture du bois nécessaire au chauffage de la manutention militaire à Paris, le cahier des charges portait que « s'il était établi de nouveaux droits ou si ces droits étaient augmentés, diminués ou supprimés, les prix consentis à l'entrepreneur seraient augmentés ou diminués dans une proportion analogue aux modifications qu'auraient éprouvées les tarifs en vigueur à l'époque de l'adjudication ». Au jour du marché, les droits d'octroi étaient régis par les ordonnances des 17 août 1832 et 22 mai 1836, interprétées en ce sens que les combustibles fournis par l'entrepreneur

étaient soumis seulement au droit de 1 franc. Depuis le
traité, une instruction du directeur de l'octroi avait rangé
ces mêmes combustibles dans la catégorie de ceux qui
étaient soumis au droit de 1 fr. 95 c., plus le double décime, ce qui établissait au préjudice du fournisseur une
différence de 1 fr. 14 c. par stère. L'entrepreneur a demandé qu'il lui en fût tenu compte, et a soutenu que son
marché lui donnait droit à une augmentation de prix par
cela seul que l'octroi exigeait un droit supérieur à celui
qui avait servi de base à la soumission. Cette prétention
n'a pas cependant prévalu, et le Conseil d'État a pensé
que modifier l'application du tarif n'était pas modifier le
tarif lui-même; il a jugé en conséquence que, du moment
où le tarif des droits d'octroi établis sur les bois à brûler
par les ordonnances de 1832 et 1836 n'avait subi aucune
modification législative, la circonstance que l'administration municipale de Paris avait cru pouvoir donner une
interprétation nouvelle à ce tarif ne suffisait pas pour que
le fournisseur fût en droit de réclamer une augmentation
sur le prix fixé par son adjudication. 6 juillet 1854, Nize-
rolles, L. p. 622. *Adde :* 8 décembre 1853, Manégat,
L. p. 1021 ; 7 mai 1857, Dandoy, L. p. 361 ; 16 juillet 1857,
Dubourg, L. p. 547 ; 5 août 1869, Girard, L. p. 731.)

139. — Il convient d'ajouter que si, par un motif quelconque, la perception de droits d'octroi qui, aux termes
du cahier des charges, devaient être supportés par le fournisseur, n'était pas opérée, le ministre ne serait pas fondé à
revendiquer pour l'État, au détriment du fournisseur, le
bénéfice résultant de cette suppression de droits. (27 novembre 1874, Letellier, L. p. 921.)

140. — Lorsque le cahier des charges est muet sur la
question des droits, frais, dépenses qui sont la suite des
marchés, qui doit les supporter? Un grand nombre d'arrêts

ont décidé que ces frais devaient être mis à la charge du fournisseur ; il y a présomption que telle a été l'intention des parties. (19 avril 1826, Bourbon, L. p. 219 ; 23 janvier 1837, Roux, L. p. 22 ; 3 janvier 1834, Desjardins, L. p. 10 ; 11 avril 1837, Costa, L. p. 110 ; 27 janvier 1843, Vitali, L. p. 42.) Nous devons rappeler également une espèce que nous avons citée au sujet des difficultés que soulevait l'interprétation du cahier des charges de l'entreprise, et dans laquelle les réparations locatives d'une manufacture d'armes avaient été mises à la charge de l'entrepreneur de la fabrication des armes. (V. arrêt Escoffier, n. 117).

Il a été décidé, toutefois, à propos d'un marché pour le service des fournitures d'une maison centrale de détention, qu'en présence du silence du cahier des charges sur la question de savoir qui doit supporter les grosses réparations des bâtiments, ces réparations sont à la charge de l'État. (20 juillet 1832, Vial, L. p. 400.) Il est permis de penser qu'il en aurait été de même dans l'espèce de l'arrêt Escoffier si, au lieu de réparations locatives, il se fût agi de grosses réparations.

Le Conseil d'État a jugé également, en faveur d'un entrepreneur de pressage de foins, que ce fournisseur devait être déchargé des frais d'assurance d'une certaine quantité de foins compris dans l'approvisionnement, par le motif que le pressage de ces foins avait été exécuté dans des conditions qui n'étaient pas prévues au marché, et que, dès lors, ce travail ne pouvait être soumis aux charges de l'entreprise. (17 mars 1859, Dubourg, L. p. 214.

141. — Enfin, un entrepreneur du service d'une prison avait commencé à exécuter provisoirement, et avec l'assentiment tacite de l'administration, un marché souscrit par lui pour le travail d'une certaine catégorie de détenus

dans une prison, mais non encore revêtu de l'approbation ministérielle. Ce marché ayant ensuite été concédé par le ministre à un autre entrepreneur, le premier demanda le remboursement de la totalité des frais faits par lui pour l'installation de son service. L'administration s'y refusa par le motif que l'entrepreneur aurait certainement pris ces frais à sa charge s'il avait dirigé l'entreprise pendant toute sa durée. Ce système ne pouvait prévaloir, et le Conseil d'État, considérant qu'aucun traité définitif n'était intervenu entre l'entrepreneur et l'administration, a décidé que celle-ci devait lui rembourser les frais auxquels son installation l'avait exposé. (20 décembre 1872, Min. de l'int., L. p. 738.)

SECTION III

PAYEMENT DU PRIX ET INDEMNITÉS

142. — Le principe est que le fournisseur doit recevoir le prix des fournitures qu'il a faites et qui ont été régulièrement constatées. (13 mars 1874, Jaffeux, L. p. 258.) L'administration n'a pas à payer d'ailleurs le prix des fournitures tant qu'elles ne lui ont pas été livrées et lorsqu'elle n'a pas refusé d'en prendre livraison. (11 mars 1869, Dulaud, L. p. 246.) Même après avoir pris livraison, elle serait en droit de considérer cette livraison comme non avenue et de refuser le payement ou de réclamer la restitution du prix des marchandises, si un jugement correctionnel les déclarait de mauvaise qualité et en ordonnait la confiscation au profit d'établissements de bienfaisance. (V. l'arrêt cité plus haut n. 77.)

143. — La constatation des fournitures livrées doit se faire dans le délai fixé, et par les personnes désignées au traité. Il a été jugé toutefois qu'un fournisseur, qui était obligé par son marché de présenter sa facture dans un délai de trois mois à partir de la dernière livraison faite par lui, pouvait, s'il avait présenté sa facture dans le délai et si les fournitures n'étaient pas encore liquidées, rectifier, même après l'expiration du délai, une erreur qu'il avait commise dans la quantité de ses livraisons. (14 mai 1858, Andrieu, L. p. 361.)

144. — C'est à l'administration, lorsqu'elle prétend que le fournisseur n'a pas livré ses fournitures dans les conditions prévues au marché, à prouver que l'entrepreneur s'est effectivement écarté des termes de la convention ; à défaut de cette preuve, l'administration ne peut lui faire supporter les conséquences ordinaires de l'inexécution des marchés. Ainsi, les décisions ministérielles qui avaient refusé des fournitures pour défaut de conformité avec le type convenu ont été annulées par le Conseil d'État lorsque, par suite de la disparition des types qu'avait agréés l'intendance, il était impossible de vérifier si les fournitures livrées étaient conformes à ces types, ou si elles étaient inférieures en qualité à l'échantillon déposé. Si, au contraire, il était possible de constater des différences entre les marchandises fournies et les types acceptés par l'administration au moment de la passation du marché, l'administration serait en droit d'imposer au fournisseur soit des diminutions de prix, soit la résiliation suivant les prévisions du cahier des charges. (6 juin 1873, Saint, L. p. 512 ; 9 avril 1873, Delhopital, L. p. 328 ; 7 février 1873, Veyret, L. p. 128 ; 20 février 1874, Bourgeois, L. p. 181.)

145. — De même, pour qu'un entrepreneur de transport puisse réclamer le prix des marchandises qu'il a transportées et rejeter sur l'administration la responsabilité des

pertes et avaries constatées lors de l'arrivée, il faut qu'il soit
en mesure de prouver qu'elles sont la conséquence d'une
faute commise par ses agents ; il faut notamment que
l'entrepreneur, lorsque s'est produit le fait qui, selon lui,
doit être regardé comme la cause de la perte ou de l'ava-
rie, ou lorsqu'il pouvait encore être constaté, ait réclamé
ou fait au moins des réserves. Ainsi, lorsqu'une Compagnie a passé avec l'État, pour transport de matériel de
guerre, un marché aux termes duquel celle-ci est responsable envers l'administration de la guerre des pertes et
avaries provenant de toutes circonstances autres que celles
de force majeure dûment constatées, et notamment des
avaries ayant pour origine un défaut d'arrimage dans la
cargaison ou un vice propre des paquebots, la Compagnie
n'est pas fondée à soutenir que les avaries constatées dans
le matériel transporté doivent être attribuées à l'insuffisance de l'emballage des objets composant ce matériel ou
à des cas de fortune de mer, si ses agents n'ont fait aucune réclamation ou réserve au sujet du conditionnement
des colis soit lors de leur prise en charge, soit lors de leur
débarquement, et si d'ailleurs ces agents ne se sont pas,
à l'arrivée du matériel transporté, conformés à l'usage
constant d'après lequel, à leur arrivée à destination dans
les ports étrangers, les capitaines de la marine marchande,
quand ils ont lieu de craindre que les mauvais temps essuyés
en mer n'aient occasionné des avaries à leur cargaison, re-
quièrent du consul la nomination d'experts chargés d'assister à l'ouverture des panneaux et de vérifier l'état de
la cargaison. (19 décembre 1868, Cⁱᵉ transatl., L. p. 1059.)

146. — Aux termes d'un marché passé par l'administration de la guerre pour la mouture des blés, « l'administration supporte à leur taux réel les déchets résultant
des opérations de mouture et de criblage. La moyenne

des déchets réalisés est constatée à la fin de chaque mois pour servir à l'établissement des décomptes de l'entrepreneur... » Cette disposition a été appliquée dans un cas où le ministre prétendait que les déchets présentés par le fournisseur sur ses factures étaient exagérés ; les procès-verbaux sur lesquels il s'appuyait avaient été faits en dehors des époques fixées par le cahier des charges, et le fournisseur avait été ainsi privé du droit qui lui appartenait de contrôler, à la fin de chaque mois, le montant des surdéchets que l'administration prétendait exister sur ses factures. Il a été décidé qu'à supposer que les déchets présentés par le fournisseur sur ses factures fussent exagérés, cette circonstance ne pouvait autoriser le ministre à laisser les surdéchets au compte de l'entrepreneur qu'autant qu'il en aurait constaté régulièrement l'existence à la fin de chaque mois. (8 janvier 1863, Probst, L. p. 5.)

147. — La jurisprudence s'est occupée de divers cas dans lesquels le prix n'était pas fixé en termes exprès par la convention, et a tracé les règles qui doivent alors servir à le déterminer.

Lorsqu'un certain intervalle s'est écoulé entre les offres faites par un entrepreneur de livrer des vivres moyennant un certain rabais sur le prix fixé par les mercuriales et le marché définitif passé entre l'administration et lui, le prix doit être fixé d'après le taux des mercuriales au jour des offres du fournisseur et non à l'époque de la conclusion définitive du marché. (30 juin 1846, Ellul, L. p. 374.) Il a été jugé, dans le même ordre d'idées, qu'en l'absence de tout document constatant le taux de négociation des objets achetés ou vendus par un fournisseur commissionné pour le compte du gouvernement, ce taux devait être calculé sur la cote officielle de la Bourse. (28 août 1827, Thuret, L. p. 466.)

Si le ministre autorise un fournisseur à exécuter des travaux supplémentaires dont il fixe le prix, et que l'entrepreneur exécute ces travaux, celui-ci accepte par là même le prix fixé par le ministre et n'est pas recevable à demander ultérieurement que le prix soit déterminé par experts. (30 décembre 1841, Thomas, L. p. 560.) Si d'ailleurs, en cas de fournitures supplémentaires demandées à un entrepreneur, aucun prix n'a été convenu, c'est le taux du cours du commerce au moment de la livraison qu'il faut consulter plutôt que le taux à l'époque de la fourniture principale.

148. — Lorsque, dans un marché passé avec un fournisseur, les droits de douane à payer sont entrés comme éléments dans la fixation des prix arrêtés par l'administration, s'il arrive que, par l'effet de circonstances imprévues, le fournisseur n'ait pas eu à payer ces droits, la somme à laquelle ils se seraient élevés doit être déduite, lors de la liquidation, du prix des fournitures. (17 novembre 1824, Bénard, L. p. 636.) Ainsi encore, lorsque le prix fixé comprend les frais de transport des fournitures et qu'en fait le fournisseur n'a eu aucun de ces frais à sa charge, il doit subir sur le prix une réduction égale au montant de ces frais. (26 décembre 1873, de Schlick, L. p. 970.)

149. — Dans un marché relatif à l'affrétement par le ministre de la marine d'un navire à vapeur pour un transport de charbon, le cahier des charges portait que l'administration fournirait à ses frais le charbon nécessaire à la marche du navire pendant toute la durée du voyage; il a été décidé que le prix devait comprendre le fret convenu sur la totalité du chargement, y compris le charbon consommé pendant la traversée. (10 janvier 1861, Wood, L. p. 16.)

150. — Pour que le prix soit dû au fournisseur, il suffit qu'il ait effectué livraison de la fourniture conformément à son traité ; il importerait peu que cette fourniture une fois livrée n'eût pas été consommée dans les conditions prévues par la convention. Ainsi l'État a été condamné à payer à un fournisseur le prix des fourrages dont celui-ci avait fait livraison à l'établissement pour lequel ils lui avaient été demandés, bien que ces fourrages, après la livraison, aient servi à satisfaire, pendant la guerre, aux réquisitions des armées allemande et française. (26 décembre 1873, Pichon, L. p. 972.)

151. — La manière dont le payement doit être effectué est réglée ainsi qu'il suit par le décret du 31 mai 1862, article 13 : « Aucun marché, aucune convention pour travaux de fournitures ne doit stipuler d'à-compte que pour un service fait. — Les à-compte ne doivent pas excéder les cinq sixièmes des droits constatés par pièces régulières présentant le décompte du service fait, à moins que des règlements spéciaux n'aient exceptionnellement déterminé une autre limite. » Cette disposition est reproduite dans les Conditions générales de la marine du 10 juin 1870, article 58. Une circulaire du ministre de la marine du 1er septembre 1870 fait observer, relativement à cette disposition, que, dans les marchés concernant les navires construits par l'industrie, les machines à vapeur, les appareils évaporatoires, les machines-outils, etc., on scinde ordinairement le travail à exécuter en plusieurs parties ; puis, au fur et à mesure que chacune d'elles est terminée, que le degré d'avancement du travail est constaté par les agents de la marine délégués à cet effet, les à-compte prévus par le traité sont payés aux ayants droit. Ce mode de payement, quoique très-régulier, puisqu'il n'a lieu que pour un service fait et dûment reconnu, est limité autant

que possible au genre d'entreprises dont il vient d'être fait mention, car il présente quelques inconvénients et entraîne d'ailleurs des complications d'écritures.

152. — Nous devons ajouter qu'une retenue est faite sur tous les payements des marchés de la marine au profit de la caisse des invalides de la marine.

153. — Le payement doit être exécuté, aux termes de l'article 1247, dans le lieu désigné par le marché. C'est généralement, au choix du fournisseur, soit dans une des caisses du département où le marché reçoit son exécution, soit dans l'une des caisses du département où le fournisseur réside. Toutefois le ministre peut, en raison de circonstances particulières, autoriser le payement dans une autre localité. Le soumissionnaire indique dans sa soumission le lieu où il demande à être payé. Aucun changement ne peut avoir lieu ultérieurement à cet égard, à moins d'être spécialement autorisé par le ministre et régularisé par un acte additionnel qui doit être soumis à l'enregistrement dans le même lieu que le marché primitif. Il est nécessaire en effet de protéger les intérêts des tiers qui pourraient avoir à former opposition au payement.

154. — On peut poser en principe que le prix fixé au contrat ne peut être augmenté dans l'intérêt du fournisseur, en dehors des cas de force majeure pouvant ouvrir pour lui droit à indemnité dans des conditions sur lesquelles nous reviendrons plus loin. Toutefois il peut arriver dans un assez grand nombre d'hypothèses que des suppléments de prix ou des indemnités soient accordés à des fournisseurs. Nous en passerons en revue un certain nombre à titre d'exemple.

Tous les changements imprévus que l'administration apporte dans le mode d'exécution du marché autorisent l'entrepreneur à réclamer un dédommagement. C'est ainsi qu'une indemnité serait due au fournisseur d'un service de vivres dans un arrondissement pour l'augmentation de dépenses que lui auraient causée des fournitures faites, dans des conditions exceptionnelles, à des troupes rassemblées extraordinairement, et lorsque ces circonstances n'avaient pas été prévues à l'époque où l'entrepreneur avait soumissionné le service. (13 juillet 1864, Josserand, L. p. 657.) De même, il a été décidé qu'une indemnité était due à un fournisseur qui, ayant reçu l'ordre de préparer le ravitaillement d'une colonne de dix mille hommes, n'avait été prévenu de la réduction de son effectif à quatre mille hommes que cinq jours après l'ordre primitif, alors qu'il avait déjà pris ses mesures pour ce ravitaillement, et cinq jours seulement avant le départ des troupes. On lui doit le prix des fournitures qui se sont trouvées perdues par suite de ce contre-ordre. (Id., p. 658.)

Ainsi encore, il a été jugé qu'on devait tenir compte à des entrepreneurs de la fourniture des bois en Algérie du surcroît de dépenses résultant pour eux de l'augmentation produite dans les prix d'affrétement par les dispositions de l'ordonnance du 7 décembre 1841, aux termes de laquelle les transports entre la France et l'Algérie devaient s'effectuer par navires français seulement, à l'exclusion des navires étrangers. (7 avril 1846, Bazille, L. p. 233. V. aussi 21 janvier 1858, Mayer, L. p. 233.)

155. — Nous avons vu que dans certains cas une indemnité était due au fournisseur bien que les marchandises n'eussent pas été livrées et que l'administration n'en eût pas profité. C'est ainsi qu'il a été jugé qu'une indemnité était due à l'entrepreneur des fournitures de viande à faire aux troupes à réunir dans des camps projetés, lorsque, malgré la réduction de l'effectif annoncé au moment de l'adjudication, les agents de l'intendance militaire ont

7

prescrit à l'entrepreneur, en vue d'une augmentation probable des troupes, de maintenir ses approvisionnements dans une proportion supérieure aux besoins de la consommation courante. (13 janvier 1859, Lescuyot, L. p. 23; 1er septembre 1860, id., L. p. 696.) Dans le même ordre d'idées, on a reconnu au fournisseur du pain pour l'alimentation d'un camp droit à indemnité, à raison du préjudice que lui avait causé la levée du camp, avant l'expiration du marché, sans avertissement préalable. (20 juin 1873, Escalle, L. p. 567. *Adde* 13 juillet 1864, Josserand, L. p. 657.) Mais l'administration ne serait pas tenue de lui rembourser le prix d'approvisionnements qu'il aurait faits sans raison sérieuse. Lorsque, par exemple, aux termes d'un cahier des charges de fournitures, les quantités à fournir sont indiquées approximativement, à titre de simple renseignement, sans que l'administration s'engage à y conformer ses commandes, et lorsqu'aucun article du cahier des charges n'impose au soumissionnaire l'obligation de faire à l'avance des approvisionnements, l'entrepreneur est sans droit pour réclamer une indemnité à raison des approvisionnements qu'il a pu faire et qui sont restés sans emploi. (17 février 1853, Lambert, L. p. 237).

156. — Des suppléments de prix peuvent être accordés à des fournisseurs lorsqu'ils ont dû exécuter leur marché dans des conditions plus onéreuses que celles prévues au contrat; ainsi, aux fournisseurs chargés de l'entreprise de l'entretien des voitures employées à la levée des boîtes aux lettres dans Paris, lorsque l'augmentation au cours du marché du nombre de ces voitures et la modification du diamètre de leurs roues ont eu pour effet d'accroître dans une mesure imprévue les charges consenties par le fournisseur et de lui causer un préjudice. 30 janvier 1868, Morel Thibaut, L. p. 120.

157. — Lorsqu'il résulte des termes d'un cahier des charges le droit pour un entrepreneur de faire une fourniture à l'exclusion de tout autre, il lui est dû indemnité si l'administration méconnaît ce droit en s'adressant à un autre entrepreneur. (26 décembre 1862, Salles, L. p. 864.) Mais, pour qu'il en soit ainsi, il faut nécessairement que l'administration ait formellement contracté l'engagement de ne point s'adresser à d'autres fournisseurs ; aucune indemnité ne serait due pour le préjudice causé à un fournisseur par la concurrence d'un autre traitant, avec lequel l'administration aurait passé un marché, lorsqu'aucune disposition du cahier des charges ne limite son droit à cet égard. (18 novembre 1852, Moitessier, L. p. 460.)

158. — Des indemnités ou des suppléments de prix ont encore été accordés à des fournisseurs dans un certain nombre de cas. Ainsi : 1° à un entrepreneur par suite du refus fait par l'administration de la guerre d'exécuter le marché intervenu entre elle et lui, et par le motif qu'elle avait donné l'ordre d'expédier et de livrer dans des localités autres que celle prévue au marché (11 juillet 1873, Demolin, L. p. 632) ; 2° à l'inventeur d'un nouveau mode de chiffrer la correspondance, qui avait cédé son secret à l'administration de la marine, à la charge par elle de lui garantir la position permanente de chef du bureau du chiffre ; il a été décidé qu'il avait droit, par suite de la suppression de ce bureau, à une indemnité comme prix de la cession de son invention (24 janvier 1849, Henrichs, L. p. 65) ; 3° à l'entrepreneur de la fourniture de matériaux pour l'exécution de travaux publics qui s'est engagé à fournir ces matériaux pendant la durée de son bail, moyennant un certain prix ; il a été reconnu qu'une indemnité lui était due malgré la stipulation insérée au cahier des charges que ce prix ne pourrait être augmenté,

soit à raison de l'épuisement des carrières, soit à raison
de la plus grande difficulté d'extraction ou de transport,
si les gravières où l'entrepreneur s'approvisionnait se
trouvent supprimées par le résultat de travaux que l'administration a fait elle-même exécuter dans le voisinage
(8 février 1855, Viennois, L. p. 132); 4° à l'entrepreneur
général des transports de la guerre au Mexique pour les
circonstances exceptionnelles dans lesquelles ce service
avait eu lieu (25 mai 1870, Souberbielle, L. p. 651);
5° enfin le principe d'une indemnité a été reconnu en
faveur d'un fournisseur pour la réparation du préjudice
que lui avait causé l'administration par des saisies opérées
à tort et des hypothèques prises sans nécessité sur ses
propriétés (11 août 1864, Chalard, L. p. 757; *adde*,
29 nov. 1872, Cornillier, L. p. 668.)

159. — Au contraire, des demandes en indemnité ou
suppléments de prix formées par des fournisseurs ont
échoué dans plusieurs espèces dont nous croyons utile de
citer les principales. Lorsqu'un supplément de prix est
promis à un fournisseur sous condition, il faut, pour que
ce fournisseur y ait droit, que la condition ait été accomplie dans les termes mêmes prévus par le marché : ainsi,
un marché passé avec l'État pour la construction d'un
navire à vapeur contenait cette stipulation, que le fournisseur aurait droit à une prime si le navire se rendait
d'un point à un autre dans un délai déterminé. La commission, chargée de vérifier l'accomplissement des conditions du traité, a constaté que le voyage ne s'était point effectué dans le délai prescrit, mais que le retard produit était
dû à des circonstances atmosphériques qui n'avaient pas
permis que les épreuves eussent lieu conformément aux
prescriptions du cahier des charges, et que, sans ces conditions, le navire aurait incontestablement accompli la tra-

versée dans un temps moindre que celui fixé. Malgré ces déclarations, les termes du traité ont été rigoureusement appliqués, et la prime n'a pas été accordée au fournisseur. (18 juin 1852, Courau, L. p. 258.)

160. — L'entrepreneur d'un marché de la fourniture de souliers pour l'armée avait demandé un supplément de prix pour les années 1870 et 1871, en se fondant sur ce que les événements de ces années avaient amené une augmentation imprévue du prix de la matière première et des frais de production. Cette demande n'a pas prévalu contre les dispositions du cahier des charges, aux termes desquelles le prix de chaque paire de chaussures comprenant, d'une part, la valeur de la matière première, d'autre part, celle de la main-d'œuvre et les frais de production, était fixé d'une manière invariable pour toute la durée de l'entreprise. (25 avril 1873, Godillot, L. p. 352.)

161.—De même, le Conseil d'État a rejeté la demande en indemnité formée par un fournisseur de la viande nécessaire aux troupes pour cause du renchérissement notable de la viande en cours d'exécution du marché, par le motif qu'il ne justifiait d'aucune convention par laquelle l'administration se serait engagée à revenir sur les prix du marché souscrit par lui, et qu'en supposant que le renchérissement du prix de la viande ait rendu onéreuse pour le fournisseur l'exécution du marché, ce fait, qui rentre dans les clauses ordinaires d'une telle entreprise, n'était pas de nature à donner ouverture à une action en indemnité. (28 janvier 1858, Médan, L. p. 92.)

162. — Lorsque l'administration, croyant à tort qu'une somme n'était pas due à un fournisseur, a pris vis-à-vis de lui des mesures conservatoires dont le résultat a été d'entraîner sa faillite, ce fournisseur n'a cependant pas droit à des dommages-intérêts, par le motif que les me-

sures dont il avait à se plaindre ont été prises par le ministre dans la limite de ses attributions et dans un intérêt public, et qu'aucune disposition de loi n'autorise les particuliers à en réclamer en pareil cas, alors même qu'un préjudice serait résulté pour eux des décisions de l'administration. (8 septembre 1861, Bresson, L. p. 818.)

163. — Un fournisseur des transports de l'armée française au Mexique a été reconnu mal fondé dans la demande en indemnité formée par lui pour le dommage que lui avait fait éprouver l'évacuation précipitée du Mexique, alors qu'une disposition du cahier des charges de l'entreprise stipulait qu'en cas de départ de l'armée française avant l'époque prévue, l'entreprise devait cesser de plein droit sans que le fournisseur pût prétendre à des dommages-intérêts. Toutefois dans cette espèce, bien que la juridiction contentieuse ait déchargé l'administration de toute responsabilité vis-à-vis de l'entrepreneur, le ministre de la guerre a demandé une ouverture de crédit pour allouer une indemnité à l'entrepreneur à titre gracieux et en récompense des services rendus. (24 janvier 1872, Souberbielle, L. p. 30.)

164. — Une indemnité a été également refusée dans les espèces suivantes : 1° à un entrepreneur du service des convois militaires qui prétendait avoir droit à un supplément de prix pour l'excédant de dépense que lui auraient occasionné dans l'exécution de son service les modifications dans la distribution des gîtes d'étape; cette demande a été repoussée par le motif que ces changements n'étaient pas de nature à porter atteinte aux bases qui avaient servi à fixer les prix du traité (13 août 1851, Heurtey, L. p. 638); 2° à l'entrepreneur des transports généraux de l'administration de la guerre, lorsque, ayant obtenu pour une certaine période de temps la suspension de son ser-

vice sur une route à raison d'hostilités permanentes, il a fait néanmoins des transports sur cette route pendant cette période. Pour qu'il eût le droit de se plaindre du peu de sécurité de cette route et de demander en conséquence un supplément de prix, il aurait fallu qu'il eût été contraint d'exécuter ces transports, ou qu'il eût fait, à l'égard du prix, réserve de ses droits. (28 novembre 1867, Bordenave, L. p. 881.) — 3° Au fournisseur qui attaque la décision ministérielle refusant de lui allouer une indemnité, alors qu'il s'est engagé à reconnaître comme souveraine l'appréciation du ministre au sujet de l'indemnité réclamée (20 juillet 1854, Sicard, L. p. 673); 4° à l'adjudicataire de la fourniture du chauffage et de l'éclairage des troupes, à raison de la suppression d'un chemin militaire, lorsque la jouissance de ce chemin ne lui a pas été garantie par le cahier des charges (24 mai 1859, Even, L. p. 381); 5° à un entrepreneur du service du chauffage de l'armée en Algérie dont le marché portait que « hors le cas d'augmentation des droits d'octroi postérieurement à l'adjudication et les cas de force majeure, l'entrepreneur n'aurait droit à aucune indemnité pendant toute la durée du service »; il réclamait une indemnité à raison des pertes qu'il aurait éprouvées par suite du renchérissement survenu dans le prix du bois de chauffage par le fait de l'administration; sa demande a été rejetée par le motif que ce cas ne rentrait pas dans ceux qui étaient limitativement prévus par le cahier des charges. (16 juillet 1857, Dubourg, L. p. 547; *adde* 11 août 1864, Chalard, L. p. 757); 6° à l'entrepreneur du service des prisons qui réclame indemnité pour la variation que la population des détenus a pu subir par l'influence des lois et règlements; ces entrepreneurs, en se chargeant du service des maisons de détention, acceptent par là même les conditions de leur existence, et, par voie de conséquence, la population des détenus, telle qu'elle doit résulter de ces conditions (24 octobre 1834, Guillot, L. p. 776; 29 juin 1832, Marjas, L. p. 335.) Toutefois, si le nombre des détenus mis à la disposition de l'entrepreneur du service d'une prison s'était, à certains moments, trouvé inférieur au minimum fixé par son traité, il lui serait dû indemnité, à la condition de prouver que ce fait lui a causé un préjudice. (10 mars 1853, Min. de l'int., L. p. 314.) 7° Lorsqu'un cahier des charges porte que le renchérissement des denrées qui ne provient que des chances ordinaires du commerce ne peut donner lieu à aucune augmentation des prix stipulés dans les marchés, le fournisseur n'a droit à aucune indemnité, bien que le renchérissement des denrées à fournir soit considérable, s'il ne provient pas de circonstances de force majeure prévues au contrat. (19 juin 1856, Dubourg, L. p. 432; *adde* 4 août 1870, Joubert, L. p. 1000.)

165. — Nous avons vu dans certaines des décisions qui précèdent que les cahiers des charges prévoient quelquefois des événements accidentels, des cas de force majeure comme pouvant donner lieu à indemnité pour le fournisseur; nous devons dire tout de suite que, lorsque ces cas ont été spécifiés, leur énumération est limitative, et qu'un fournisseur ne serait pas fondé à réclamer une indemnité pour un cas de force majeure qui ne rentrerait pas dans ceux prévus au contrat. Par cette limitation à quelques-uns, on a voulu exclure les autres.

Ainsi, un cahier des charges relatif à l'entreprise du travail et des services dans une prison portait la clause suivante : « Les pertes occasionnées par force majeure seront supportées par le gouvernement. On ne reconnaîtra pour telles que celles provenant d'inondation, d'invasion ou d'émeute. » Il a été décidé que le choléra ne pouvait être rangé dans les cas de force majeure prévus par cette disposition ; l'entrepreneur n'a été en conséquence reconnu fondé à réclamer une indemnité pour le préjudice qui lui a été causé par cette épidémie qu'autant que le surcroît de dépenses ou les pertes dont il se plaignait auraient été une conséquence des mesures ordonnées par l'administration en dehors des stipulations du cahier des charges. Chargé entre autres fournitures de celle des médicaments, il ne serait pas non plus recevable à réclamer une indemnité pour l'augmentation produite par le choléra dans cette fourniture. (23 février 1857, Fabrégue, L. p. 581.)

166. — Mais, dans l'hypothèse du silence du cahier des charges sur les cas de force majeure, on peut poser en principe que ces événements ne donnent droit à aucune indemnité lorsqu'il s'agit des difficultés plus ou moins grandes qu'ils ont occasionnées à l'entrepreneur dans l'exécution de son marché. Un fournisseur de fourrages en Algérie demandait une indemnité pour les pertes qu'il avait éprouvées, en se fondant sur ce qu'une insurrection avait éclaté dans le cercle des villes auxquelles s'appliquait son entreprise, et l'avait privé des récoltes sur lesquelles il comptait pour exécuter son marché ; ce fait constituait, suivant lui, un événement de force majeure. Le Conseil d'État a rejeté cette demande par le motif qu'aucune disposition du marché ne déterminait les localités dans lesquelles les entrepreneurs devaient s'approvisionner du fourrage qu'ils s'étaient engagés à fournir à l'administration, et que, par suite, cette dernière n'était pas tenue de lui garantir la sécurité des localités dans lesquelles il lui conviendrait de pourvoir à ses approvisionnements. (26 décembre 1856, Badenco, L. p. 728.)

Il a été décidé dans le même esprit que des dégradations

7.

causées à des métiers dans une maison centrale de détention par une insurrection qui s'y était introduite de vive
force étaient un cas de force majeure dont l'État ne pouvait
être responsable et qui ne donnait pas droit à indemnité
en faveur de l'entrepreneur propriétaire de ces métiers.
(22 décembre 1853, Jouhaud, L. p. 1094.) En effet, la
perte devait être au compte de l'entrepreneur propriétaire
des métiers. De même la perte de la marchandise avant la
livraison devrait être, comme nous l'avons vu (n° 73), au
compte du fournisseur. C'est une application des principes
du droit commun sur les risques.

167. — Ajoutons, pour terminer ce que nous avons à
dire sur l'exécution des marchés de fournitures et sur
l'action en payement qui appartient aux entrepreneurs, que
les intérêts des sommes dues aux fournisseurs doivent leur
être alloués à partir du jour où ils les ont demandés, et
d'après le taux du lieu où le payement des sommes dues
devait se faire. (2 mai 1861, Dato, L. p. 318; 26 mai 1869,
Hit, L. p. 524.) Nous reviendrons sur ce point.

CHAPITRE III

DES SOUS-TRAITANTS

168. — Le sous-traitant est, suivant la définition de
M. Dufour, celui qui se charge envers le traitant ou entrepreneur principal d'exécuter à ses risques et périls tout ou
partie des obligations imposées par son marché à cet entrepreneur principal.

Il ne faut pas d'ailleurs confondre le sous-traitant à qui
l'entrepreneur cède une partie de son marché avec le
simple mandataire ; la question est importante au point de
vue du privilége qui, comme nous le verrons, a été accordé
aux sous-traitants par le décret du 12 décembre 1806, et
auquel les mandataires n'ont pas droit. Ainsi, celui qui,
pour un prix fixe, s'est chargé, vis-à-vis de l'entrepreneur
seulement, de faire les transports auxquels celui-ci s'était
engagé, ne doit pas être considéré comme un sous-traitant,
mais comme un simple mandataire, créancier de l'entrepreneur principal. (Paris, 31 juillet 1829 ; Cass. rej.
18 mai 1831, S. 31, 1, 220. *Adde* par analogie Cass.
rej. 3 janvier 1822, Demont, S. C. N. 7, 1, 3 ; Metz,
2 juillet 1817, Boubée, S. C. N. 5, 2, 302 ; Cons. d'Ét.
14 août 1852, Leleu, L. p. 396.) Du reste, c'est là une
question de fait dont la décision ne donne pas ouverture
à cassation. (Rej. 12 janvier 1830, Dupin c. Doncker.)

169. — Il importe de remarquer que les conventions

qui interviennent entre les fournisseurs et leurs sous-
traitants ne s'étendent pas à l'administration ; l'État reste
complétement en dehors de ces sortes de stipulations, à
moins toutefois qu'il ne résulte expressément des termes
de la convention que l'administration est intervenue pour
approuver la substitution du sous-traitant au fournisseur,
et qu'elle s'est personnellement engagée envers lui au
payement du prix. 20 juillet 1854, Olivet, L. p. 670.) La
jurisprudence a eu d'ailleurs à appliquer souvent cette
règle et à décider qu'un sous-traité qui a eu lieu sans l'intervention et l'approbation de l'administration ne pouvait
donner lieu à une action de la part du sous-traitant contre
cette administration. (8 août 1834, Weidmann, L. p. 544.
V. aussi par analogie : Conseil d'État, 18 avril 1821,
Boubée; id. 31 mai 1821, Cousin; Metz, 2 juillet 1817,
Demont, S. C. N. 5, 2, 302 ; Cass. rej. 3 janvier 1822,
Demont, S. C. N. 7, 1, 13.) Il a été jugé de même que,
si l'État est tenu d'indemniser les entrepreneurs à raison
du préjudice direct et matériel causé par la suspension du
travail aux industries qu'ils exploitaient, il n'est pas tenu
de les garantir des réclamations de leurs sous-traitants.
(10 septembre 1855, Min. de l'int., L. p. 619. *Adde*
22 janvier 1857, Troupel, L. p. 71.) Il convient toutefois
de faire observer que, si l'État peut repousser comme non
recevable l'action directe des sous-traitants contre lui, il
ne pourrait se dispenser d'indemniser l'entrepreneur lui-
même s'il prouvait que, par suite de la suspension, ses
sous-traitants ont éprouvé un dommage dont il leur doit
réparation, dommage qu'il eût éprouvé personnellement
s'il n'eût pas sous-traité.

Il a été décidé aussi que, dans un marché passé entre
l'État et un entrepreneur des services et du travail d'une
prison, l'État ne reconnaît pas les sous-traitants et que,

dès lors, l'intervention de ces derniers dans l'instance engagée entre l'État et le fournisseur n'est point recevable. (14 février 1861, Defaucamberge, L. p. 103. *Adde* 27 janvier 1843, Vitali, L. p. 42.)

170. — Il peut arriver que, dans certaines entreprises, l'administration se soit réservé le droit de refuser ou d'agréer les sous-traitants; bien qu'elle ait exercé ce droit, en agréant le sous-traitant, le fournisseur n'en continue pas moins d'être seul responsable envers l'État, au regard de qui les sous-traitants n'ont, à moins de stipulation contraire avec le gouvernement, d'autre position que celle de préposés de l'entrepreneur principal.

171. — Du reste, ces principes ne sont pas contestés ; le seul point sur lequel des difficultés peuvent s'élever est relatif à la question de savoir si dans telle entreprise déterminée l'État est réellement intervenu au sous-traité et s'il y a eu engagement de sa part. Les sous-traitants ont intérêt à le soutenir, afin de se réserver un droit de recours contre l'État en cas d'insolvabilité du fournisseur principal. Cette prétention a été repoussée toutes les fois que le sous-traitant n'a pas pu apporter la preuve de l'intervention formelle du gouvernement. Nous citerons à titre d'exemple les deux espèces suivantes : dans la première, le sous-traitant invoquait l'assistance d'un employé du gouvernement à la négociation qui avait amené le traité ; le consul français du lieu où avait été passé le marché avait reçu du ministre des affaires étrangères l'invitation d'employer son intervention et celle des agents placés sous ses ordres, pour faciliter les divers marchés, et le traité avait été passé devant le chancelier du consulat. Malgré ces circonstances favorables, le recours du sous-traitant contre l'administration a été rejeté par les motifs suivants :

« Vu l'article 618 du règlement des subsistances du

1er septembre 1827, ainsi conçu : « Ne peuvent être con-
« sidérés comme créanciers directs les préposés fournis-
« seurs ou créanciers quelconques qui ont opéré pour le
« compte d'un entrepreneur ou d'un agent comptable, ou
« envers lequel ces entrepreneurs ou agents comptables
« ont contracté une dette pour l'exécution du service qu'ils
« étaient tenus d'exécuter. » — « Considérant que la convention du 27 octobre 1828 est un sous-traité de fournitures conclu, d'une part, entre le sieur Damaschino,
comme négociant, et, d'autre part, par le sieur Godskecker,
comme associé et mandataire du sieur Olive, entrepreneur
des vivres de l'armée de Morée ; — que ce traité ne renferme aucune promesse ou garantie de payement stipulée
au nom de l'État par un agent du gouvernement français ;
— que dès lors le sieur Damaschino pouvait seulement
exercer le privilége accordé aux sous-traitants par le
décret du 12 décembre 1806, etc., etc. » (11 février 1836,
Damaschino, L. p. 75.)

Dans la seconde espèce, il s'agissait d'un garde-magasin
qui avait été autorisé par le ministre de la guerre à
combler un déficit, en remplaçant en nature les denrées
manquantes. Ce comptable s'était livré pour faire ce remplacement à des opérations commerciales qui avaient
amené sa ruine. Ses créanciers non payés prétendaient à
un recours contre l'État, par le motif que la confiance
que leur avait inspirée l'entrepreneur n'avait pour cause
que la situation de fonctionnaire dont il était revêtu, et
qu'en traitant avec lui ils croyaient avoir l'État pour débiteur. Ils ont été déboutés de leur demande par le motif
« que les exposants ne produisent aucun marché souscrit
au nom du département de la guerre, ni aucun ordre ou
commission du ministre qui ait autorisé le sieur Poutingon
à stipuler au nom de ce département ; que dès lors le

sieur Poutingon n'a pu stipuler qu'en son propre et privé nom ». (22 août 1834, Puech, L. p. 585.)

172. — Un décret du 12 décembre 1806 a accordé à certains sous-traitants un privilége dans le but de favoriser ces opérations en offrant une garantie à ceux qui livrent ainsi des fournitures destinées à l'administration. Voici en quels termes le décret de 1806 règle les conditions dans lesquelles s'exercera ce privilége : « Article 1er. Tout sous-traitant, préposé ou agent d'une entreprise soumise aux dispositions du décret du 13 juin 1806, qui, à dater de la publication du présent, se croirait fondé à ne pas remettre les pièces justificatives de ses fournitures à l'entrepreneur principal, dans les délais fixés par ce décret, pour n'avoir pas été payé de son service par le traitant, devra les déposer, dans les mêmes délais, entre les mains du commissaire ordonnateur de la division militaire, qui lui donnera en échange un bordereau certifié constatant le nombre et la nature des pièces versées, ainsi que l'époque et la qualité des fournitures dont elles justifient. — Article 2. Les bordereaux délivrés en exécution de l'article ci-dessus par les commissaires ordonnateurs aux sous-traitants, préposés ou agents, auront pour ceux-ci, lorsqu'ils les présenteront aux tribunaux, la même valeur que les pièces dont la remise aura été faite ; et lorsqu'ils les présenteront au Trésor public, ils leur tiendront lieu d'opposition, tant sur les fonds que le gouvernement pourrait redevoir aux entrepreneurs pour leurs fournitures, que sur le cautionnement que le ministre aurait exigé desdits entrepreneurs, sauf le droit du gouvernement ; et ce, nonobstant toute cession ou transfert qui aurait été fait par les entrepreneurs. Le Trésor public recevra les oppositions des sous-traitants, porteurs des bordereaux arrêtés par les ordonnateurs. Ils auront un

privilége spécial sur les sommes à payer aux entrepreneurs jusqu'à concurrence du montant de ce qui leur sera
.dû pour les fournitures comprises auxdits bordereaux. —
Article 3. Les sous-traitants, préposés ou agents qui ne
se seront point conformés aux dispositions des articles précédents, encourront la déchéance voulue par notre décret
du 13 juin; en conséquence, les pièces justificatives des
fournitures qu'ils auraient faites en cette qualité ne peuvent leur servir de titre à aucune réclamation contre qui
que ce soit. »

173. — Ainsi, pour certains marchés, les sous-traitants
ont un privilége sur les sommes dues par l'État au fournisseur
principal. Les marchés auxquels ce privilége s'applique
sont ceux qui sont relatifs au service de la guerre. Il a
été jugé que le privilége ne peut être réclamé par un
sous-traitant relativement à un marché passé avec la
régie des contributions indirectes (Cass. rej. 18 mai 1831,
Schmidt, S. 31, 1, 220); mais il s'applique au cas d'entreprise faite pour le service de l'hôtel des Invalides, bien
qu'un décret du 25 mars 1811, par une dotation spéciale
faite aux Invalides, ait effacé les dépenses de cet hôtel du
budget de la guerre. (Paris, 26 mai 1826, S. C. N., 8, 2,
238, et Cass. rej. 20 février 1828, S. C. N., 9, 1, 38.)
Enfin, dans les marchés pour lesquels le privilége a été
institué, il n'est pas applicable aux simples livranciers qui
ont fait des fournitures pour le compte des sous-traitants;
ces livranciers ou fournisseurs n'ont d'action que contre
les sous-traitants. (Metz, 2 juillet 1817, S. C. N., 5, 2,
302; Cass. rej. 3 janvier 1822, S. C. N., 7, 1, 3.)

174. — Aux termes du décret, le privilége ne s'applique pas seulement aux sommes dues par le gouvernement au fournisseur principal, mais aussi aux immeubles
donnés par lui en cautionnement. Les sous-traitants peu-

vent, pour la conservation ou l'exercice de leur privilége, saisir ces immeubles entre les mains des acquéreurs.
(V. Persil, Rég. hypoth. sur l'art. 2098, n°° 32 et 33 ;
Pont, priv. et hypoth., n° 56 ; Aubry et Rau, t. III,
§ 263 bis, p. 196, 3° édit.; Paris, 16 mars 1866, S. 66, 1,
318.) Toutefois, il a été jugé que, si la caution d'un entrepreneur de fournitures avait déclaré vouloir que son cautionnement ne fût affecté aux créanciers de l'entrepreneur
qu'autant qu'ils auraient formé opposition sur les sommes
dues à cet entrepreneur par le gouvernement, elle serait
fondée à opposer l'inobservation de cette formalité aux
sous-traitants non payés qui réclameraient privilége sur le
cautionnement. (Cass. rej. 17 juillet 1827, S. C. N., 8,
1, 642.)

175. — Le Conseil d'État a décidé que le décret de 1806,
tout en conférant aux sous-traitants un privilége sur les
fonds qui peuvent être dus par l'État au fournisseur principal, ne leur donne pas le droit d'intervenir dans la liquidation des sommes dues à l'entrepreneur. (26 décembre
1834, Montpriest, S. 35, 2, 503.)

176. — Ce privilége n'est pas restreint d'ailleurs aux
sommes représentatives des fournitures faites par les sous-
traitants. Il s'étend généralement à toutes les sommes
dues aux fournisseurs par l'État, même à celles allouées à
titre d'indemnité. Il résulte même d'une jurisprudence
qui semble, il faut le dire, exorbitante, qu'il s'étend aux
sommes dues au fournisseur à raison d'une entreprise
autre que celle à laquelle les sous-traitants qui en réclament le bénéfice ont pris part. (Cass. rej. 10 mars 1818,
S. C. N., 5, 1, 449. — Paris, 26 mai 1826, S. C. N., 8, 2,
238. — Cass. rej. 20 février 1828, S. C. N., 9, 1, 38.)

177. — Nous n'avons pas à entrer dans les détails
relatifs aux formalités à remplir pour la conservation de

ce privilége. Le texte du décret que nous avons cité en contient l'énoncé. Les formalités sont d'ailleurs très-simples. Le sous-traitant doit adresser dans le délai de six mois, à partir du trimestre où la dépense a été faite, les pièces justificatives de ses fournitures, soit au Trésor, soit au commissaire ordonnateur de la division militaire. On peut ajouter qu'il n'aurait pas perdu son privilége, si, au lieu de déposer ses titres de créance, ainsi qu'il vient d'être énoncé, il les avait remis directement à l'entrepreneur général dans le délai de six mois fixé par le décret du 13 juin 1806. (Cass. 12 mars 1822.)

178. — Mentionnons enfin, à propos de ce privilége, que l'article 2 du décret du 12 décembre 1806, en disposant que le privilége des sous-traitants s'étendrait sur les sommes dues aux entrepreneurs principaux, « sauf le droit du gouvernement », n'a pas, par ces derniers mots, entendu parler des créances non privilégiées qui auraient été cédées au gouvernement par des tiers porteurs ou qu'il réclamerait de leur chef; à l'égard de ces créanciers il ne pourrait avoir plus de droits que ceux qu'ils représentent; les mots ci-dessus s'appliquent seulement aux droits que le gouvernement pourrait exercer de son propre chef. Il a été jugé également que le gouvernement ne pourrait opposer la compensation des créances qu'il aurait acquises, avec les sommes dont il serait débiteur envers les entrepreneurs généraux, au préjudice des sous-traitants et nonobstant des oppositions antérieures à celles du Trésor. (Cass. rej. 10 mars 1818, Trésor public, C. Lemaire.)

179. — Nous avons vu (n° 107) que toutes les contestations qui peuvent s'élever entre les sous-traitants et les fournisseurs principaux ou leurs ayants cause étaient de la compétence des tribunaux civils, à l'exclusion du ministre. Nous devons ajouter que celles qui ont trait à

l'exercice du privilége créé par le décret de 1806 doivent, aux termes de ce décret et du règlement du 1er décembre 1838, article 46 (remplacé aujourd'hui par celui du 3 avril 1869), être également portées devant les tribunaux ordinaires. (14 août 1852, Leleu, L. p. 396.)

CHAPITRE IV

DE L'INEXÉCUTION DES MARCHÉS
ET DE SES CONSÉQUENCES

180. — L'inexécution par les fournisseurs des marchés passés avec l'administration entraîne les diverses conséquences qui sont la suite ordinaire de l'inexécution de toutes les conventions. Elle provoque en outre contre le fournisseur coupable des peines toutes spéciales. L'intérêt public est en effet trop engagé dans certains marchés pour que l'exécution n'en soit pas garantie par des mesures énergiques et par la menace contre l'entrepreneur en faute d'une pénalité rigoureuse.

181. — Et d'abord c'est à l'administration seule qu'il appartient de vérifier et d'apprécier les objets livrés. Le droit pour elle de déclarer que les marchandises fournies satisfont ou ne satisfont pas aux conditions prescrites par le cahier des charges résulte d'une clause expressément stipulée dans tous les traités ou d'une disposition des Clauses et Conditions des marchés auxquelles les entrepreneurs se soumettent. La conséquence à tirer de cette clause, c'est que le fournisseur doit s'en rapporter exclusivement sur ce point à la décision de l'administration ou de ses agents et qu'il lui est impossible de faire procéder à une vérification qui serait faite par d'autres personnes. Ainsi un sieur Sorel prétendait que les épreuves auxquelles ses huiles

avaient été soumises avaient été mal faites par la commission du port de Cherbourg, et il demandait qu'elles fussent recommencées par une commission prise en dehors de l'administration. Cette demande a été repoussée en ces termes par le Conseil d'État : « Considérant que, par l'article 16 du cahier des charges, la fourniture des huiles à faire par le sieur Sorel a été soumise aux clauses et conditions générales fixées par l'arrêté du 22 septembre 1817; — considérant qu'aux termes de l'article 24 de cet arrêté, la réception des fournitures de la marine est exclusivement dans les attributions des commissions des ports, — la requête du sieur Sorel est rejetée. » (15 novembre 1851, L. p. 671.)

182. — Le principe étant admis, nous devons examiner quelles sont les conséquences de la mauvaise exécution ou de l'inexécution, soit totale, soit partielle, des marchés de fournitures.

SECTION PREMIÈRE

CLAUSE PÉNALE

183. — En premier lieu, les parties prévoient souvent dans le cahier des charges le cas où le traité ne recevrait pas une complète exécution, celui où les fournitures ne seraient pas livrées dans les délais prévus au contrat, celui encore où les marchandises livrées seraient de mauvaise qualité; et dans toutes ces hypothèses il arrive que les parties stipulent une peine spéciale pour le fournisseur, par exemple une retenue sur le prix. Ces stipulations constituent une clause pénale dont nous nous occuperons tout d'abord.

184. — La clause la plus ordinairement stipulée, c'est,

comme nous venons de le dire, une retenue déterminée
d'avance par chaque retard de livraison aux époques con-
venues. Elle n'est pas la seule ; on peut citer encore la
résiliation qui a lieu d'ailleurs de plein droit dans certains
cas déterminés, la saisie partielle ou totale du cautionnement. Les Clauses et Conditions générales de la marine
stipulent que si, lors des recettes, il est reconnu que des
matières ou objets précédemment rebutés sont reproduits,
le marché est résilié de plein droit avec saisie du cautionnement, et le fournisseur dont le marché est résilié
dans ces conditions peut être exclu par le ministre du
concours aux adjudications et aux traités de gré à gré.
(17 avril 1874, Raffugeau, L. p. 340.)

185. — Lorsque le cahier des charges a stipulé qu'une
somme serait payée par l'entrepreneur en cas de non-li-
vraison des fournitures dans un délai déterminé, l'administration a droit de prélever cette somme sans être tenue
d'accepter les livraisons qui pourraient lui être faites après
l'époque fixée. Le fournisseur ne pourrait l'y contraindre,
même en se soumettant à la peine stipulée pour retard.
(9 décembre 1842, Mirabel, L. p. 502 ; 7 décembre 1843,
Gervais, L. p. 566.)

186. — La clause pénale est d'ailleurs appliquée rigoureusement sans que l'entrepreneur puisse alléguer que
l'inexécution de son engagement n'a causé à l'État aucun
préjudice. Ainsi le fournisseur qui a accepté une clause du
cahier des charges aux termes de laquelle le ministre
pourra, faute par l'adjudicataire d'avoir effectué complétement ses fournitures dans un délai déterminé, prononcer la résiliation du marché et opérer la saisie du cautionnement, ne peut être admis à soutenir par la voie
contentieuse que cette clause pénale excéderait la quotité
du préjudice résultant pour l'État de l'inexécution du

marché; la seule question à décider est celle de savoir si le fournisseur a encouru l'application de cette clause. (20 janvier 1853, Marcin, L. p. 142.) Certains arrêts ont même été plus loin : ainsi un fournisseur s'était soumis par une clause pénale à une certaine retenue sur le prix en cas de retard dans la livraison; à la suite de circonstances indépendantes de la volonté du fournisseur, un retard de deux jours, qui n'avait d'ailleurs causé aucun dommage à l'État, s'était produit dans les livraisons. L'administration a réclamé l'application de la clause pénale : le ministre de la guerre, sans nier les faits allégués par le fournisseur, répondait que tolérer un léger retard était une déviation des principes, dont les conséquences pourraient s'étendre indéfiniment. Il ajoutait que l'interprétation sévère du contrat était de règle dans son ministère; qu'admettre une réclamation, c'était faire surgir une série de difficultés très-sérieuses de la part de tous ceux qui, dans des circonstances analogues, auraient à subir les mêmes retenues, malgré les justifications plus ou moins fondées qu'ils présenteraient. Cette théorie a été adoptée par le Conseil d'État : « Considérant que, par l'article 5 du marché, il a été convenu que, si les livraisons n'étaient pas terminées à l'époque indiquée, il serait fait sur le prix stipulé une retenue de 10 pour 100 sur le montant des quantités en retard; considérant qu'il résulte de l'instruction, et qu'il n'est pas dénié par les réclamants, que les livraisons dont il s'agit ont été effectuées hors des délais fixés par les traités; — que, dès lors, notre ministre de la guerre leur a fait une juste application de la retenue prescrite par l'article 5 du traité précité. » (2 août 1838, Hermil, L. p. 475.)

187. — Cette doctrine, dont on retrouve la trace dans d'autres arrêts déjà anciens, est en contradiction avec le

principe admis en matière civile, qu'il ne peut y avoir lieu
à l'application de la peine lorsque c'est par force majeure
que le débiteur a été empêché de remplir son engagement. (Voy. Pothier, n° 349; Rolland de Villargues, n°° 69,
70; Larombière sur l'art. 1230, n° 6.) Aussi est-il permis
de penser que, lorsque l'inexécution de l'obligation ou le
retard dans la livraison des fournitures proviendrait sans
contestation d'un cas de force majeure régulièrement
constaté, le Conseil d'État n'hésiterait pas à décharger le
fournisseur des conséquences de l'application de la clause
pénale. C'est ce qui résulte *a contrario* d'arrêts plus récents rendus à l'occasion d'espèces dans lesquelles le fournisseur excipait d'événements de force majeure et où la
peine n'a été appliquée que parce que ces événements
n'étaient pas suffisamment constatés : « Considérant que
les requérants ne justifient à leur décharge d'aucun empêchement résultant d'un cas de force majeure régulièrement constaté. » (12 juillet 1864, Terrin, L. p. 627.) —
« Considérant, d'une part, qu'en admettant que les requérants aient éprouvé quelques difficultés à compléter la
fourniture, objet de l'adjudication, il résulte néanmoins de
l'instruction qu'ils ne se sont pas trouvés dans l'impossibilité d'exécuter leur marché; qu'ainsi ils ne sont pas fondés à alléguer le cas de force majeure pour soutenir que
l'article 8 du marché ne leur était pas applicable. » (11 mai
1870, Postel, L. p. 566.) Et encore cet autre arrêt :
« Considérant qu'en acceptant pour exacte l'allégation du
fournisseur que la fabrication aurait été rendue impossible par le bombardement, le manque de charbon et
autres difficultés résultant de la situation de la ville, le
sieur Rivière serait d'autant moins fondé à rejeter sur l'administration les conséquences de cette impossibilité, qu'il
n'a qu'à s'imputer à lui-même de n'avoir pas fait les dili-

gences nécessaires pour exécuter son marché dans le délai convenu pendant lequel la fabrication n'aurait pas rencontré les mêmes obstacles. » (6 février 1874, Rivière, L. p. 136.) Enfin le Conseil d'État a décidé directement la question en jugeant que l'administration n'était pas fondée à se prévaloir d'un retard dans les livraisons et à réclamer l'application de la clause pénale insérée au marché dans une espèce où les sommes dues aux fournisseurs n'avaient été payées que postérieurement aux époques fixées, et où ces retards avaient mis les fournisseurs dans l'impossibilité de faire une partie des livraisons dans les délais stipulés. (13 juin 1873, de San., L. p. 549.) Tout dépend donc du point de savoir si les circonstances invoquées par les fournisseurs présentent ou non les caractères de la force majeure ; à cet égard, chaque espèce comporte une interprétation particulière qui rentre dans l'appréciation souveraine du Conseil d'État. Nous reviendrons sur ce sujet en nous occupant de la résiliation.

188. — On doit appliquer ici la règle du droit civil (art. 1230, C. civ.) aux termes de laquelle le débiteur n'est passible de la peine qu'autant qu'il a été mis en demeure de remplir son engagement.

Nous trouverons plus loin des applications de ce principe lorsque nous nous occuperons de la résiliation des marchés. Signalons toutefois ici un arrêt qui, sans nier le principe, considère comme des mises en demeure suffisantes les plaintes formulées par l'administration contre les retards des fournisseurs, sans que ceux-ci aient aucunement réclamé : « Considérant, d'une part, qu'en supposant que l'article 1230 du Code Napoléon soit applicable aux marchés administratifs, il résulte de la correspondance des parties qu'à diverses époques le ministre de la guerre s'est plaint des retards apportés à la livraison du

8

bâtiment; que, d'autre part, à partir du 1er septembre 1845, les constructeurs ont été prévenus que la retenue stipulée à l'article 5 du traité leur était applicable, et qu'ils n'ont fait aucune réserve à cet égard. » (13 janvier 1853, Teschoueyre, L. p. 131.)

189.—Nous signalerons enfin, pour terminer ce que nous avons à dire de la clause pénale, un arrêt aux termes duquel la résiliation d'un marché prononcée par un ministre, par application d'une clause expresse insérée dans un marché pour le travail des prisons, constitue un acte d'administration qui ne peut être déféré au Conseil d'État par la voie contentieuse, mais qui laisse seulement au fournisseur le droit de réclamer devant l'autorité compétente l'indemnité qui peut lui être due à raison de cette résiliation. (8 mai 1861, Guillemin, L. p. 351.) L'entreprise du travail des prisons est, on le sait, assimilé à un marché de travaux publics. Or, en matière de marché de travaux publics, la faculté pour l'administration de résilier, soit par application des clauses du contrat, soit en dehors de ces conditions, sauf responsabilité pécuniaire dans le cas où la résiliation ne se justifie point par les règles du droit et les conditions du contrat, est un principe incontestable. Ce même principe est d'ailleurs applicable aux marchés de fournitures.

SECTION II

DROIT POUR L'ADMINISTRATION D'ASSURER LE SERVICE AU MOYEN DE MARCHÉS D'URGENCE

190. — A côté de la clause pénale, il y a une autre garantie que l'administration stipule souvent dans les cahiers

des charges, c'est le droit pour elle, en cas d'inexécution du contrat, d'assurer le service au moyen d'une régie ou de marchés d'urgence : ce sont ceux qui sont destinés éventuellement et pour un temps limité à assurer les services abandonnés ou mal faits par les entrepreneurs ou les fournisseurs chargés d'y pourvoir ; l'administration se procure alors directement les fournitures ou charge un autre entrepreneur de les lui livrer. Ce qu'il importe de remarquer, c'est que ces marchés sont aux risques et périls de l'entrepreneur primitif, pour qui les conséquences peuvent en être désastreuses ; c'est ainsi qu'il est passible de la différence de prix entre le nouveau marché et le sien. Mais d'ailleurs, si le marché d'urgence a été passé à un prix inférieur à celui porté dans le marché du fournisseur, celui-ci ne peut y trouver l'occasion d'un bénéfice, et la différence profite exclusivement à l'administration. (20 juin 1825, Gaillard, L. p. 333.) Le droit de l'administration de suppléer par des marchés d'urgence à l'entreprise du fournisseur constitue en effet une pénalité pour l'entrepreneur, et n'a d'autre but que d'indemniser l'État du préjudice que l'entreprise pourrait lui occasionner. D'ailleurs on n'oublie pas, en général, de spécifier ce point dans les marchés.

191. — Les marchés d'urgence ne sont pas soumis aux formes des marchés ordinaires, et aucun règlement ne donne au fournisseur qui a rendu ce marché nécessaire le droit d'exiger de l'administration l'emploi des formes habituelles de publicité. Ainsi, par application des articles 50, 63 et 67 des Clauses et Conditions générales de la marine du 10 juin 1870, qui formulent le droit pour l'administration de la marine de passer ces marchés et qui en règlent l'application, il a été jugé que l'administration avait le droit de traiter aux risques et périls du fournis-

seur, même de gré à gré, et que, dès lors, aucune
disposition ne lui interdisait de procéder à l'adjudication
dans la mesure qui lui convenait, par exemple de diviser
la quantité à fournir en deux adjudications. (13 novembre
1874, Giret, p. 861.) De même l'administration est libre
de diriger le service comme elle l'entend, sans que le
fournisseur puisse élever aucune critique. « La loi, dit
M. Dufour, n'a cru devoir prescrire aucune précaution et
n'a laissé de garanties au fournisseur que dans la sagesse
et l'équité des fonctionnaires chargés de diriger et de sur-
veiller le service sur les lieux. Elle n'a eu et ne devait
avoir de sollicitude que pour l'intérêt public, compromis
par un service abandonné ou mal fait, et elle ne pouvait
assurer trop de liberté dans le choix des moyens de remé-
dier au mal. » Toutefois la latitude dont l'administration
est investie ne la dispense pas de faire constater régulièrement, dans l'intérêt du nouveau fournisseur, l'existence
du marché d'urgence et la livraison des fournitures faites
à la suite de ces marchés. C'est au moyen d'un procès-
verbal contradictoire que cette constatation est faite.

192. — Dans le même ordre d'idées, le refus apporté
par un fournisseur à l'exécution de son marché donne le
droit au ministre, comme nous allons le voir, de prononcer la résiliation du marché pour inexécution des obligations de l'entrepreneur. Mais si la conséquence de cette
résiliation est d'avoir au profit de l'État un recours contre
l'entrepreneur, à raison du préjudice que lui a causé
l'inexécution du marché, il n'en résulte pas que le ministre
ait le droit de faire procéder à une réadjudication à la folle
enchère de l'entrepreneur, si aucune disposition du cahier
des charges ne lui confère ce droit. 22 mai 1874, Contour,
L. p. 478.)

SECTION III

DE LA RÉSILIATION

193. — La substitution d'un entrepreneur à un autre est déjà une sorte de résiliation. Mais l'administration a encore le droit de faire résilier directement le marché des entrepreneurs qui ne remplissent pas leurs engagements. Cette faculté résulte d'abord pour elle de l'application de l'article 1184 du Code civil, aux termes duquel la condition résolutoire est toujours sous-entendue dans les contrats synallagmatiques en cas d'inexécution par l'une des parties ; elle résulte aussi d'une clause spéciale que l'administration a soin de faire insérer dans la plupart des cahiers des charges. et qui précise les cas dans lesquels le ministre aura le droit d'y recourir, soit pour inexécution partielle ou totale du contrat (14 juin 1851, Festugières, L. p. 447 et 448), soit parce que le fournisseur déclarerait ne pouvoir l'exécuter, ce qui serait alors une sorte de résiliation par consentement mutuel (12 avril 1855, Bougueret, I. p. 263), soit pour défaut de livraison dans les délais fixés (17 novembre 1849, Bernard, L. p. 612), ou pour d'autres motifs.

194. — L'administration peut se réserver aussi le droit d'ordonner, après la résiliation prononcée, une nouvelle adjudication à la folle enchère du premier fournisseur, c'est-à-dire que celui-ci est tenu, si la seconde adjudication est faite à un prix plus élevé que la première, de prendre la différence à sa charge. C'est une sorte de marché d'urgence, mais avec une organisation différente.

195. — Il est difficile de passer en revue toutes les causes de résiliation qui peuvent être prévues par les

différents marchés. Voici cependant l'énumération de
quelques-unes d'entre elles auxquelles ont pu donner lieu
certains marchés : ainsi, aux termes des Conditions générales de la marine du 30 mars 1847 (art. 59), lorsque les
livraisons faites par un fournisseur dans le cours d'une
année ont été rebutées dans la proportion de plus de
moitié des quantités admises définitivement en recette
pendant cette année, le ministre peut prononcer la résiliation. Cette disposition a été appliquée même au cas où
les objets fournis ne constituaient qu'un approvisionnement pour l'exécution du marché, et bien qu'il pût sem-
bler que ces approvisionnements continuaient à être la
propriété du fournisseur jusqu'à leur emploi. Par cela seul
que le fournisseur était tenu, suivant les conditions particulières de son marché, d'entretenir, de faire accepter par
l'administration et de faire marquer du cachet de la marine les objets fournis, ces objets étaient soumis à une
véritable livraison, et dès lors à l'application de la disposition de l'article 59. (26 février 1870, Sombret, L. p. 189.
V. aussi pour l'application de l'art. 59 et des art. 44,
57 et 58 des mêmes Conditions générales : 6 décembre 1855,
Viton, L. p. 703 ; 2 avril 1857, Pons, L. p. 239 ;
18 mars 1858, de Combarel, L. p. 223; 8 décembre 1859,
Pluzanski, L. p. 711 ; 20 janvier 1865, Martin, L. p. 76 ;
16 février et 10 juin 1870, Ducasse, L. p. 101 et 713.)

196. — Les nouvelles Conditions générales de la marine du 10 juin 1870 établissent que le marché pourra être
résilié pour retards de livraison dépassant cinquante jours,
si le fournisseur ne produit pas de justifications, ou si
celles qu'il a produites ne s'appuient pas sur des circonstances reconnues par le ministre comme constituant des
empêchements de force majeure (art. 64), ou pour refus
du fournisseur d'exécuter le marché (art. 65), ou lorsque,

dans le cours d'une année, les livraisons successives faites par un fournisseur sur un même marché ont été rebutées dans la proportion de plus de moitié des quantités définitivement admises en recette pendant cette année (art. 68), ou enfin lorsqu'une fraude quelconque sur la nature, la qualité ou la quotité des choses fournies a été commise (art. 69). Enfin l'article 71 stipule que tout fournisseur dont le marché a été résilié peut être exclu par le ministre du concours aux adjudications et aux traités de gré à gré.

197. — Le cahier des charges générales des subsistances militaires contient des dispositions analogues et prévoit aussi un certain nombre de cas dans lesquels le ministre de la guerre a le droit de prononcer la résiliation des marchés. Son article 255 (v. aux Annexes) interdit formellement sous cette peine les rachats de ration. Le Conseil d'État a eu à appliquer cette disposition, et a prononcé la résiliation d'un marché dans lequel l'entrepreneur, qui s'était engagé à fournir en nature aux brigades de gendarmerie d'un département les rations de fourrages nécessaires à la nourriture des chevaux, avait, aussitôt après l'adjudication, pris des arrangements verbaux avec le chef d'escadron commandant la compagnie de gendarmerie du département, arrangements autorisés par le colonel de la légion, le conseil d'administration de la compagnie et le sous-intendant militaire, acceptés par toutes les brigades du département, et par lesquels il substituait aux livraisons de fourrages en nature le payement aux brigades d'une certaine somme par ration, sauf à elles à s'approvisionner elles-mêmes. Ce marché a été résilié ; mais « considérant que notre ministre n'établit pas que l'exécution des arrangements dont il s'agit ait eu pour effet de causer un préjudice à l'État ; qu'aucune disposition du

cahier des charges ne l'autorisait à opérer sur le montant des sommes dues au sieur Malleval une retenue de 0,088 par chaque ration à fournir à la gendarmerie, cette retenue sera restituée au sieur Malleval ». (4 juin 1857, Malleval, L. p. 450.)

198. — Lorsqu'un traité passé entre le ministre et un particulier stipule que ce dernier pourra obtenir d'année en année la résolution de ce traité, en en faisant la demande à une époque déterminée, sans reconnaître le même droit au ministre, celui-ci ne peut prononcer la résiliation qu'à la charge d'indemniser le fournisseur si un dommage est résulté pour lui de cette résiliation. (17 mars 1864, Dupont, L. p. 256.)

199. — Le Conseil d'État a d'ailleurs posé le principe que celui qui a fait un marché avec un entrepreneur peut toujours, en dehors de l'hypothèse de l'inexécution des engagements de cet entrepreneur dont nous nous sommes occupés jusqu'ici, le résilier à la seule condition de l'indemniser de toutes ses dépenses et de tout ce qu'il aurait pu gagner. (7 août 1874, Hotchkiss, L. p. 824.) C'est une application pure et simple de l'article 1794 du Code civil. Voici dans quels termes le Conseil d'État a assimilé sur ce point les fournisseurs aux entrepreneurs de travaux publics : « Sur les conclusions tendant à l'annulation des décisions du 5 décembre 1871 et du 23 janvier 1872, qui ont prononcé la résiliation de l'entreprise des sieurs Hotchkiss et Cⁱᵉ : — considérant que les requérants fondent leur réclamation sur ce qu'aucune clause du traité ci-dessus visé du 7 novembre 1870 n'autorisait le gouvernement français à rompre le marché conclu avec eux avant la fabrication des 50 millions de cartouches ; — mais considérant que celui qui a fait un marché avec un entrepreneur peut toujours le résilier en indemnisant l'entre-

preneur de toutes ses dépenses et de tout ce qu'il aurait pu gagner, et que le ministre des travaux publics, en prononçant la résiliation du marché des sieurs Hotchkiss et Cie, a reconnu leur droit à l'indemnité. — Art. 1er. La requête des sieurs Hotchkiss et Cie est rejetée. — Art. 2. Il est sursis à statuer sur le règlement de l'indemnité à laquelle les sieurs Hotchkiss et Cie ont droit pour la résiliation de leur entreprise, jusqu'à ce qu'il ait été procédé à une expertise à l'effet de déterminer le bénéfice net qu'ils auraient réalisé... »

200. — Il est bien certain cependant qu'à moins d'indemniser complétement le fournisseur, comme nous venons de le dire, et de le placer dans la même situation que celle que lui aurait procurée l'exécution du marché, l'administration ne peut résilier arbitrairement un marché qu'elle a librement consenti, et il est également certain, comme le fait remarquer M. Rolland de Villargues, que la fourniture ne peut être refusée par l'administration, sous prétexte qu'elle lui est devenue inutile. C'est par application de ces principes qu'il a été décidé qu'il n'y avait pas lieu de prononcer dès à présent la résiliation d'un marché lorsque les objets livrés et qui ne remplissaient pas encore toutes les conditions stipulées pouvaient, après quelques modifications et dans un court délai, être mis en état d'être reçus. (27 août 1854, Duvoir, L. p. 810.) De même une décision du ministre de la guerre, qui avait prononcé la résiliation d'un marché, par le motif que le fournisseur, dans l'exécution de ce marché, avait eu recours à la fraude et à des manœuvres coupables, a été annulée à la suite d'une instruction qui n'avait pas justifié les griefs invoqués par le ministre. (30 août 1871, Lageste, L. p. 145.) De même encore la décision du ministre prononçant la résiliation d'un marché de fournitures de souliers aux

troupes n'a pas été maintenue, le ministre ne justifiant pas que la fourniture fût dans son ensemble inférieure au type qui avait servi de base au marché. (7 février 1873, Fontanel, L. p. 130.) De même enfin il a été décidé que le retard d'un jour, résultant de l'obstacle opposé par la neige au transport des fournitures dans la traversée du mont Cenis, n'était pas de nature à permettre à l'administration de la guerre de déclarer le marché résilié pour défaut d'exécution dans le délai convenu. (3 juin 1872, Fontanel, L. p. 352.)

201. — Toutes ces décisions supposent le droit pour le fournisseur résilié de former un recours à la suite de la résiliation. Il ne faut pas toutefois oublier deux choses : 1° que l'administration ayant toujours le droit de résiliation, il dépend d'elle, lorsque la résiliation a été reconnue mal fondée par une décision du Conseil d'État, de remettre l'entrepreneur en possession de son marché ou de maintenir la résiliation, sauf dans ce dernier cas à lui payer une indemnité représentative du préjudice éprouvé ; 2° qu'en fait, si le fournisseur n'a pas réussi devant le ministre à empêcher que la résiliation ne soit prononcée, il sera bien difficile d'obtenir ensuite, lors même que devant le Conseil d'État il aurait gain de cause, que cette résiliation soit considérée comme non avenue et que le marché reçoive son exécution. Dans la plupart des cas, les choses ne seront plus entières, et le marché aura été exécuté par le fournisseur que l'administration lui aura donné comme remplaçant. Aussi le fournisseur résilié devra-t-il avoir soin devant le Conseil d'État non-seulement de demander que l'administration consente à le remettre en possession du marché en se fondant sur les faits de nature à atténuer les infractions au contrat qui lui sont reprochées, mais encore de conclure à ce qu'il lui soit alloué une indemnité

à titre de dommages-intérêts, la résiliation ayant été prononcée irrégulièrement ou sans droit.

202. — Nous allons nous occuper maintenant des questions relatives aux indemnités qui peuvent être accordées au fournisseur résilié dans le cas d'une résiliation prononcée à tort par l'administration.

Signalons d'abord un décret du 24 mars 1848, devenu sans application aujourd'hui et qui avait suspendu le travail dans les prisons. Ce décret a donné lieu à un certain nombre de décisions relatives à l'indemnité qui pouvait être due aux entrepreneurs pour le dommage que cette suspension leur avait fait éprouver. Aux termes de ces décisions, cette indemnité, qui ne pouvait être réglée qu'après expertise contradictoire, ne devait comprendre que le préjudice direct et matériel causé à l'entrepreneur et nullement la privation des bénéfices qu'il aurait pu faire. (14 mai 1852, Wallut, L. p. 166; 15 juillet 1852, Évrard, L. p. 298; 22 décembre 1853, Jouhaud, L. p. 1094; 18 février 1853, Chérault, L. p. 259; 18 février 1853, Min. de l'int., L. p. 280; 3 février 1853, Letestu, L. p. 189 et 190; 9 mars 1854, Viallet, L. p. 151; 6 avril 1854, Ratisbonne, L. p. 285; 10 septembre 1855, Min. de l'int., L. p. 619; 31 mai 1855, Trudeau, L. p. 374; 26 juillet 1855, Troupel, L. p. 561; 19 avril 1855, Letestu, L. p. 282; 10 janvier 1856, Thiboust, L. p. 36; 18 mars 1858, Thiboust, L. p. 227.)

203. — Cette règle, qui résultait d'une disposition législative spéciale à une catégorie déterminée de marchés réputés marchés de travaux publics, n'a jamais été applicable à aucune autre espèce de marchés administratifs, soit marchés de travaux publics, soit marchés de fournitures. Le décret du 24 mars 1848 n'a plus aujourd'hui qu'un intérêt historique; il ne saurait être invoqué même

dans aucun autre cas de résiliation d'un marché de travail dans les prisons que celui en vue duquel il dispose, c'est-à-dire le seul cas d'une résiliation résultant du décret lui-même. Laissant de côté cette hypothèse spéciale et d'ailleurs étrangère à notre sujet, demandons-nous quelle indemnité doit être accordée à un fournisseur lorsque la résiliation de son marché a été indûment prononcée par l'administration. Le Conseil d'État, revenant sur une jurisprudence consacrée par de nombreux arrêts (22 janvier 1840, Méjan, L. p. 5; 19 janvier 1836, Delacombe, etc.), et d'après laquelle le fournisseur pouvait réclamer une indemnité pour les pertes que lui aurait causées l'inexécution de son marché, mais non pour les bénéfices qu'il aurait manqué de faire, a adopté à cet égard la même règle que celle suivie par lui dans le même cas en matière de marchés de travaux publics. Il a décidé, par application du droit commun (art. 1149 et 1794 du Code civil), que cette indemnité devait comprendre non-seulement les pertes occasionnées à l'entrepreneur par la résiliation de son marché, mais encore les bénéfices qu'il aurait pu réaliser sur l'exécution de ce marché. (20 juin 1873, L. p. 565; 9 août 1873, Garnot, p. 418; 12 février 1875, Sparre, L. p. 143.)

204. — Toutefois, il n'a droit qu'aux dommages-intérêts qui sont une suite directe de sa résiliation; les pertes qu'il prétend avoir subies sur sa clientèle, n'en devant être considérées que comme une conséquence indirecte, ne peuvent entrer en ligne de compte pour le calcul de l'indemnité.

Le préjudice moral causé à l'entrepreneur par la résiliation peut, dans une certaine mesure, former un des éléments de l'indemnité; dans une espèce où le fournisseur ne justifiait d'aucun préjudice matériel, le Conseil d'État a reconnu qu'il lui avait été causé un préjudice moral qui devait être réparé par la condamnation de l'État aux dépens. (11 décembre 1871, Manceaux, L. p. 282.)

205. — L'indemnité doit être fixée d'après l'état des choses existant au jour de la résiliation, sans tenir compte de l'extension qu'a pu prendre postérieurement la livraison des fournitures. (20 juin 1873, Lageste, L. p. 565.)

206. — Cette indemnité pour privation de bénéfices ne serait due d'ailleurs au fournisseur qu'autant qu'il s'agirait d'un marché définitif; l'entrepreneur qui serait chargé de ce service à titre purement provisoire n'y aurait aucun droit. (20 décembre 1872, Min. de l'int., L. p. 738.) La cessation du marché n'est point alors une résiliation proprement dite; le contrat prend fin parce que l'administration, ainsi qu'elle s'en était réservé le droit, refuse de lui donner une plus longue durée.

207. — Si le marché contenait une clause par laquelle le fournisseur renoncerait à toute indemnité pour le cas de résiliation, cette clause devrait, comme toute autre convention légale, recevoir son exécution. Mais il faudrait qu'il fût bien établi qu'elle a été insérée au contrat avec une portée aussi générale. Il y aurait lieu ici comme toujours de rechercher quelle a été la commune intention des parties. Ainsi, dans une espèce où le ministre soutenait que la demande d'indemnité formée par un fournisseur à la suite de la résiliation prononcée par l'administration devait être repoussée aux termes d'une disposition du cahier des charges portant que l'entrepreneur n'aurait droit à aucune indemnité par suite de la non-exécution de son marché pour des causes quelconques, le droit du fournisseur à une indemnité a été reconnu par le motif que cette disposition du cahier des charges n'avait en vue que le cas où les fournitures ne seraient pas livrées au

terme fixé, et était étranger au cas de résiliation avant cette date. (27 février 1874, Hulin, L. p. 205. — *Adde :* les décisions intervenues dans d'autres espèces où le droit à indemnité a été reconnu à des fournisseurs pour résiliation indûment prononcée par l'administration ; 18 février 1858, Pigeon, L. p. 162, et 13 janvier 1859, *id.*, L. p. 25 ; 15 décembre 1865, Dupont, L. p. 988 ; 8 août 1872, Damitte, L. p. 310 ; 24 janvier 1873, Radigois, L. p. 93.)

208. — Souvent, au contraire, le Conseil d'État s'est refusé à accorder aux fournisseurs l'indemnité qu'ils sollicitaient, soit parce que la résiliation ne leur avait causé aucun préjudice, soit parce qu'elle avait été prononcée légalement par suite de l'inexécution du marché. C'est ainsi qu'une indemnité a été refusée à un fournisseur pour résiliation d'un marché de fournitures de chaussures dont la livraison n'aurait pas eu lieu dans le délai stipulé, malgré la mise en demeure des fournisseurs (20 juin 1873, Celly, L. p. 569) ; même décision pour des entrepreneurs de fournitures de fusils (25 avril 1873, Mottu, L. p. 351 ; 13 décembre 1872, Beck, L. p. 713), pour un entrepreneur de travaux de tissage dans une maison centrale qui s'était attiré la résiliation prévue au cahier des charges, en n'exécutant pas les conditions de son marché. (10 juin 1870, Lelong, L. p. 714.)

209. — Aux termes d'un marché passé entre l'administration de la guerre et un sieur Mony de Montmort, ce dernier s'était engagé à mettre à la disposition de l'administration, sur la Seine, dans la traversée de Paris, un établissement de natation pour la garnison de la capitale. Au cours de la seconde année de fonctionnement de cette école de natation, un arrêté de l'autorité civile en a ordonné la suppression, et le sieur Mony de Montmort a demandé au ministre de la guerre une indemnité pour la

résiliation qui en avait été la suite. Cette demande a été repoussée par le motif que le ministre de la guerre, ne s'étant pas engagé à obtenir de l'autorité civile la permission de stationnement nécessaire à l'établissement du sieur Mony de Montmort, et étant resté étranger à la mesure qui avait retiré cette permission, ne pouvait en être déclaré responsable. (19 mai 1865, Mony de Montmort, L. p. 554.) Cette solution, comme on l'a fait observer, prêterait justement à la critique si elle venait à être généralisée. Dans nombre de cas, il serait tout à fait injuste que la volonté d'un ministre autre que celui avec lequel un marché a été passé pût priver le fournisseur des avantages qu'il a pu s'en promettre, ou lui causer un préjudice ; le fournisseur, en passant un marché avec un ministre, doit croire qu'il traite avec l'administration tout entière ; chaque ministre, dans le département spécial qui lui est confié, représente l'État ; c'est donc l'État qui s'engage par son entremise ; il est inadmissible que l'État, même agissant par l'organe d'un fonctionnaire autre que celui qui a conclu le marché, puisse, sans encourir aucune responsabilité, s'opposer à l'exécution d'engagements régulièrement contractés en son nom. Dans l'arrêt précité, le Conseil d'État paraît avoir interprété le contrat en ce sens que l'entrepreneur restait soumis à la règle générale pour la permission à obtenir de l'autorité civile, et que dès lors l'exécution du marché était subordonnée à la condition que la permission serait accordée et maintenue. Il en eût été autrement sans doute s'il se fût agi d'un obstacle apporté après coup à l'exécution du contrat, et qui n'aurait pu être prévu par l'entrepreneur lors de la signature du marché.

210. — Pour la résiliation pure et simple, comme pour la substitution des marchés d'urgence aux marchés conclus

et non exécutés, la résiliation ne peut être prononcée que si l'entrepreneur a été mis en demeure de remplir ses engagements. Il a été décidé, conformément à ce principe, que, si l'administration a le droit de refuser de donner son agrément au traité par lequel un fournisseur cède son entreprise à un tiers, elle doit, avant de poursuivre la résiliation du marché primitif, mettre le fournisseur en demeure, soit de gérer par lui-même les services dont il était chargé, soit de se faire représenter par des mandataires régulièrement constitués et agréés par l'administration. (26 avril 1860, Pinsard, L. p. 365.)

211. — Une disposition du cahier des charges de fournitures de denrées à effectuer, par marchés de livraisons, dans les magasins des subsistances militaires, réservait à l'administration, pour le cas où le fournisseur n'effectuerait pas ses livraisons dans les délais prescrits, le droit d'assurer le service, soit par un marché par défaut, soit par tout autre moyen, sans aucune mise en demeure préalable. Le ministre de la guerre, en présence d'un retard dans les livraisons, avait résilié le marché sans mettre le fournisseur en demeure, en se fondant sur ce que le cahier des charges, qui autorisait l'administration à passer un marché par défaut, lui permettait, à plus forte raison, de prononcer la résiliation, mesure plus favorable pour le fournisseur. Le Conseil d'État a réformé cette décision, par le motif que le cahier des charges ne permettait pas de prononcer la résiliation sans mise en demeure préalable, et que le ministre de la guerre n'était pas fondé à se prévaloir, pour supprimer un service de fournitures, d'une disposition qui n'avait été faite que pour assurer la régularité, dans l'avenir, des services de fournitures qui ne seraient pas régulièrement effectués. (9 mai 1873, Garnot, L. p. 418.)

212. — D'autres arrêts ont annulé des décisions ministérielles qui avaient prononcé la résiliation de marchés de fournitures, par le motif que les marchés n'ayant pas reçu de commencement d'exécution, lors de l'expiration des délais dans lesquels ils devaient être exécutés, la résiliation était de plein droit. Il a été décidé que cette circonstance ne dispensait pas le ministre de faire précéder la résiliation d'une mise en demeure préalable. (11 juin 1873, Vergnon, L. p. 633; 18 juillet 1873, Degez, L. p. 661. — *Adde :* 8 août 1873, Robert, L. p. 763.) Il est à remarquer que, dans ces diverses espèces, l'entrepreneur soutenait avoir obtenu de l'administration une prolongation tacite du délai, et que d'ailleurs il ne résultait d'aucune clause des traités que la résiliation dût être encourue par le seul fait du retard dans la livraison et sans que le fournisseur eût besoin d'être mis en demeure.

213. — Il résulte cependant d'un arrêt que, lorsque la condition sous laquelle l'adjudication a été approuvée par le ministre n'a pas été remplie par le fournisseur, l'entreprise peut être résiliée sans mise en demeure préalable. (11 août 1864, Guillemin, L. p. 766.) Dans ce cas, le marché, à défaut d'accomplissement de la condition, est censé n'avoir jamais existé.

214. — La résiliation peut aussi être prononcée sur la demande du fournisseur; mais si l'administration refuse d'y consentir, il n'est en droit de l'exiger que s'il établit que l'administration a manqué gravement à ses obligations. Ainsi le Conseil d'État a repoussé la demande en résiliation formée par un fournisseur, par le motif que les faits dont il se plaignait ne lui avaient pas fait éprouver un préjudice de nature à entraîner cette résiliation, et a décidé en outre que l'erreur commise par l'adjudicataire d'une fourniture dans les calculs qui ont pu servir de base

à sa soumission n'est pas de nature, lorsqu'elle ne
provient pas du fait de l'administration, à entraîner
l'annulation du marché. (15 février 1851, Aubrée, L.
p. 117.)

Citons aussi une espèce dans laquelle le Conseil a rejeté
la demande en indemnité d'un fournisseur, fondée sur
l'inexécution par l'administration du marché passé avec
lui, par le motif que cette prétendue inexécution, loin de
lui être préjudiciable, lui avait été utile. (18 janvier 1855,
Pérès, L. p. 55.)

215. — Nous avons déjà vu, en nous occupant de la
clause pénale insérée dans les marchés de fournitures, que
les fournisseurs ont souvent invoqué la force majeure
comme étant la cause de l'inexécution de leur marché et
comme un motif d'excuse qui devait les exonérer des
conséquences de cette inexécution. Ils sont encore en droit
de l'invoquer pour faire prononcer la résiliation de leurs
engagements. C'est l'application pure et simple des règles
du droit civil en matière de contrats. (V. arrêt Fontanel,
3 juin 1872, L. p. 352.)

Ainsi des entrepreneurs, chargés de la fourniture en
1857 de salpêtres exotiques, ont obtenu la résiliation de
leur marché, par le motif que les troubles survenus dans
l'Inde à cette époque, en arrêtant la fabrication du salpêtre exotique, constituaient un événement de force majeure qui leur rendait impossible l'exécution de leur marché. (18 mars 1858, Jemine, L. p. 224.)

216. — Il a été jugé cependant que la guerre, si elle
rendait plus difficile l'exécution d'un marché, ne constituait pas toujours un cas de force majeure dont le fournisseur pût se prévaloir pour soutenir que son marché
devait être résilié de plein droit, et ne l'autorisait pas à

refuser de reprendre son service, alors que les circonstances exceptionnelles invoquées par lui n'existaient plus. (22 mai 1874, Contour, L. p. 478.) C'est là en effet une question de fait et d'appréciation.

Ainsi encore des fournisseurs d'essence de térébenthine demandaient la résiliation de leur marché, par le motif que la guerre qui avait éclaté en Amérique constituait un événement de force majeure qui les mettait dans l'impossibilité de remplir leurs engagements. Leur demande a été rejetée par le motif que les circonstances sur lesquelles ils se fondaient, antérieures à la conclusion du marché, étaient connues d'eux à cette époque, et que d'ailleurs les essences qu'ils s'étaient engagés à fournir n'étaient pas exclusivement de provenance américaine. (8 février 1864, le Pontois, L. p. 104, 20 août 1864, Michel, L. p. 819.)

217. — Pour que le fournisseur puisse se prétendre exonéré de ses obligations, à raison de la force majeure, il est nécessaire que cette inexécution soit la conséquence d'un événement purement fortuit et non d'un fait imputable au fournisseur. (22 février 1855, Guilhem, L. p. 163 ; 22 novembre 1872, Léon, L. p. 634.)

218. — Il faut en outre que l'accident invoqué par le fournisseur soit complétement imprévu. S'il s'agissait seulement de difficultés que, bien qu'exceptionnelles, il devait faire entrer dans ses prévisions à l'époque où il a traité, il ne serait pas fondé à s'en prévaloir pour se faire indemniser des conséquences de la résiliation prononcée contre lui. (19 juillet 1872, Leconte-Dupont, L. p. 436.)

C'est par application du même principe qu'il a été décidé qu'un entrepreneur n'est pas recevable à invoquer l'empêchement de force majeure résultant de l'impossibilité d'accomplir les obligations de son marché, sous le prétexte qu'il n'en avait pas suffisamment mesuré l'étendue. (27 janvier 1843, Martin, L. p. 43.)

219. — Il faut ajouter que l'entrepreneur qui est en demeure d'exécuter son marché, et qui, par conséquent, est en faute, devient responsable des cas de force majeure survenus depuis sa demeure, et qui l'empêcheraient d'accomplir son obligation. (18 février 1858, Pigeon, L. p. 162.) C'est encore là une application pure et simple des règles du droit civil. (Art. 1302, C. civ.)

220. — Aux termes de l'article 62 des Conditions générales pour les fournitures de la marine, l'appréciation des cas de force majeure appartient à l'administration. Mais si l'appréciation de l'administration n'est pas acceptée par l'entrepreneur, cette clause évidemment ne peut l'empêcher d'en saisir la juridiction administrative. Si le fournisseur peut se prévaloir des événements de force majeure pour s'affranchir des conséquences de l'inexécution de son marché, l'administration, de son côté, est recevable à exciper des mêmes événements pour demander la résiliation du contrat : « Considérant que le ministre de la guerre est fondé à soutenir que les événements de force majeure qui ont affranchi le fournisseur des conséquences de l'inexécution de son engagement dans les délais fixés ont pareillement dégagé l'administration d'obligations prises par elle en vue de besoins déterminés. » (15 nov. 1872, Lamblé, L. p. 617. V. dans le même sens un arrêt de la Cour de Paris, du 28 août 1871, *loco cit.*)

221. — Lorsqu'un marché de fournitures est ainsi résilié par un fait de force majeure, il n'est dû au fournisseur, aux termes de l'article 1148 du Code Napoléon, aucuns dommages-intérêts pour le préjudice qui lui a été causé par la résiliation, même pour le préjudice antérieur. La Cour de cassation a fait une application de ce principe.

en décidant que les fournisseurs de la liste civile du roi Louis-Philippe, dont les marchés avaient été résolus par la révolution de Février, n'avaient droit à aucune indemnité, tant pour le préjudice résultant pour eux de ce que leurs approvisionnements restaient à leur charge, que de celui résultant pour eux de l'inexécution du marché. (8 janvier 1855, Tétu, S. 55, 1, 262.)

222. — Lorsque la résiliation d'un marché de fournitures a été offerte par les fournisseurs, et acceptée par l'administration, les conséquences de cette résiliation prononcée d'accord doivent rester à la charge respective de chacune des parties pour ce qui la concerne, et ne peuvent donner lieu à aucune allocation de dommages-intérêts contre l'une au profit de l'autre. (12 juillet 1871, Pélissier, L. p. 87.)

223. — Disons, en terminant sur la résiliation, que le décès du fournisseur ne résilie pas nécessairement le marché et n'empêche pas que les héritiers ne soient tenus d'en remplir les engagements. On oppose l'article 1795 C. civ., d'après lequel le contrat de louage d'ouvrage est dissous par la mort de l'ouvrier, de l'architecte ou entrepreneur. Mais on peut répondre que le marché de fournitures n'est pas un louage d'ouvrage, mais bien un contrat de vente, comme nous l'avons établi, et par conséquent les règles du louage ne doivent pas trouver place ici. Il y a lieu d'appliquer plutôt l'article 1122 du Code Napoléon, aux termes duquel « on est censé avoir stipulé pour ses héritiers et ayants cause, à moins que le contraire ne soit exprimé ou ne résulte de la nature de la convention ». Cette règle avait été adoptée jusqu'à ces derniers temps pour les marchés de la guerre. Mais dans les nouveaux cahiers des charges, applicables à partir de l'année 1876, on stipule au contraire qu'en principe le marché

est résilié, et qu'il pourra seulement être continué si les ayants cause et l'admistration y consentent. On admet que c'est en considération de la personne du fournisseur que le traité a été conclu, et que cette personne disparaissant, le traité est rompu.

SECTION IV

PÉNALITÉS SPÉCIALES AUX FOURNISSEURS

224. — Nous avons vu (n° 180) que l'inexécution des marchés de fournitures pouvait provoquer contre le fournisseur des peines toutes spéciales. Le § VI de la section II du titre II, livre III du Code pénal, intitulé *Délits des fournisseurs*, punit plus ou moins sévèrement, suivant des distinctions que nous allons examiner, la faute des fournisseurs qui, par négligence ou par mauvais vouloir, ont fait manquer le service dont ils étaient chargés. On comprend que, dans certains cas, l'intérêt public est trop directement intéressé à la bonne exécution de marchés destinés à assurer la sécurité de l'État, pour que la loi pénale n'ait pas établi une sanction sévère à l'exécution de certains marchés. Aussi a-t-elle qualifié crimes, et puni comme tels : 1° la faute, quelle qu'en soit la cause, du fournisseur qui fait manquer le service dont il est chargé; 2° les retards apportés aux livraisons par sa négligence; elle a rangé dans la catégorie des simples délits les fraudes sur la nature, la qualité ou la quantité des choses fournies.

225. — Il convient d'abord de remarquer que les dispositions pénales dont nous allons nous occuper ne sont applicables qu'aux fournisseurs des armées de terre et de mer. Ce ne fut d'ailleurs qu'à la suite de discussions assez vives au sein du Conseil d'État que cette disposition fut adoptée. Dans un premier projet on avait compris tous les fournisseurs, tant ceux de l'État que des administrations départementales, communales et des établissements publics. Enfin, après un second projet dans lequel on avait proposé une série de distinctions qui parurent manquer de clarté et de précision, on convint que la faute des fournisseurs des armées de terre et de mer engageait seule d'une manière assez grave l'intérêt public, pour qu'elle prît le caractère d'un crime véritable. M. Louvet donnait en ces termes au Corps législatif la raison de cette rigueur exceptionnelle : « Lorsqu'il s'agit de nos défenseurs, de ceux qui versent tous les jours leur sang pour le soutien et pour la gloire de l'État, les négligences sont sans excuse, et l'on ne peut plus se contenter des dispositions ordinaires des lois sur les torts et les tromperies entre particuliers. Le génie du chef a tout prévu, non-seulement pour donner la victoire à ses braves phalanges, mais encore pour assurer leur subsistance et leur habillement partout où elles se trouveraient en masse ou isolées. Un fournisseur a trompé ces hautes vues de prévoyance; il faut qu'il soit puni. »

Ces raisons ne s'appliquent, on le comprend, qu'aux fournisseurs des armées; dans les autres marchés, on ne peut invoquer au même degré l'intérêt de la sécurité publique pour donner comme sanction à leur exécution la pénalité qui s'applique à des crimes. Les stipulations de chacun des cahiers des charges et les garanties du droit commun suffisent en pareil cas pour prévenir ou réprimer la négligence ou le mauvais vouloir des fournisseurs. On a pu même se demander si la pénalité spéciale dont nous nous occupons n'a pas été édictée par le législateur uniquement pour les temps de guerre, et si les fournisseurs y demeurent soumis même en temps de paix. Les raisons

qui ont fait édicter cette peine peuvent faire penser que
cette restriction a été en effet dans la pensée du législateur. Il est impossible cependant de faire cette distinction,
que n'autorise pas le texte de la loi, et l'on doit admettre
que la pénalité s'applique pour les fournisseurs des
armées en temps de paix comme en temps de guerre.
Cette manière de voir est confirmée par un arrêt de la
Cour de cassation ainsi conçu : « Attendu que le texte des
articles 430 et 433 n'a point spécifié le cas de guerre, et
qu'il a statué, au contraire, d'une manière générale sur
les fournitures faites pour le compte des armées de terre
et de mer ; que les rassemblements de troupes et la mise
en mer des bâtiments de l'État peuvent avoir lieu en
temps de paix comme en temps de guerre, et que la loi
a eu pour but de pourvoir par des mesures de répression
à ce que ces troupes fussent approvisionnées en tout
temps. » (Cass. 17 février 1848, J. crim., t. XX,
p. 304.)

226. — Examinons maintenant la disposition de la loi :
« Article 430 (Code pénal). Tous individus chargés, comme
membres de compagnie ou individuellement, d'entreprises
ou régies pour le compte des armées de terre et de mer,
qui, sans y avoir été contraints par une force majeure,
auront fait manquer le service dont ils sont chargés, seront punis de la peine de la réclusion et d'une amende
qui ne pourra excéder le quart des dommages-intérêts,
ni être au-dessous de cinq cents francs ; le tout sans préjudice de peines plus fortes en cas d'intelligence avec
l'ennemi. »

« Art. 431. Lorsque la cessation du service proviendra
du fait des agents des fournisseurs, les agents seront con-
damnés aux peines portées par le précédent article. —
Les fournisseurs et leurs agents seront également con-

damnés, lorsque les uns et les autres auront participé au crime. »

227. — Ainsi, en premier lieu, pour être soumis à la pénalité édictée par les articles 430 et 431, il faut être fournisseur. « Le crime, dit M. Faustin Hélie, consiste dans une sorte de trahison de la fonction. Il n'y a donc que celui qui est revêtu de cette fonction qui puisse le commettre. » Aux fournisseurs la loi cependant assimile leurs agents, qui sont punis pour les mêmes faits et de la même peine qu'eux.

On s'est demandé quelle serait la responsabilité qui incomberait aux agents s'ils n'avaient fait qu'obéir aux ordres des fournisseurs. Des auteurs ont pensé qu'en présence du silence de la loi sur ce point, il n'y avait pas lieu de faire de distinction ; que les agents n'étaient pas tenus envers le fournisseur à une obéissance purement passive ; qu'il n'existait pas entre les premiers et le second une hiérarchie forcée, et que l'agent qui a compromis par sa faute la sécurité du service ne peut prendre comme prétexte l'ordre qu'il a reçu du fournisseur pour échapper à la peine. Sans doute s'il y a eu crime de la part de l'agent, s'il a, bien qu'obéissant aux ordres du fournisseur, commis à l'égard de l'État une trahison, suivant l'expression de M. Faustin Hélie, il devra en être puni. Toutefois, il est certain qu'il en serait autrement si l'agent, obéissant aux ordres qu'il a reçus, ignorant complétement les intentions du fournisseur, n'apportait à l'exécution du plan criminel de ce dernier qu'une part inconsciente. Il est évident qu'il n'y a pas de la part de l'agent obligation à une obéissance passive envers le fournisseur ; mais il est très-possible qu'il agisse de bonne foi et que l'ordre qu'il exécute ne puisse laisser prise à aucune intention coupable, bien qu'il se rattache à un ensemble

de manœuvres dont le but est essentiellement criminel.
Dans un cas pareil, il n'y a pas faute chez l'agent, et par
conséquent on ne peut lui imputer à crime la mesure qui
lui a été prescrite et qu'il a exécutée.

228. — En second lieu, le fait matériel, nécessaire pour
constituer le délit, c'est le manquement du service, manquement complet ou partiel. Mais il ne faut pas confondre
avec ce cas celui de simples retards apportés par le fournisseur dans l'exécution de son marché. Nous verrons
un peu plus loin qu'un article spécial a prévu cette
hypothèse.

229. — Il faut ajouter que, pour l'application des articles 430 et 431, il faut que ce soit volontairement que le
fournisseur ait fait manquer le service, ou du moins que
ce manquement soit le résultat d'une faute grave. Le
simple fait matériel d'une omission ne saurait constituer
le crime en l'absence de toute intention frauduleuse et de
toute faute grave. D'ailleurs, comme le fait remarquer
M. Faustin Hélie, c'est ce que semble exprimer l'article 430, en ne punissant les infracteurs qu'autant qu'ils
n'ont pas été contraints par force majeure et en prévoyant
le cas où l'infraction est le résultat d'intelligences avec
l'ennemi ; il suppose donc que le fournisseur a agi librement et qu'il a pu être dirigé par une intention coupable,
autre toutefois qu'une intelligence avec l'ennemi. Dans ce
dernier cas, les articles 77 et 78 du Code pénal seraient
seuls applicables.

230. — « Art. 432. Si des fonctionnaires publics ou
des agents préposés ou salariés du gouvernement ont aidé
les coupables à faire manquer le service, ils seront punis
de la peine des travaux forcés à temps, sans préjudice
de peines plus fortes, en cas d'intelligence avec l'ennemi. »

Cette disposition vise d'autres complices des fournisseurs, ce sont les fonctionnaires publics qui auraient aidé à faire manquer le service ; la peine est aggravée pour eux. Leur crime est en effet plus grand puisqu'ils ont favorisé le mal qu'ils avaient mission de prévenir. D'ailleurs, cette pénalité n'est qu'une application particulière de la disposition générale portée contre les fonctionnaires publics à l'article 198 du même code.

231. — « Art. 433. Quoique le service n'ait pas manqué, si, par négligence, les livraisons et les travaux ont été retardés, ou s'il y a eu fraude sur la nature, la qualité ou la quantité des travaux ou main-d'œuvre, ou des choses fournies, les coupables seront punis d'un emprisonnement de six mois au moins et de cinq ans au plus, et d'une amende qui ne pourra excéder le quart des dommages-intérêts, ni être moindre de cent francs. »

Cet article prévoit deux hypothèses : en premier lieu le cas où le fournisseur aurait, par simple négligence, apporté dans ses livraisons des retards préjudiciables au service ; ces retards sont punis de peines correctionnelles. On doit admettre *a fortiori* que, si ces retards, au lieu d'être le fruit d'une simple négligence, avaient été volontaires et calculés, la pénalité établie par l'article 433 devrait s'appliquer. Ainsi que le fait remarquer M. Faustin Hélie, il ne s'agit pas ici d'étendre la loi ; le fait matériel est le même dans les deux cas ; il ne s'agit que de le punir quand il est commis par méchanceté de la même manière que quand il est commis par simple négligence ; autrement ces retards, produits par d'autres causes que la négligence, resteraient impunis, puisque l'article 430, qui comprend le cas de fraude, ne s'applique qu'au cas où le service a manqué.

La seconde hypothèse prévue par l'article 433 prévoit la fraude sur la nature et la qualité des fournitures, et la punit de la même peine que le retard dans les livraisons.

232. — Enfin l'article 433 se termine par cette disposition : « Dans les divers cas prévus par les articles composant le présent paragraphe, la poursuite ne pourra être faite que sur la dénonciation du gouvernement. »

Ainsi, c'est à l'État, partie lésée, à poursuivre le crime ou le délit, dont lui seul est à même d'apprécier l'étendue et la gravité. Qui doit faire cette dénonciation, et qu'entend-on par ces mots : dénonciation du gouvernement? La majorité des auteurs, repoussant une opinion d'après laquelle la poursuite ne pouvait être autorisée que par une ordonnance du chef de l'État, admet au contraire que les ministres de la guerre et de la marine ont parfaitement le droit de faire cette dénonciation. MM. Bourguignon, Jurisprud. Code crim., t. III, sur l'art. 433; Lesellyer, Dr. crim., t. III, n° 823; Boitard, Lec. de Code pén., n° 564; Berriat-Saint-Prix, Proc. des trib. cor., t. I, n° 302; Morin, Rép. du Dr. crim., V° Fournisseur, n° 3; Legraverend, t. I, p. 523; Mangin, Act. publ., t. I, p. 312.) Cette doctrine a été également admise par la jurisprudence. Voici, en effet, en quels termes s'exprime un arrêt de la Cour de cassation du 29 août 1846 (S. 46, 1, 716, et *Bull.*, n° 226) : « Attendu que cette dénonciation préalable, établie dans le but d'empêcher que l'exercice intempestif de l'action publique contre les fournisseurs n'entrave inopportunément un service dont l'exact et régulier accomplissement peut être d'un intérêt majeur pour l'État, rentre dans les attributions du ministre, chef suprême de son administration, en qui se personnifie le gouvernement pour les actes dépendant de son ministère, et qui seul est en possession d'apprécier à tous les points de vue les besoins du service de son département et de reconnaître si la poursuite peut être introduite sans danger. » Le droit de dénonciation accordé aux ministres ne peut d'ailleurs s'étendre à des fonctionnaires inférieurs, et la Cour de cassation a décidé qu'une dénonciation faite par un préfet ne suffirait pas pour autoriser la poursuite, s'il n'y avait été expressément autorisé par le ministre compétent. (13 juillet 1860, S. 61, 1, 99, et *Bull.*, n° 157.)

233. — Chaque ministre n'est d'ailleurs compétent qu'en ce qui concerne les affaires de son ministère. Il a été jugé ainsi que, bien qu'il s'agisse de fournitures des armées, le ministre de l'intérieur était compétent pour faire la dénonciation, lorsqu'elle s'appliquait à des fournitures faites à des gardes nationales mobilisées. (Cass. 12 janvier 1872, S. 72, 1, 47, *Bull.*, n° 9 ; 14 juillet 1872, *Bull.*, n° 143.)

234. — Citons enfin, au sujet de cette dénonciation du gouvernement, un arrêt de la Cour de cassation aux termes duquel l'individu condamné en qualité de fournisseur pour le compte de l'armée, à raison de fraudes par lui commises dans l'exécution de son marché, ne peut exciper pour la première fois devant la Cour de cassation de ce qu'il n'aurait pas été, préalablement à la poursuite, dénoncé par le gouvernement, alors qu'il n'a pas été établi par l'instruction qu'il se trouve dans les conditions requises pour l'application de cet article. (4 juillet 1862, S. 62, 1, 1078.)

235. — Cette dénonciation faite par le gouvernement ne lie d'ailleurs en aucune façon les tribunaux chargés du jugement, à qui seuls incombe le soin de constater les éléments constitutifs du crime ou du délit, le manquement du service ou le retard dans les livraisons. Cette mission, quoi qu'en aient pensé certains auteurs, ne peut appartenir au gouvernement. S'il a seul le droit d'engager l'action, c'est que seul il y est intéressé, et que dès lors

il convenait qu'il fût seul juge de l'opportunité de la
poursuite. Mais une fois l'action publique intentée, les tribunaux recouvrent la plénitude de leur juridiction, et la
liberté de chercher partout où il leur plaît les éléments
de leur décision. Ils apprécient le crime et le jugent. Leur
rôle ne consiste pas à appliquer simplement la loi.

236. — Ajoutons que l'action criminelle intentée contre
le fournisseur pour l'application des articles précités est
complétement indépendante de la demande en dommages-
intérêts à laquelle il peut être conclu contre le fournisseur coupable. Cette demande doit être portée devant le
tribunal administratif.

CHAPITRE V

§ I. — Quand et comment il est procédé à la liquidation.

237. — La liquidation définitive des marchés de fournitures est dans les attributions ministérielles (art. 31 du décret du 31 mai 1862 sur la comptabilité publique). Chaque ministre est le liquidateur des marchés passés par les services compris dans son département. Le ministre des finances a de plus une attribution générale. On doit porter devant lui les demandes en remboursement de toutes créances qui ne peuvent se rattacher à un service spécial, ou qui, se rapportant à un service déjà clos, appartiennent par cela même à l'arriéré.

238. — Il faut observer d'ailleurs que ce qui constitue la liquidation, ce n'est pas le payement des fournitures, c'est la décision ministérielle qui arrête le compte. (20 novembre 1845, Sarlande, L. 502.)

239. — Pour citer un exemple de la manière dont on procède, voici ce qui se passe dans la marine; ces formalités sont d'ailleurs analogues à celles pratiquées dans les autres ministères. Le commissaire des approvisionnements liquide la dépense. A cet effet, il dresse un certificat de liquidation conforme au procès-verbal de recette et le signe. C'est par la date de ce procès-verbal que se

détermine l'exercice sur lequel la créance doit être imputée. Une fois le certificat dressé et signé comme il vient
d'être dit, le comptable du matériel ou l'agent chargé de
l'inventaire le revêt d'une déclaration de prise en charge
ou d'inscription à l'inventaire. La facture rectifiée administrativement et reconnue conforme y est jointe. Ces formalités remplies, la dépense est ordonnancée par le ministre. (V. aux annexes le règlement de 1866 pour les
liquidations de la guerre.)

240. — Mais ce ne sont là que des actes destinés à préparer la liquidation définitive, laquelle ne peut émaner
que du ministre ; toute autre ne serait que provisoire et ne
saurait être invoquée comme un titre irrévocable ni par
l'administration ni par le fournisseur. Cette règle, for-
mulée déjà dans des arrêts anciens (8 septembre 1819,
Doumerc, S. C. N. 6, 2, 142 ; 23 janvier 1828, Rémusat,
S. C. N. 9, 2, 22), a été très-expressément rappelée en
ces termes par un arrêt du Conseil d'État en ce qui concerne les fournitures de la guerre : « Considérant qu'aux
termes des articles 39 de l'ordonnance du 31 mai 1838
sur la comptabilité publique, et 50 du règlement d'administration publique du 1ᵉʳ décembre 1838 sur la comptabilité des agents dépendant du ministre de la guerre,
aucune dépense ne peut être définitivement liquidée à la
charge du département de la guerre que par le ministre,
et que l'établissement du droit constaté avant payement
ne dispense dans aucun cas de la liquidation ministérielle. »
(27 juillet 1859, Royer. L. p. 517.) Un autre arrêt reproduit le même principe et en tire pour conséquence que des
pertes matérielles survenues dans l'hôpital militaire d'une
armée active ne peuvent être admises à la décharge de
l'officier d'administration, agent comptable, par le sous-
intendant chargé d'exercer le service local, que sous la

réserve de l'approbation du ministre de la guerre. (16 août 1860, Bourdin, L. p. 649.) Par application de la même règle, il a été décidé qu'un fournisseur de pain était sans droit pour se prévaloir de l'établissement par un maire, d'après les instructions du sous-intendant militaire, d'une taxe pour la liquidation des sommes à lui dues, lorsque ces arrangements ont eu lieu sans l'approbation du ministre. (10 mars 1859, Bonnefoy, L. p. 184.) Citons enfin un arrêt aux termes duquel, lorsqu'un fournisseur a été condamné par arrêt de la Cour d'assises pour détournements, et que cet arrêt a constaté l'existence des détournements et en a fixé la valeur à une certaine somme, le ministre n'en conserve pas moins le droit de rechercher si d'autres détournements n'ont pas été commis, et de fixer une autre somme comme étant celle qui est due à l'État. (11 avril 1866, Chaspoul, L. p. 359.)

241. — Le fournisseur, lorsque toutes les fournitures ont été livrées aux termes de la convention, a droit d'exiger la liquidation de sa créance, et l'administration ne peut refuser d'y procéder. Il en serait autrement si le marché n'avait pas été entièrement exécuté. Ainsi, en cas de faillite d'un fournisseur, lorsque l'administration se trouve dans la nécessité de pourvoir à la continuation du service aux risques et périls du fournisseur, le ministre ne peut être, dans ce cas, contraint de liquider le compte de l'entreprise au moment de la faillite, et il peut renvoyer les créanciers, pour le payement de ce que l'administration devait au fournisseur, au résultat du décompte qui aura lieu à l'expiration du marché. (16 août 1841, Chégaray, L. p. 446.)

§ II. — Qui a droit de demander à ce qu'il soit procédé à la liquidation.

242. — Nous avons vu, en nous occupant des sous-traitants, que l'État ne connaissait que le fournisseur avec qui il avait conclu le marché. Ce fournisseur seul a donc le droit de demander la liquidation, et les particuliers avec lesquels il aurait traité pour l'exécution de son marché ne pourraient l'exiger en leur nom. Nous avons vu, en effet, que les sous-traitants n'ont pas le droit d'intervenir de leur chef dans la liquidation des sommes dues par l'État à l'entrepreneur principal (26 décembre 1834, Mont-priest). Il a été décidé, par application du même principe, que l'administration est valablement libérée, lorsqu'après avoir liquidé avec l'entrepreneur en nom les fournitures faites, elle en a soldé le montant, soit à lui, soit en son acquit, à ses ayants cause. (2 août 1838, Dupin, L. p. 474.)

243. — Mais de ce que les fournisseurs qui ont traité directement avec l'État peuvent seuls réclamer la liquidation, il ne s'ensuit pas que leurs créanciers ne puissent pas la réclamer au nom de leur débiteur, et comme exerçant ses droits, conformément aux dispositions de l'article 1166 C. civ. La Cour de cassation a consacré en 1828 le droit pour les créanciers d'un entrepreneur général de fournitures de poursuivre la liquidation des créances de leur débiteur, encore que leurs propres créances ne fussent pas actuellement liquidées, et sauf à l'entrepreneur le droit d'en contester le montant. (C. rej. 1er avril 1828, Ouvrard, S. C. N. 9, 1, 69. — V. aussi 22 déc. 1824, Boquet, L. p. 722 ; 4 juillet 1827, Sudour, L. p. 358 ; 20 novembre 1822, Baudré, L. p. 422.)

244. — En droit civil, la question de savoir si le créancier peut exercer les droits et actions de son débiteur à

l'encontre de ce débiteur et des tiers sans avoir besoin d'une subrogation préalable conventionnelle ou judiciaire est discutée. (Pour l'affirmative : Larombière, t. I, art. 1166, n° 22 ; Bonnier, *Revue pratique,* 1856, t. I, p. 98 ; Labbé, *Revue critique,* 1856, t. IX, p. 208 ; Demolombe, *Contrats,* t. II, n⁰ˢ 104 et suiv. — Pour la négative : Proudhon, *De l'usufr.,* 2236 à 2257 ; Marcadé, sur l'article 1166, n° 1 ; Taulier, t. IV, p. 309 ; Colmet de Santerre, t. V, 81 *bis;* Aubry et Rau, t. IV, p. 118.) Mais la plupart des auteurs, et avec eux la jurisprudence (Civ. rej. 23 janvier 1849, S. 49, 1, 193 ; Req. rej. 2 juillet 1851, S. 51, 1, 593, etc.), n'admettent pas qu'un tiers contre lequel les créanciers exercent les droits et actions de leur débiteur sans le concours de ce dernier et sans subrogation préalable puisse leur opposer une fin de non-recevoir tirée d'un défaut de qualité. Le Conseil d'État semble avoir donné la préférence à l'opinion contraire dans un arrêt du 9 août 1870, en repoussant comme non-recevable l'action d'un individu qui, se présentant comme créancier du fournisseur, se disait fondé à exercer ses droits ; mais l'arrêt s'appuie sur un double motif : absence d'une décision de justice autorisant le demandeur à agir au nom de son créancier, en vertu de l'article 1166 du Code civil, et contestation élevée par le ministre sur sa qualité de créancier. (Ramon Zorilla, 9 août 1870, L. p. 1041.) Or, il est certain que, s'il y a contestation sur ce dernier point, c'est à la justice civile à se prononcer. Un arrêt plus ancien (24 janvier 1834, Senat, L. p. 63) se fonde expressément pour rejeter l'action sur ce que ce prétendu créancier n'avait pas été subrogé par justice dans les droits de son débiteur ; mais il ressort de l'exposé des faits que, dans cette espèce aussi, le ministre contestait la qualité de créancier que s'attribuait le débiteur.

245. — En dehors des cas où les créanciers d'un fournisseur demanderaient à se substituer à leur débiteur, et à exercer eux-mêmes ses droits en vertu de l'article 1166, auraient-ils le droit d'intervenir simplement dans la liquidation suivie par ou contre son débiteur, en excipant de leur seul intérêt? La tendance générale du Conseil d'État est d'admettre l'intervention par cela seul que l'intervenant justifie d'un intérêt. (25 janvier 1833, de Lavauguyon, L. p. 60; 16 août 1833, d'Annebault, L. p. 465; 18 mai 1846, Ruffin, L. p. 289; 13 août 1850, Bénier, L. p. 766.) Mais un arrêt du 5 avril 1851 (Hérout, L. p. 244) rendu dans une contestation entre l'État et la Compagnie des paquebots transatlantiques, au sujet de la résiliation du traité et de la confiscation du cautionnement de la Compagnie, après avoir déclaré recevable l'intervention des créanciers ayant un privilége de second ordre sur le cautionnement confisqué, a repoussé l'intervention de simples créanciers qui se présentaient comme tels, sans même justifier de cette qualité. De même, un arrêt du 11 août 1864 (Chalard, L. p. 756) a décidé qu'un individu, simple créancier d'un fournisseur, n'avait pas qualité pour intervenir dans le règlement de compte de son débiteur avec l'administration. On peut penser que la doctrine contenue dans ces deux arrêts, qui paraissent en contradiction avec la jurisprudence du Conseil en matière d'intervention, pourrait être modifiée si la question était de nouveau posée.

§ III. — Des pièces justificatives à fournir.

246. — L'administration ne saurait être tenue d'admettre en liquidation les créances d'un fournisseur qui ne seraient justifiées par aucun ordre régulier, ni constatées par aucun acte revêtu des formalités administratives re-

quises pour en établir la légitimité, et le fournisseur, à défaut de pièces régulières, ne serait pas recevable à réclamer par la voie contentieuse l'admission de pièces équivalentes.

247. — La nature des pièces justificatives à fournir à l'appui des demandes en liquidation est subordonnée à l'objet du contrat et aux clauses stipulées à cet effet dans les divers cahiers des charges. Les traités déterminent généralement, pour chaque ministère, la série des pièces que l'entrepreneur est obligé de fournir, et, pour les connaître, il suffit de se reporter aux règlements spéciaux auxquels les fournisseurs se sont soumis par leur contrat; les conventions font la loi des parties. Si cependant ce point n'avait pas été prévu, le fournisseur devrait apporter les pièces justificatives prescrites par les règlements généraux.

248. — Le fournisseur doit produire les pièces justificatives des fournitures exigées par l'article 6 de la loi du 28 avril 1816, alors surtout qu'il s'y est expressément soumis aux termes de son marché. (7 avril 1835, Schœnngrune, L. p. 271.) Dans cette espèce, le fournisseur alléguait une lettre ministérielle qui l'aurait dispensé de la production desdites pièces; le Conseil a repoussé sa prétention, par le motif que le ministre, par la lettre invoquée, ne l'avait dispensé et n'avait pu le dispenser de se conformer aux prescriptions de la loi non plus qu'à ses propres engagements. Le même arrêt a décidé : 1° que de simples récépissés de versements de grains dans les magasins du département, qui suffisent pour justifier des fournitures à l'égard du département, ne peuvent avoir les même effets à l'égard de l'administration de la guerre; 2° que, lorsque les bordereaux produits présentent une différence en moins, comparativement à la quantité de denrées dont le

10

prix est réclamé, et que d'ailleurs aucune autre pièce justificative n'est produite, la liquidation ne peut être faite que d'après les bordereaux ; 3° qu'une demande relative à des fournitures qui ne sont appuyées que sur des bons de distribution rejetés pour cause de surcharges non approuvées ou pour irrégularités qui les rendent inadmissibles en liquidation doit être rejetée ; 4° que, lorsque le bordereau produit par le fournisseur n'est accompagné d'aucun bon de distribution qui puisse être appliqué aux fournitures comprises dans ce bordereau, ces fournitures ne doivent pas être considérées comme suffisamment justifiées.

249. — Nous indiquons d'ailleurs un certain nombre d'arrêts qu'il serait trop long d'analyser et dans lesquels on trouvera divers exemples de demandes en liquidation repoussées pour insuffisance de pièces produites. (V. 20 novembre 1845, Sarlande; 10 juin 1829, Boubée; 8 mars 1827, Delahayne; 12 avril 1832, Barberi; 26 octobre 1825. Ducroq; 15 juin 1825, Rigaud; 6 août 1823, Villers; 26 décembre 1834, Dubrac; 8 mars 1827, Dallemagne; 13 novembre 1822, Dalté; 15 octobre 1826, Bernard; 6 août 1823, Latruffe; 21 mars 1821, Genty; 11 février 1824, Varville; 19 novembre 1823, Bedin; 17 décembre 1823, Foulde; 24 mars 1824, Vincent; 17 mars 1825, Bocquet; 22 janvier 1824, Blanchard; 24 octobre 1821, Chambaud.)

250. — On ne s'étonnera pas qu'une demande en payement de fournitures à l'appui de laquelle le réclamant ne produisait que des récépissés reconnus faux et ayant déjà fait l'objet de condamnations prononcées par le conseil de guerre ait été rejetée comme non justifiée en l'état. (2 mars 1870, Bonhomme, L. p. 228.)

251. — Le fournisseur qui prétend avoir payé des

droits d'octroi pour le compte de l'administration doit, pour en obtenir le remboursement, produire au moins des indications de nature à permettre la vérification de sa créance. (7 juillet 1870, Heit, L. p. 870; 29 juin 1870, Esquino, L. p. 837.)

252. — Il résulte de ces décisions que le fournisseur doit veiller avec attention à ce que l'acte qui constate la réception des fournitures et qui constitue sa principale pièce justificative ne soit pas entaché d'irrégularités ; il doit avoir soin de n'opérer la livraison que sur le récépissé du préposé chargé de la recevoir, de faire viser ce récépissé par le chef du service local, et de faire en sorte que les ratures ou les surcharges qu'il peut contenir soient revêtues des signatures et des approbations exigées pour l'acte lui-même.

253. — Lorsque des événements de force majeure dont les suites doivent, aux termes du contrat, retomber à la charge de l'État, mettent obstacle à ce que les fournisseurs produisent leurs pièces de comptabilité, l'entrepreneur n'est pas privé pour cela de tout moyen de justifier de la livraison de ses fournitures ; il est suppléé, dans ce cas, aux formalités ordinaires par la constatation des événements de force majeure au moyen de procès-verbaux dressés soit par les autorités locales, soit de préférence, lorsque cela est possible, par les autorités qui ont dans leurs attributions la branche de service à laquelle se rattache le marché ; le fournisseur aura soin d'ailleurs de corroborer ces procès-verbaux de toutes les preuves qu'il sera en son pouvoir d'apporter ; car, à moins de fournir des témoignages irrécusables, il lui serait difficile d'échapper à la fin de non-recevoir qui lui serait opposée par les agents chargés de défendre les intérêts de l'État. Ainsi, la mention de la fourniture sur les livres du fournisseur, bien

que constatée par des procès-verbaux, ne suffirait pas pour suppléer au manque de pièces justificatives. (6 août 1823, Queheille.) Il a été de même décidé que la production d'un procès-verbal régulier et constatant que tous les papiers, registres et pièces de comptabilité sont tombés au pouvoir de l'ennemi, ne dispenserait pas un officier, réclamant du ministre de la guerre le remboursement des avances qu'il aurait faites à la caisse de son corps, de justifier de l'autorisation préalable du conseil d'administration. (12 novembre 1823, Lambert.)

254. — Mais lorsque le fournisseur apporte des preuves concluantes, des pièces qui justifient la livraison des fournitures, l'administration est à son tour tenue de prouver qu'elle s'est libérée intégralement envers lui du prix des fournitures dont la livraison est établie. Ainsi, lorsqu'il résulte de récépissés réguliers produits par un entrepreneur que celui-ci a livré, en exécution de son marché, une certaine quantité de fournitures dont l'administration n'a payé qu'une partie, c'est au ministre à justifier que le surplus a été payé au fournisseur; faute de cette justification, ce dernier a droit au prix du surplus. (8 avril 1858, Mayer, L. p. 279.)

255. — Nous devons signaler comme ayant trait aux pièces justificatives à fournir à l'appui des demandes en liquidation : 1° une loi du 12 vendémiaire an VIII, qui porte. article 2 : « Chaque compte sera accompagné d'un double inventaire des pièces justificatives y jointes ; le ministre certifiera la remise du tout au bas d'un de ces inventaires qui sera rendu au comptable pour être par lui déposé dans les vingt-quatre heures à la trésorerie nationale, où il lui en sera donné décharge », et qui établit des peines pécuniaires contre le fournisseur qui se déclare faussement créancier de l'État ou quitte envers lui; 2° un

décret du 19 avril 1806 aux termes duquel une clause spéciale doit déterminer dans chacun des marchés passés par les différents ministres une époque fixe pour la remise des pièces constatant les fournitures faites à l'État en vertu du marché. (V. n° 81.)

256. — Lorsque la liquidation est terminée, le fournisseur qui en fait la demande peut rentrer en possession de ses titres et des pièces qu'il a déposées. L'administration n'a pas le droit de les conserver quand il les réclame.

§ IV. — Délais et déchéances.

257. — La loi a fixé des délais dans lesquels les fournisseurs doivent, sous peine de déchéance, adresser leurs réclamations à l'administration. L'État ne peut en effet rester indéfiniment exposé aux demandes qui pourraient lui être adressées au sujet des marchés. Les fournisseurs sont en effet soumis d'abord aux lois générales qui assignent un délai à tout créancier de l'État pour produire ses titres et réclamer son payement. Citons seulement, à titre d'intérêt historique, les lois du 25 mars 1817 et du 17 août 1822, qui ont édicté des déchéances contre des créances antérieures et dont les effets sont aujourd'hui consommés. Il en est autrement de la loi du 29 janvier 1831 dont l'article 9, statuant pour l'avenir, est ainsi conçu : « Seront prescrites et définitivement éteintes au profit de l'État, sans préjudice des déchéances prononcées par les lois antérieures ou consenties par des marchés ou conventions, toutes créances qui, n'ayant pas été acquittées avant la clôture des crédits de l'exercice auquel elles appartiennent, n'auraient pu, à défaut de justification suffisante, être liquidées, ordonnancées et payées dans un délai de cinq années, à partir de l'ouverture de l'exercice,

pour les créanciers domiciliés en Europe, et de six années pour les créanciers résidant hors du territoire européen. Le montant des créances frappées d'opposition sera, à l'époque de la clôture des payements, versé à la caisse des dépôts et consignations. — Le terme de prescription des créances portant sur les exercices 1830 et antérieurs est fixé au 31 décembre 1834 pour les créanciers domiciliés en Europe, et au 31 décembre 1835 pour les créanciers résidant hors du territoire européen. »

Cette loi, comme on vient de le voir, a réservé très-expressément les déchéances prononcées par les lois antérieures ou consenties dans les marchés. Nous n'avons pas à nous occuper de ces dernières ; il suffit de consulter le traité qui les contient ; la convention fait à cet égard la loi des parties qui y ont concouru. C'est en effet dans ces conditions que le Conseil d'État a rejeté la demande d'un fournisseur par application d'une clause du cahier des charges de l'entreprise portant que les réclamations qui n'auraient pas été adressées par écrit au sous-intendant militaire, chef des services administratifs du corps expéditionnaire du Mexique, dans les trois mois qui suivraient la quinzaine où se serait passé le fait donnant lieu à la prétention soulevée, seraient rejetées. (10 janvier 1867, Méliton, L. p. 42.) Une décision analogue a été rendue sur la réclamation d'un fournisseur entrepreneur de jardins d'hôpitaux militaires qui prétendait échapper à une disposition de son cahier des charges portant que toute facture qui n'aurait pas été présentée dans les trois mois qui suivraient le trimestre pendant lequel les travaux et fournitures auraient eu lieu ne serait plus admise en liquidation. (13 août 1868, Boussavit, L. p. 923 ; *adde* 29 juin 1870, Esquino, L. p. 832 ; 14 mai 1858, Andrieu, L. p. 361.)

258. — Le décret du 19 avril 1806, dont nous avons eu déja à nous occuper (n° 79), dispose à cet égard : « Art. 1er. Dans chaque marché ou traité passé par les différents ministres, il doit être déterminé, par une clause expresse, une époque fixe pour la remise des pièces constatant les fournitures faites à l'État en vertu du marché ou traité intervenu. — Art. 2. Toute pièce qui n'aura pas été déposée dans les bureaux des ministres respectifs, avant l'époque de rigueur déterminée par le marché ou traité, sera considérée comme non avenue, et ne pourra, sous aucun prétexte, être admise en liquidation, soit en faveur du traitant, soit en faveur de ses cessionnaires ou sous-traitants. »

259. — Une déchéance spéciale aux marchés passés par le ministère de la guerre résulte du décret du 13 juin 1806; on lit dans l'article 3 de ce décret : « A l'avenir, toutes réclamations relatives au service de la guerre et de l'administration de la guerre, dont les pièces n'auront pas été présentées dans les six mois qui suivront le trimestre où la dépense aura été faite, ne pourront plus être admises en liquidation. » L'article 145 du décret du 31 mai 1862 porte que cette disposition doit être rappelée dans tous les marchés, traités ou conventions à passer pour les services du matériel de la guerre. Cependant les événements de force majeure ont été, à bon droit, considérés comme un obstacle à l'application rigoureuse de la règle établie par le décret de 1806. Aussi le règlement du 1er septembre 1827, auquel on se réfère dans tous les marchés passés avec l'administration de la guerre, adoptant sur ce point le tempérament admis par la jurisprudence, dispose dans son article 620 que les cas de force majeure sont exemptés de la déchéance, et ajoute dans l'article 625 : « Tout créancier qui, par suite de circonstances extraordinaires

résultant du service de la guerre, ne peut produire à
temps les pièces justificatives de sa créance, peut faire
valoir ces motifs pour obtenir la prolongation du terme
fixé. »

260. — En ce qui concerne les services de la marine,
l'article 61 du règlement de 1869 sur la comptabilité du
ministère de la marine exige que les marchés, traités ou
conventions à passer pour le service du matériel, expri-
ment l'obligation pour tout entrepreneur ou fournisseur
de produire les titres justificatifs de la créance résultant de
l'exécution du service dans les trois mois qui suivent le
trimestre pendant lequel le service a été exécuté ou ter-
miné, et permet même à l'administration de stipuler des
délais de production plus restreints, afin de rapprocher
autant que possible de l'époque d'exécution celle de la
liquidation définitive des dépenses. Nous devons ajouter
que cette déchéance particulière n'est pas appliquée avec
rigueur par la marine, et qu'au contraire l'administration
de la guerre invoque très-sévèrement celle qui est relative à ce département.

261. — A l'égard des sous-traitants, le décret du 12 décembre 1806, article 3, porte : « Les sous-traitants qui
n'ont pas fait remise de leurs pièces justificatives dans le
délai fixé par le précédent décret (13 juin 1806) encou-
rent la déchéance voulue par ce décret : en conséquence,
les pièces justificatives des fournitures qu'ils auraient
faites en cette qualité ne pourront leur servir de titre à
aucune réclamation contre qui que ce soit. »

262. — Ajoutons enfin, conformément à ce que nous
avons dit plus haut, que les créanciers d'un fournisseur,
usant du droit que leur confère l'article 1166, C. civ.,
pourraient produire à la place de leur débiteur les pièces
justificatives des fournitures faites par lui, et cette pro-

duction faite en temps utile interromprait la déchéance. (22 décembre 1824, Bacquet, L. p. 722.)

263. — Les cahiers des charges stipulent quelquefois un délai dans lequel les réclamations des fournisseurs doivent se produire ; ainsi le cahier des charges d'un fournisseur du corps expéditionnaire du Mexique portait que l'entrepreneur devait produire ses factures dans les trois mois qui suivraient le trimestre auquel elles s'appliquaient, et que ses réclamations devaient être adressées par écrit à l'intendant militaire de l'armée dans les trois mois qui suivraient celui où se serait passé le fait donnant lieu à réclamation. Lorsque les réclamations se produisent après l'expiration de ce délai, il y a déchéance pour le fournisseur. (24 janvier 1872, Heit, L. p. 31.)

264. — Nous avons cité la disposition de la loi du 29 janvier 1831, qui demeure applicable partout où une déchéance plus courte n'a pas été établie par une loi spéciale ou par une convention particulière, et notamment aux marchés passés avec les ministères autres que ceux de la guerre et de la marine. Elle n'a donné lieu jusqu'ici qu'à un très-petit nombre de décisions relatives à des marchés de fournitures ; c'est dans les difficultés soulevées en matière d'entreprises de travaux publics qu'il convient de rechercher les principes applicables par analogie aux fournitures, et dont nous devons donner un court résumé.

265. — Et d'abord la déchéance s'applique en principe à toutes les créances sur l'État, aux frais faits pour les conserver, comme aux créances elles-mêmes. (28 mai 1866, Mirès, L. p. 526.) Il faut cependant en excepter l'action en restitution du cautionnement versé par le fournisseur ou ses bailleurs de fonds. L'article 26 de la loi du 9 juillet 1836 autorise seulement l'État, à l'expiration

d'une année après le terme fixé pour le retrait du cautionnement, à en remettre le montant à la Caisse des dépôts et consignations.

266. — Il n'appartient qu'au ministre qui a dans ses attributions l'ordonnancement de la créance réclamée contre l'État de faire application de cette déchéance, sauf recours au Conseil d'État. (V. notamment, 4 février 1858, Hubaine, L. p. 105; 5 février 1857, Charpentier, L. p. 90; 10 janvier 1856, Thiboust, L. p. 35; 12 août 1854, Reig., L. p. 781, etc.) Le Conseil de préfecture, même dans le cas où il est compétent pour reconnaître et liquider la créance, excéderait ses pouvoirs en statuant sur la déchéance quinquennale. Une décision émanée de ce Conseil ou de toute autre juridiction, et condamnant l'État au payement envers le créancier, ne fait pas obstacle à ce que le ministre, lors de l'ordonnancement, oppose la déchéance. Lorsque, comme pour les marchés de fournitures, le juge des contestations est en première instance le ministre, ces distinctions entre la liquidation et l'ordonnancement, quant à l'autorité compétente pour opposer cette déchéance, deviennent sans objet, et le ministre peut immédiatement refuser de procéder à la liquidation de la créance, si elle est éteinte par un délai de cinq ans sans réclamation de la part des fournisseurs.

267. — Quant au point de départ de cette prescription, l'article 9 de la loi de 1831 s'exprime ainsi : « Seront prescrites... toutes créances qui, n'ayant pas été acquittées avant la clôture des crédits de l'exercice auquel elles appartiennent, n'auraient pu être liquidées, ordonnancées et payées dans un délai de cinq années, *à partir de l'ouverture de l'exercice,* pour les créanciers domiciliés en Europe, et de six années pour les créanciers résidant hors du territoire européen. » Pour prendre un exemple, le

payement de fournitures livrées dans le cours de l'exercice 1872 devra être demandé avant la fin de l'exercice 1876. Le Conseil d'État a décidé, par application de ce principe, que la créance résultant de l'exécution d'un objet d'art commandé par le ministre des beaux-arts appartenait à l'exercice de l'année dans laquelle l'exécution de cet objet devait être terminée, et que par conséquent la demande à l'effet d'obtenir la liquidation ou le payement devait, sous peine de déchéance, être formée avant l'expiration des cinq ans à partir de cette année. (Arrêt Mirès, 28 mai 1866.)

268. — Pour éviter la déchéance, le fournisseur doit donc, avant l'expiration du délai de cinq ans, réclamer à l'administration ce qu'il croit lui être dû. L'article 9 de la loi de 1831, en prescrivant que la demande doit être appuyée sur des justifications suffisantes, a laissé au juge du contentieux le soin d'apprécier la nature et la valeur de ces justifications, et de décider si l'administration a été suffisamment mise en demeure d'examiner la demande qui lui a été présentée. D'ailleurs, peu importe que l'administration reste inactive en présence de cette réclamation; le fournisseur n'a plus à craindre les effets de la déchéance, quel que soit le délai apporté à faire droit à sa demande. L'article 10 de la loi de 1831 est ainsi conçu : « Les dispositions des deux articles précédents ne seront pas applicables aux créances dont l'ordonnancement et le payement n'auraient pu être effectués dans les délais déterminés par le fait de l'administration ou par suite de pourvois formés devant le Conseil d'État. Tout créancier aura le droit de se faire délivrer, par le ministre compétent, un bulletin énonçant la date de sa demande et les pièces produites à l'appui. » Ainsi le cours de la déchéance est suspendu tant que le fait de l'administration met ob-

stacle à la liquidation et à l'ordonnancement des créances.
(V. 23 juin 1850, Bernard, L. p. 608; 10 janvier 1856,
Billard, L. p. 32.) Il convient d'ajouter toutefois que l'article 2246 du Code civil, aux termes duquel la citation en
justice, donnée même devant un juge incompétent, inter-
rompt la prescription, n'est pas applicable en matière de
prescription des dettes de l'État (23 juin 1848, Fleurot,
L. p. 420), et qu'on ne peut pas considérer comme régulière, dans le sens de la loi de 1831, une demande en
payement devant une autorité incompétente, et, par
exemple, devant le Conseil de préfecture, alors qu'il ne
s'agit pas d'une contestation ressortissant à ce tribunal
administratif. (19 mai 1853, Touillet, L. p. 536.)

§ V. — Payement et intérêts.

269. — En ce qui concerne le payement, nous avons
peu de chose à ajouter à ce que nous avons dit plus haut.
(Nos 142 et s.) Il a lieu dans les conditions prévues par le
cahier des charges, ou, lorsque la convention est muette
sur ce point, d'après les règles du droit commun. Il se
fait dans la plupart des cas en espèces; il peut cependant
s'effectuer en valeurs. Lorsqu'au lieu d'être créancier, un
fournisseur est déclaré débiteur envers l'État d'une somme
représentative d'objets que l'État lui avait remis pour les
vendre, il ne peut s'acquitter en restituant ceux de ces
objets qu'il n'a pas vendus et doit payer sa dette en argent,
à moins de clause contraire au contrat. (2 août 1851, Ro-
biquet, L. p. 572.) Lorsque d'ailleurs l'État et le fournisseur se trouvent, en fin de compte, réciproquement
créanciers l'un de l'autre dans les conditions prévues par
le droit commun, il s'opère une compensation.

270. — Le payement d'à-compte à titre d'avances est

très-rarement autorisé dans certains services, et dans
d'autres il ne peut en être accordé aucun au fournisseur,
qui ne doit recevoir le payement que pour un service fait
et après livraison effectuée. De ce qu'un payement partiel
ou même intégral aurait eu lieu au cours de l'exécution
du marché et avant qu'il ait satisfait à toutes les prescriptions du traité, il n'en résulterait pas que tel ou tel
article du compte dût être considéré comme admis sans
réserve par l'administration, et que le ministre ne pût
revenir sur ce chef de dépenses au jour de la liquidation
définitive; l'arrêté de compte émané du ministre termine
seul la liquidation et fixe définitivement la position respective de l'État et de son fournisseur. (Darblay, 30 mars
1838, L. p. 176.) C'est là une application du principe que
nous avons posé plus haut au sujet de la liquidation et de
l'autorité compétente pour l'opérer.

271. — On sait qu'une retenue de 3 pour 100 au profit
des invalides de la marine est imposée au fournisseur sur
les payements de tous les marchés passés avec les services
de ce département. Cependant les payements faits aux fournisseurs pour les rembourser de sommes qu'ils ont avancées,
par exemple à raison de frais de transport, ne sont pas soumis
à cette réduction. (8 avril 1858, Chenillez, L. p. 283.)

272. — Nous n'avons pas à revenir sur les questions
de réduction ou d'augmentation de prix dont nous nous
sommes occupé en traitant de l'exécution et de l'interprétation des marchés. Signalons seulement comme se rapportant plus directement à la liquidation : 1° un arrêt du
9 janvier 1843 aux termes duquel l'administration ne peut
obliger un fournisseur à restituer une somme payée en
trop sur le montant de ses fournitures, s'il n'est pas établi
que cet excédant ait été reçu par lui (9 janvier 1843,
Marchetti, L. p. 6.); 2° un arrêt du 31 juillet 1874 (Val-

labra, L. p. 765) qui a décidé que, lorsque l'administration doit une somme à un fournisseur, elle n'a pas le droit de retenir sur cette somme, actuellement liquide et exigible, le montant des droits de douane dont les fournisseurs auraient pu être passibles à raison de l'introduction en France des fournitures ; sauf à se pourvoir devant les tribunaux compétents pour réclamer du fournisseur le montant de ces droits et faire tous actes conservatoires pour en assurer le payement. On peut enfin citer, à titre d'analogie, l'espèce suivante, bien qu'il ne s'agisse pas, à proprement parler, du payement d'un fournisseur, mais d'une question de responsabilité d'un entrepreneur relativement au matériel pris en charge. Un entrepreneur de fournitures des prisons a été déclaré responsable de la différence en moins résultant de la comparaison des deux inventaires du matériel faits l'un à l'entrée en jouissance et l'autre à la cessation de l'entreprise, tout en tenant compte de la part de responsabilité mise à la charge de l'administration pour avoir entravé dans une certaine mesure la gestion de l'entrepreneur, notamment en retenant, sans permettre qu'il en prît copie, l'inventaire du matériel pris en charge et en ne tenant pas un compte suffisant, dans la moins-value du matériel, . de la portion de cette moins-value afférente à la période de l'exploitation par régie qui a suivi celle de l'entrepreneur. (30 janvier 1874, Goguelat, L. p. 101.)

273. — Les sommes dues aux fournisseurs ou par eux peuvent être productives d'intérêts. On s'est demandé quel taux d'intérêt était dans ce cas applicable. Des auteurs avaient pensé que ce devait être 6 pour 100, comme en matière commerciale, par le motif que les marchés et entreprises de fournitures se trouvent nommément rangés dans la classe des actes de commerce par l'article 632 du

Code de commerce. L'opinion contraire a été admise par la jurisprudence qui n'alloue qu'un intérêt de 5 pour 100 : « Considérant, porte un arrêt, qu'il s'agit dans l'espèce d'un marché administratif, et qu'aux termes de l'article 2 de la loi du 3 septembre 1807 l'intérêt légal ne peut être calculé à 6 pour 100 qu'en matière de commerce. » (14 septembre 1852, Genevois, L. p. 409; *adde* 6 février 1831, Moreau, L. p. 79.)

Il suit de là que les marchés de fournitures administratifs ne tombent pas sous le coup de l'article 632 du Code de commerce, et sont considérés par le Conseil d'État, dans les rapports de l'administration et du fournisseur, comme des contrats non commerciaux. Mais à tout autre point de vue, le fournisseur n'en reste pas moins un commerçant, et dès lors il a le droit de retirer du capital affecté à son industrie un intérêt de 6 pour 100. Aussi un arrêt a décidé, dans une espèce où l'administration avait obligé le fournisseur à conserver ses approvisionnements sans qu'il pût les utiliser, qu'il y avait lieu de calculer à raison de 6 pour 100 les intérêts dus par l'administration pour la somme représentant la valeur de ces approvisionnements. (5 février 1875, Escalle, L. p. 106.) Nous avons vu également (n° 108), à propos de la compétence, une application aux fournisseurs de l'article 632 du Code de commerce.

274. — Lorsque des retards ont été apportés à la liquidation et au règlement de la créance d'un fournisseur, celui-ci ne peut d'ailleurs, conformément à l'article 1153 du Code civil, réclamer d'autres dommages-intérêts que les intérêts des sommes qui lui sont allouées. (25 juillet 1863, Radovitz, L. p. 583.)

275. — Le taux de 5 pour 100 cesse d'être applicable orsque le prix des fournitures doit être payé au fournis-

seur ailleurs qu'en France; dans ce cas, les intérêts doivent être calculés d'après le taux du lieu du payement. C'est ce qu'a décidé le Conseil d'État en allouant à des fournisseurs des intérêts à 10 pour 100, taux de Constantinople (2 mai 1861, Dato, L. p. 318; 25 juillet 1863, Radovitz), ou des intérêts à 12 pour 100, taux du Mexique (21 juillet 1870, Bernard, L. p. 927; 7 décembre 1870, Souberbielle, L. p. 1094; *adde* 8 août 1872, Strauss, L. p. 598; 8 décembre 1853, Manigat, L. p. 1021; 11 août 1864, Chalard, L. p. 757).

276. — Quel est le point de départ des intérêts des sommes dues aux fournisseurs? Est-ce, aux termes de l'article 1153 du Code civil, le jour de la demande, ou est-ce le jour de la liquidation? La jurisprudence a varié sur ce point. Après avoir décidé que les intérêts couraient du jour de la liquidation (6 février 1831, Moreau; 23 janvier 1820, Saint-Just), elle est revenue à la règle générale, et a décidé que les intérêts couraient du jour de la demande (25 juillet 1863, Radovitz, *ut sup.*; 13 juillet 1864, Josserand, L. p. 658; 8 septembre 1861, Bresson. L. p. 818; 21 juillet 1870, Bernard, L. p. 927; 27 novembre 1874, Cᵢᵉ des Dombes, L. p. 923), et le fait que le fournisseur n'aurait pas pu toucher, faute de crédits disponibles, le montant des comptes arrêtés par le ministre, n'empêcherait pas les intérêts de courir du jour de la demande. (7 décembre 1870, Souberbielle, L. p. 1094.) Dans une espèce analogue, le Conseil d'État a rejeté la demande formée par un fournisseur des intérêts de la somme à lui due par l'administration, demande fondée sur le motif que l'administration aurait manqué à l'engagement qu'elle avait contracté, d'effectuer les payements deux jours au plus tard après chaque livraison. Cette décision est motivée en fait sur ce que ces retards de payement,

qui d'ailleurs n'avaient rien eu d'excessif, provenaient de la faute de l'entrepreneur. (6 mars 1874, Beauchamp, L. p. 230.)

277. — Lorsque le ministre a fixé et fait ordonnancer la somme restant due à un fournisseur, la déclaration expresse faite par le ministre que ce payement est un payement pour solde, et son refus d'accepter les réserves que le fournisseur prétendait faire relativement aux droits résultant pour lui du pourvoi qu'il se proposait de former devant le Conseil d'État, n'empêcheraient pas les intérêts de cette somme de courir même après l'ordonnancement, s'il est reconnu par le Conseil d'État qu'elle est inférieure à celle qui est légitimement due au fournisseur. (Strauss, 5 juin 1874, L. p. 635.)

278. — Lorsqu'une compagnie a promis à des sous-traitants de les associer aux indemnités qui lui seraient accordées par le gouvernement, elle ne peut être considérée comme ayant agi en qualité de mandataire de ses sous-traitants en ce qui concerne l'obtention de cette indemnité, et dès lors elle n'est pas tenue de leur payer l'intérêt de leur part dans ladite indemnité du jour où elle a été obtenue, mais seulement du jour de la demande en justice. (Cass. 21 juin 1837, Boubée, S. 38, 1, 36.)

279. — En cas de cession par l'entrepreneur d'un marché pour le service d'une prison de son mobilier industriel, les intérêts du prix de cette cession sont dus par celui qui a succédé à l'entrepreneur primitif, à partir du jour où il en a pris possession. (31 juillet 1874, Heyraud, L. p. 767.)

280. — Lorsque c'est le fournisseur qui est débiteur envers l'État, il peut être tenu au payement des intérêts des sommes dues, et ces intérêts ne courent également que du jour où ils ont été demandés, à moins que le four-

nisseur ne puisse être considéré comme ayant reçu ou
gardé de mauvaise foi les avances à lui faites par l'État,
cas auquel les intérêts, par application de l'article 1378
du Code civil, courraient du jour de l'indue possession.
(27 novembre 1874, Letellier, L. p. 921.)

§ VI. — Contestations sur la liquidation.

281. — Il nous reste à nous occuper des cas où la liquidation peut donner lieu à un recours et des conséquences
que ce recours peut entraîner.

Et d'abord toute liquidation doit être précédée d'une
instruction dans laquelle le fournisseur doit être entendu
et mis à même de faire valoir ses raisons à l'appui de sa
demande; le Conseil d'État a eu plusieurs fois à apprécier
si la liquidation avait été précédée de cette sorte de débat
contradictoire. C'est ainsi qu'il en a reconnu l'existence
dans une espèce où les comptes du fournisseur avaient été
dressés par lui, contrôlés par les agents locaux, vérifiés
par la commission de liquidation, apurés par le ministre
au vu des pièces produites par le comptable, et où, d'ailleurs, à chacun de ces degrés de contrôle, le fournisseur
avait été admis à donner ses explications. (27 juillet 1859,
Royer, L. p. 517.)

282. — Le fait que la décision du ministre a été
rendue sans que le fournisseur ait été prévenu de produire
ses moyens de défense a-t-elle pour résultat de rendre
nulle la décision du ministre, ou bien en résulte-t-il seulement que c'est une décision par défaut? Dans l'arrêt du
27 juillet 1859, le fait est présenté par la partie et accepté
par le Conseil comme un moyen de nullité. Voici au contraire d'autres décisions dans lesquelles la seconde solution semble adoptée. Il en résulte que, lorsque le débat

contradictoire dont il vient d'être parlé n'a pas eu lieu et que le fournisseur a été constitué débiteur sans avoir été entendu, il ne paraît pas douteux qu'il puisse former opposition à cette décision devant le ministre, sauf, si sa demande est rejetée, à porter dans les délais son recours contre cette seconde décision devant l'autorité supérieure. Cette solution est conforme aux règles du droit commun, et, loin de la combattre, le Conseil d'État semble l'avoir confirmée, au moins dans une certaine mesure. (18 février 1864, Moutte, L. p. 163; 27 décembre 1865, Lamaury, L. p. 1027.)

283. — Le fournisseur peut attaquer devant le Conseil d'État la décision portant liquidation, dans un délai de trois mois à compter de la notification qui lui en a été faite, à la condition toutefois que cette décision soit définitive et qu'il ne s'agisse pas d'un simple acte préparatoire. Le Conseil d'État a considéré comme une décision suffisante pour que le fournisseur puisse se pourvoir contre elle par la voie contentieuse l'adoption faite dans une lettre par le ministre de la guerre des conclusions d'un intendant militaire tendant au rejet de la demande du fournisseur. (14 avril 1853, Quinet, L. p. 477.)

284. — La notification doit être faite au fournisseur ou à son mandataire. Il a été jugé qu'elle n'avait pu faire courir le délai de trois mois lorsqu'elle avait été faite à un avocat au Conseil d'État qui avait occupé pour le fournisseur dans une précédente instance, mais dont les pouvoirs étaient expirés au moment de cette notification, et qu'il est d'ailleurs prouvé que cet avocat n'avait aucun mandat spécial pour la recevoir. (23 mai 1861. Andrieu, L. p. 409.)

L'existence de cette notification doit être régulièrement prouvée. La seule allégation du ministre ne constituerait pas

à cet égard une preuve suffisante. (20 juin 1867, Beuvin,
L. p. 591.) On ne pourrait considérer comme équivalant à
une notification l'avis par lequel un intendant militaire
aurait prévenu le fournisseur de la mesure dont il était
menacé, mais alors que la décision n'était pas encore
rendue. (7 mai 1873, Garnot, L. p. 418.) En conséquence, le recours du fournisseur serait recevable quoique formé plus de trois mois après l'avis donné par
l'intendant. De même encore, une règle qu'un ministre a
établie dans une circulaire par voie de disposition générale, et qui a été portée à la connaissance du fournisseur
par la notification de la circulaire, ne peut pas, alors que
cette circulaire a été rédigée et notifiée avant toute réclamation du fournisseur, être considérée comme une décision notifiée et susceptible dès lors de faire courir les
délais. (4 juin 1857, Malleval, L. p. 447.)

285. — C'est une règle générale que le recours n'est
pas recevable contre une décision ministérielle qui est la
confirmation pure et simple d'une première décision à
l'égard de laquelle le délai du pourvoi est expiré. C'est ce
qui a été décidé en matière de liquidation, entre autres
par un décret du Conseil d'État du 26 janvier 1850 (Lan-
glois, L. p. 100), aux termes duquel d'ailleurs toutes les
décisions du ministre de la guerre portant liquidation des
créances des officiers comptables des subsistances militaires doivent être considérées comme définitives. Un
autre arrêt a fait l'application de la règle générale et a
décidé que si, dans une première décision, le ministre, ne
se bornant pas à statuer sur les fournitures déjà faites, a
déclaré que celles qui se feraient à l'avenir seraient réglées conformément à son interprétation des termes du
marché, le fournisseur qui n'a pas attaqué cette décision
en temps utile n'est pas recevable dans son recours

contre les décisions postérieures qui statuent dans le même sens à l'égard du surplus des fournitures. (24 mai 1859, Even, L. p. 381 ; *adde* 3 janvier 1873, Cael, L. p. 7.)

286. — Il en serait tout autrement si la première décision avait un caractère essentiellement provisoire et si le chiffre du débet n'avait été arrêté définitivement que par les décisions postérieures; le recours formé contre ces dernières décisions dans les délais serait parfaitement recevable.

C'est ce qui a été jugé dans une espèce où la première décision portait que, les pièces justificatives n'étant pas toutes parvenues, il était impossible de contrôler l'exactitude des chiffres. (30 janvier 1862, Teisseri, L. p. 86.)

287. — A l'inverse, lorsque deux décisions ont été rendues, l'une confirmant la première, le recours formé contre la décision confirmative dans les délais est recevable, même après trois mois, depuis la notification de la décision confirmée, si celle-ci n'était point une décision régulière ou contradictoire. (V. ci-dessus : 18 février 1864, Moutte ; 27 décembre 1865, Lamaury.)

288. — Une décision portant liquidation définitive ne peut plus être modifiée par le ministre, soit en faveur du fournisseur, soit en faveur de l'État, sauf stipulation contraire du contrat. Dans ce dernier cas, l'exécution doit être renfermée strictement dans ses termes ; hors de là, la règle de l'irrévocabilité reprend son empire.

Ainsi, d'après l'article 676 du règlement général du 1er septembre 1827 sur le service des subsistances militaires (règlement du 26 mai 1866, article 879. V. aux Annexes), les décisions du ministre peuvent être réformées dans le délai de trois mois, soit dans l'intérêt de l'État, soit dans l'intérêt du fournisseur pour cause d'erreurs matérielles, d'omission, faux ou double emploi, et, passé ce délai, les créances sont considérées comme irrévocablement admises tant pour l'administration que pour le fournisseur. Par application de cet article, le Conseil d'État a annulé des décisions ministérielles qui, revenant sur une liquidation faite depuis plus de trois mois, avaient pour but d'opérer une compensation qui aurait dû être faite dans cette liquidation et dont le ministre avait omis de tenir compte. (6 mai 1858, Dary, L. p. 349.)

289. — Lorsque le délai de trois mois depuis la notification est expiré, la décision ministérielle ne devient pas irrévocable seulement en ce sens que le ministre ne peut rien y changer, mais qu'elle ne peut plus être réformée par aucune juridiction.

290. — Le même effet résulterait de l'acquiescement ou de l'exécution volontaire. Ainsi le fournisseur qui a reçu sans réclamation ni réserve les sommes liquidées par la décision ministérielle ne peut plus former de recours contre cette décision. (7 mars 1834, Vanlerberghe et Ouvrard, L. p. 164.)

Un fournisseur de pain avait réclamé auprès de l'intendant militaire de la division contre le règlement de ses fournitures, qu'il prétendait établi sur d'autres bases que celles stipulées dans le marché. Sa réclamation avait été rejetée par une décision de l'intendant. Postérieurement à cette décision et à la notification qu'il en avait reçue, il avait continué à exécuter son marché dans les mêmes conditions et avait reçu le payement de toutes ses fournitures, décomptées d'après la base dont il n'avait pu obtenir le payement. Le Conseil d'État a décidé que, dans ces circonstances, le fournisseur devait être considéré comme ayant acquiescé au règlement qui avait été fait de ses fournitures, et qu'il n'était pas recevable à demander la révision d'après une base autre que celle adoptée par la décision de l'intendant, non-seulement des factures antérieures à cette décision, mais même des factures afférentes aux fournitures qui l'avaient suivie. Il a même été jusqu'à décider que le mode de règlement consacré par la décision de l'intendant était applicable à des marchés distincts que le fournisseur avait soumissionnés sans réserves après que ladite décision lui avait été notifiée. (13 juillet 1864, Josserand, L. p. 655.)

291. — Ainsi l'exécution sans réserve consentie par le fournisseur, notamment le payement reçu par lui dans ces conditions, le rend non recevable à attaquer la liquidation. Le fournisseur qui se croit fondé à critiquer cette liquidation doit donc bien avoir soin de réserver ses droits en recevant le payement. Il ne suffirait pas toutefois qu'il protestât d'une manière vague et générale; il devrait spécifier les motifs précis sur lesquels il entend fonder sa réclamation. Nous examinerons plus loin d'ailleurs quelles sont les causes qui peuvent faire annuler la liquidation. Il est à peine besoin d'ajouter que ces réserves doivent être présentées par écrit; elles pourraient être consignées sur la quittance au pied du mandat, et si le payeur, caissier du Trésor, se refusait à les accepter, on pourrait y suppléer en les formulant dans une lettre adressée au ministre compétent avant le payement; le fournisseur devrait, en pareil cas, retirer un accusé de réception qui lui servirait de preuve au besoin.

292. — De son côté, l'administration ne serait pas admise à revenir sur une liquidation régulièrement faite et qu'elle a elle-même exécutée. Ainsi, lorsque la somme due à un fournisseur a été liquidée et payée sur le vu de l'expédition d'un procès-verbal constatant la réception par les agents de l'État d'une fourniture faite, l'administration ne

peut se fonder ensuite sur une seconde expédition du
même procès-verbal qui lui est parvenue depuis, pour
revenir sur le payement et procéder à une seconde liquidation, si rien ne justifie d'ailleurs que les énonciations du
premier titre soient entachées d'erreur ou de fraude.
(27 août 1854, Lauriol, L. p. 808.) De même, le ministre
ne pourrait, après avoir réglé et payé l'indemnité due à un
fournisseur par suite de résiliation de son marché, revenir
sur sa décision, sous prétexte d'erreur dans l'interprétation du cahier des charges, et par une seconde décision
déclarer le fournisseur débiteur envers le Trésor de la
différence entre l'indemnité qu'il avait touchée et l'indemnité moindre à laquelle, suivant le ministre, il avait seulement droit. (3 décembre 1863, Villa, L. p. 793.) Dans le
même sens il a été jugé que, hors des cas prévus par l'article 541 du Code de procédure civile, c'est-à-dire, erreurs
matérielles, omission, faux ou double emplois, il ne
peut être procédé à la révision d'aucun compte définitif (4 août 1866, Dufils, L. p. 941); qu'après liquidation,
ordonnancement et payement sans réserve au fournisseur,
le ministre n'a pas le droit de faire reverser par celui-ci
au Trésor, à titre de restitution, une partie des sommes
qui lui avaient été payées. (2 mars 1870, Bonhomme, L.
p. 228; *adde*, sur ces questions, 14 février 1845, Bonnet,
L. p. 76; 28 février 1873, Cordier, L. p. 203.)

§ VII. — Révision des liquidations.

293. — La règle est, nous l'avons vu, l'irrévocabilité
des liquidations définitives. Toutefois, nous avons signalé
des décisions qui admettent des cas où ces liquidations peuvent être revisées : révision ouverte seulement pendant
trois mois dans le cas spécial prévu par le règlement sur

les subsistances militaires (arrêt Dary), révision implicitement réservée pour le cas où les procès-verbaux auraient été entachés d'erreur ou de fraude (arrêt Lauriol), ou résultant par *a contrario* d'un arrêt qui repousse comme cause de révision l'erreur de droit ou la fausse interprétation du contrat. En effet, les liquidations peuvent être revisées pour deux causes : 1° dol et fraude aux termes du droit commun ; 2° dans les cas énumérés par l'article 541 du Code de procédure civile. Les articles 2058 du Code civil et 541 du Code de procédure admettent la révision des comptes judiciairement arrêtés pour les seuls motifs d'erreurs de calcul, omissions, faux ou doubles emplois. Or, comme la liquidation des marchés de fournitures n'est autre chose qu'un compte à régler entre le fournisseur et l'administration, il faut en conclure que le principe du droit commun doit s'appliquer à notre matière. C'est ce qui a été décidé par de nombreux arrêts. Ainsi lorsque, postérieurement à la liquidation opérée par le ministre de la guerre, les pièces justificatives de la totalité de la fourniture ont été produites, il y a lieu de rétablir au crédit du fournisseur la somme rejetée par la liquidation. (7 avril 1835, Schœnngrune, L. p. 271.)

294. — Ainsi encore, un fournisseur peut, même après la délivrance de son quitus et la remise de son cautionnement, être contraint de rembourser à l'État le montant des fournitures admises en liquidation, mais que l'on découvre n'avoir pas été réellement faites, alors même que ce fournisseur n'a pas pris part personnellement à la fraude et qu'il a été trompé par son préposé. (8 juillet 1840, Moreau, L. p. 212.) De même, enfin, l'apurement des comptes d'un officier comptable n'empêcherait pas l'État d'exercer valablement contre lui l'action en répétition de sommes qui lui auraient été allouées lorsqu'il est

constaté par la production de pièces qui n'étaient régulières qu'en apparence, que ces sommes n'auraient pas été réellement dépensées par lui. (15 avril 1846, Duponchel, L. p. 257 ; *adde* 14 mai 1858, Andrieu, L. p. 361 ; 4 août 1866, Dufils, L. p. 941 ; 2 mars 1870, Bonhomme, L. p. 228.) Les parties cependant pourraient interdire d'avance le droit de revenir pour cette cause sur la liquidation.

295. — A cette première exception à l'irrévocabilité des liquidations définitives tirée de l'article 541, il faut en ajouter une autre, celle qui, aux termes du droit commun, serait fondée sur le dol et la fraude. Mais la faculté de révision étant l'exception, il est clair que celui qui la demande doit se fonder sur des griefs précis et rentrant expressément dans un des cas où la révision est légalement admissible. Aussi, dans une espèce qui lui a été soumise, le Conseil d'État a-t-il décidé que le compte était devenu définitif et qu'il n'y avait pas lieu à révision lorsque les réclamations du ministre à ce sujet n'avaient qu'un caractère vague et général sans la justification d'aucune erreur de calcul, d'aucun faux, sans l'articulation nette et précise d'aucun fait de dol ou de fraude imputable aux entrepreneurs et sans la preuve que les irrégularités de la liquidation présentassent un caractère frauduleux. (8 février 1866, Transp. gén. de la guerre, L. p. 84.)

296. — De même, enfin, lorsque la liquidation présente le caractère d'une sorte de transaction et que les parties ont accepté un chiffre qui, sans admettre ou rejeter aucune de leurs prétentions, les a toutes comprises en bloc dans une cote mal taillée, aucune réclamation même pour cause d'erreur matérielle ne peut être apportée ensuite contre cette liquidation. Les parties y ont tacitement renoncé d'avance. (8 août 1838, Roche, L. p. 487.)

CHAPITRE VI ·

§ I. — Marchés passés avec les départements.

297. — Nous n'aurons que peu de chose à dire des marchés de fournitures passés avec les départements; il suffit, en effet, de se référer à ce que nous avons exposé sur les marchés passés avec l'État; les principes sont les mêmes pour tout ce qui a trait à la formation, aux effets, à l'interprétation, à l'exécution et à l'inexécution de ces marchés, sauf l'exception que nous aurons à signaler pour la compétence; et, bien qu'aucune loi ne porte à cet égard une disposition expresse, on doit décider par analogie que les règles à suivre sont identiques entre les deux espèces de marchés. La jurisprudence s'est d'ailleurs prononcée sur cette assimilation en ce qui concerne la question des formes à suivre dans l'intérêt de la concurrence et de la publicité : par deux arrêts, l'un du 1er septembre 1841, rendu sur le pourvoi du département de Seine-et-Oise, l'autre du 21 février 1845, rendu dans la même affaire sur la tierce opposition du soumissionnaire, le Conseil d'État a décidé que le préfet du département et après lui le ministre de l'intérieur, en acceptant pour la construction d'ouvrages départementaux la soumission d'un entrepre-

neur sans avoir observé les dispositions des ordonnances du
4 décembre 1836 et du 9 août 1841 sur les formes à
suivre pour l'adjudication des travaux de l'État, avaient
commis un excès de pouvoir. Or, cette solution relative à des
marchés de travaux publics s'applique également par analogie aux marchés de fournitures : « Considérant, dit l'arrêt
de 1845, que les règles prescrites par notre ordonnance du
4 décembre 1836, concernant les marchés passés au nom de
l'État, sont également applicables aux marchés passés au
nom des départements ; que les travaux pour lesquels un
marché de gré à gré avait été passé avec le sieur Giraud ne
sont pas de la nature de ceux pour lesquels il peut être traité
de gré à gré aux termes de notredite ordonnance ; qu'ainsi
notre ministre de l'intérieur, en autorisant le préfet de
Seine-et-Oise à confier aux sieurs Giraud et autres, adjudicataires des travaux de la Cour d'assises, l'exécution de
ceux relatifs à la maison de justice, aux conditions résultant de la précédente adjudication, avait méconnu les dispositions de notredite ordonnance ; qu'il y avait lieu, dès
lors, d'annuler sa décision et de déclarer non avenus tant
l'arrêt du préfet approuvant, entre autres, la soumission
du sieur Giraud que ladite soumission. » (L. 1841, p. 479 ;
id. 1845, Giraud, p. 80.)

298. — Toutefois, si les règles concernant la passation
des marchés passés par l'État sont applicables aux marchés
passés par les départements, nous devons signaler une
différence ; nous avons vu en effet que, quand il s'agit
des premiers, l'inobservation des ordonnances ne donne
pas nécessairement droit à un recours ; on décide que
l'emploi des formalités est prescrit dans l'intérêt de l'État
dont le ministre est seul appréciateur, et les tiers n'ont pas
le droit de réclamer, attendu que ce n'est pas dans leur
intérêt que les formes ont été établies ; le recours pour

excès de pouvoir n'existe pas. Les arrêts qui viennent d'être cités ont admis, au contraire, le département à réclamer, parce qu'il a été lésé dans son intérêt par un marché passé sans que les conditions de concurrence et de publicité eussent été remplies.

299. — Un décret du 20 septembre 1791, titre II, règle d'ailleurs les conditions dans lesquelles doivent être passées les adjudications relatives aux marchés départementaux. C'est le préfet qui a mission d'y procéder. Il y agit comme représentant du département.

300. — La question de savoir quelle est l'autorité chargée de résoudre les difficultés relatives aux marchés passés entre les fournisseurs et les départements, sans que l'État soit intéressé dans le marché, a été et est encore très-discutée. Certains auteurs soumettent ces marchés à la compétence de l'autorité administrative (Serrigny, *Compét. adm.*, t. II, n° 805 ; Trolley, *Dr. adm.*, t. V, n° 2623), et appuient leur opinion sur d'anciens arrêts du Conseil d'État qui ont décidé que les contestations entre l'administration et les fournisseurs sur la validité et l'interprétation des clauses des marchés relatifs aux fournitures faites pour le compte des départements étaient de la compétence des conseils de préfecture. (24 octobre 1821, Chambaud, L. p. 589 ; *adde* 7 avril 1835, Schœnngrunn, L. p. 272.) D'autres auteurs pensent au contraire, et nous sommes de leur avis, que ces difficultés rentrent dans la compétence de l'autorité judiciaire (Dufour, t. VI, p. 332 ; Cabantous, *Rép.*, n° 548) : « La précision du texte qui consacre la compétence de l'autorité administrative (décret 11 juin 1806, art. 12) ne permet pas, dit M. Dufour, de l'appliquer aux marchés pour le service des départements considérés comme ayant des besoins, des intérêts, en un mot une existence distincte. Sous ce rapport, les limites de la

compétence administrative en matière de marchés de
fournitures se dessinent avec bien plus de netteté que
pour les marchés de travaux publics. On doit porter devant les tribunaux ordinaires toutes les contestations entre
les départements et les particuliers. » Nous pouvons confirmer cette doctrine par des arrêts récents et qui sont
relatifs à la nature des marchés passés pour l'équipement
de la garde nationale mobilisée d'un département. Le Conseil d'État et la Cour de cassation n'ont laissé la décision
des difficultés relatives à ces marchés à l'autorité administrative que parce qu'il s'agissait de marchés passés
pour le compte de l'État ; il est permis de penser que, si
ces traités n'avaient pas eu ce caractère, les deux hautes
juridictions en auraient réservé la connaissance aux tribunaux civils. (21 octobre 1871, Delhopital, L. p. 209 ;
22 avril 1872, Moreau, L. p. 245 ; 13 mars 1872, Veyret,
L. p. 162 ; Cassation, 10 novembre 1874, S. 75, 1, 56.)
La raison de la compétence des tribunaux civils pour les
marchés de fournitures départementaux vient de l'absence
de toute disposition qui, comme le fait le décret de 1806
pour les marchés de l'État, en attribue la connaissance à
la juridiction administrative. Le ministre ni le préfet ne
sont désignés pour statuer sur les contestations soulevées ;
ces marchés constituent donc des contrats régis par le
droit commun même·sous le rapport de la compétence.
Nous devons ajouter qu'il en est tout autrement en matière de travaux pour lesquels la règle de compétence est
commune aux travaux publics et aux travaux départementaux.

301. — On voit combien il y a intérêt à distinguer, au
point de vue de la compétence, les marchés de fournitures
pour l'État et ceux pour les départements. Les arrêts que
nous avons cités (*sup*. Delhopital et autres, n° 300) signa-

lent des cas où, bien qu'il y ait eu adjudication passée par le préfet, il ne s'agissait pas de marchés de fournitures pour le département, quand le préfet a procédé à cette adjudication sur l'ordre du ministre, dans l'intérêt et au nom de l'État.

302. — A plus forte raison faut-il décider ici que les contestations qui pourraient s'élever entre un fournisseur et ses sous-traitants pour l'interprétation d'un marché passé pour le compte d'un département sont également réglées par l'autorité judiciaire. (21 mai 1847, Hanotin, L. p. 323.)

§ II. — Marchés passés avec les communes et les établissements publics.

303. — Pour les marchés des départements, la forme est réglée par voie d'analogie ; on applique les ordonnances relatives aux marchés de l'État. Pour les communes et les établissements publics, il existe des dispositions expresses. L'ordonnance des 14 novembre, 12 décembre 1837, a réglé ce qui a trait aux marchés de fournitures passés par les communes ou les établissements de bienfaisance. (V. le texte aux Annexes.) Ce que nous avons dit des marchés passés avec l'État peut servir de commentaire à la plupart des dispositions de cette ordonnance. Signalons seulement : 1° le décret du 13 avril 1861 qui a attribué au préfet, en ce qui concerne les communes et les établissements de bienfaisance, l'approbation des marchés de gré à gré pour fournitures, réservée jusque-là au ministre de l'intérieur par l'ordonnance de 1837 ; 2° la loi du 7 août 1851 qui, relativement aux hospices, a donné aux commissions administratives de ces établissements la faculté de régler dans une certaine limite le mode et les conditions de leurs

marchés, et d'apprécier les cas où des circonstances spéciales leur feraient préférer le mode des marchés de gré à gré.

304. — Quant à la compétence en matière de marchés de fournitures passés par les communes et les établissements de bienfaisance, aucune disposition législative ne s'en est occupée ; il en résulte que c'est la compétence de droit commun qui doit être appliquée, et que les tribunaux civils sont appelés à résoudre les difficultés qui peuvent s'élever à la suite des marchés de fournitures passés entre les communes et des particuliers. La jurisprudence est complétement fixée aujourd'hui sur cette question, et reconnaît sans hésiter la compétence judiciaire en cette matière. (7 décembre 1869, commune de Maxey sur Vaise, L. p. 840 ; 19 décembre 1868, Clément, L. p. 1007.)

305. — La même règle de compétence s'applique aux marchés passés avec les fabriques d'église. C'est ainsi qu'il a été décidé que l'autorité administrative était incompétente pour connaître des contestations relatives à l'exécution d'un traité passé entre une fabrique et un particulier pour la réparation et le perfectionnement de la partie mécanique et instrumentale d'un orgue. (20 décembre 1860, préfet de la Seine, L. p. 793. — *Adde* 15 mars 1873, Reby, L. 72-73 ; suppl., p. 87.)

306.—Il en est de même enfin pour les marchés de fournitures passés par les monts-de-piété (16 août 1862, Wittersheim, L. p. 687) et par les hospices. (1er décembre 1853, hospices de Vannes, L. p. 985 ; 22 juin 1854, Ménier, L. p. 594.)

307. — Nous avons vu (nos 97 et s.) que souvent la différence qui sépare les marchés de fournitures et les marchés de travaux publics est difficile à saisir. Le Conseil d'État a eu souvent, en ce qui concerne les marchés

passés par les communes, à déterminer leur caractère au point de vue de la compétence et à décider si tel marché rentrait, aux termes de la loi de pluviôse an VIII, dans la compétence du conseil de préfecture comme marché de travaux publics, ou s'il devait être jugé par les tribunaux civils comme marché de fournitures, et nous avons vu que pour faire cette distinction le Conseil s'attachait à l'objet principal, au but direct du marché.

308. — C'est ainsi qu'il a reconnu le caractère de marchés de fournitures au traité par lequel un particulier s'est chargé de classer et de relier les archives d'une commune, de lui fournir divers registres et de remplacer les numéros manquants à sa collection du *Bulletin des Lois* et du *Recueil des actes administratifs* (10 janvier 1861, commune de Plagne, L. p. 21); au marché ayant pour objet la réparation et le perfectionnement de la partie mécanique et instrumentale de l'orgue d'une église (20 décembre 1860, préfet de la Seine, L. p. 792); au marché passé par une commune pour la fourniture d'une pompe à incendie (8 juin 1850, commune d'Étais, L. p. 547; 28 février 1859, Delpy, L. p. 160); à la fourniture de lisses en pierre taillée fournies à une commune pour l'établissement de trottoirs, sans que la commune ait chargé l'entrepreneur d'aucun travail pour la mise en place des lisses (12 décembre 1868, Clément, L. p. 1007); à la fourniture d'une horloge à une commune. (3 janvier 1873, ville de Champagnole, L. p. 13.) Peu importe qu'accessoirement au marché de fournitures, le fournisseur se soit chargé d'exécuter quelques travaux de pose ou de réparation. Le peu d'importance de ces travaux les rend sans influence sur le caractère du marché, qui n'en reste pas moins un marché de fournitures.

309. — Ont été au contraire considérés comme mar-

chés de travaux publics, le traité qui a pour objet les travaux de fourniture et d'installation d'une cloche dans une église (9 janvier 1867, Deneausse, L. p. 27; 26 décembre 1867, Goussel, L. p. 964; 13 juin 1860, Rigny la Salle, L. p. 463); le marché passé entre une fabrique et des tailleurs de pierre pour la fourniture de pierres de taille ébauchées conformément aux plans, profils et panneaux fournis par l'architecte. (29 décembre 1859, Simon, L. p. 794.)

310. — Enfin, une jurisprudence constante attribue à la compétence des conseils de préfecture, comme marchés de travaux publics, les contestations survenues à l'occasion de traités pour l'éclairage au gaz dans une commune; elle est fondée sur ce que ces sortes de marchés autorisent l'entrepreneur à établir des tuyaux sous la voie publique et lui imposent l'obligation de réparer les dommages qui pourraient résulter pour la commune de la pose ou de l'enlèvement de ces tuyaux. (21 juin 1855, Rive-de-Gier, L. p. 455; 27 mars 1856, Grenoble, L. p. 233; 18 février 1858, Aix, L. p. 153; 20 mars 1862, Cie Grenobloise, L. p. 242, 10 mars 1869, Saint-Pierre-lez-Calais, L. p. 225; 8 janvier 1875, ville de la Basse-Terre, L. p. 6.) Il a semblé cependant à certains auteurs qu'en cette matière il y aurait une distinction à faire; sans doute les travaux de canalisation et d'installation qu'exige une entreprise semblable à l'établissement d'une usine à gaz ont une importance telle qu'on ne peut y voir de simples marchés de fournitures. Mais lorsque les travaux d'établissement sont exécutés, le marché perd son caractère primitif. Les travaux à faire, lorsque la canalisation est terminée, sont relativement peu considérables et ne deviennent plus que l'accessoire de l'obligation relative à la fourniture du gaz destiné à l'éclairage. Il y aurait donc lieu dans ce cas

d'appliquer la compétence judiciaire. C'est ce qu'exprime en ces termes M. Serrigny (t. Iᵉʳ, p. 628, nº 613 de la 1ʳᵉ édition, et t. II, p. 308, nº 806 de la 2ᵉ édition) : « C'est là un marché de fournitures plutôt qu'un marché de travaux publics, et il n'existe pas de loi qui ait attribué au conseil de préfecture la connaissance de pareilles conventions. Mais il en serait autrement si une ville avait traité avec un entrepreneur pour faire construire un gazomètre avec des corps souterrains et tous les ouvrages propres à l'éclairage au gaz. De pareils travaux nous sembleraient renfermer un caractère d'utilité communale qui placerait les parties sous la juridiction du conseil de préfecture. »

311. — Rappelons en terminant une jurisprudence que nous avons déjà citée au sujet des marchés de fournitures passés avec l'État. Le Conseil d'État, revenant sur de précédents arrêts, a décidé que l'adjudicataire de la fourniture de matériaux destinés à des travaux publics pouvait, comme l'entrepreneur de travaux, être autorisé par l'administration à extraire des matériaux dans une propriété particulière sans le consentement du propriétaire. (9 mai 1867, Stackler, L. p. 477.) Cette décision est applicable aux fournisseurs de matériaux pour les communes.

CHAPITRE VII

312. — Jusqu'à présent nous avons parlé des marchés de fournitures qui résultent d'un consentement librement échangé entre l'administration et le fournisseur. Nous devons ajouter quelques observations sur le cas où les particuliers peuvent être contraints au nom de la loi ou des droits de la guerre à faire les mêmes fournitures qui, dans les temps réguliers, sont l'objet d'engagements purement volontaires, nous voulons parler des réquisitions aites en cas de guerre, soit par l'administration française, soit par l'ennemi. Les événements de 1870-1871 ont ravivé l'importance de ces questions, qui n'avaient pas été soulevées depuis les invasions de 1814 et 1815; nous souhaitons qu'elles n'aient désormais d'autre intérêt que celui d'un fait historique.

313. — La réquisition est une mesure exceptionnelle à laquelle l'administration a recours dans les circonstances où les besoins de salut général la forcent à assurer les services publics sans procéder aux formes ordinaires des adjudications, et où elle doit satisfaire à l'urgence des besoins en demandant immédiatement par cette voie les fournitures qui lui sont nécessaires. C'est aussi par le même procédé que les départements, les communes ou les particuliers sont obligés de pourvoir aux exigences de l'armée ennemie.

314. — Les fournitures ainsi obtenues donnent-elles droit au payement du prix de la valeur en faveur de ceux qui les ont faites? Il faut distinguer entre celles de ces réquisitions qui ne peuvent être considérées que comme le résultat des nécessités imprévues de la guerre et celles qui, au contraire, ont été régulièrement ordonnées par l'État. Dans la première catégorie, il faut ranger en premier lieu toutes les réquisitions imposées par l'ennemi aux habitants du territoire envahi; il y faut comprendre même celles qui ont eu lieu au nom de l'autorité française, mais pour les besoins immédiats de la lutte. Les particuliers qui ont subi ces réquisitions n'ont pas de droit absolu à faire valoir contre l'État; ils peuvent seulement s'adresser à lui pour lui demander un dédommagement qu'il n'est tenu de leur accorder que dans la mesure de ses ressources. C'est pour apporter autant que possible une réparation à ces dommages de la guerre que la loi du 6 septembre 1871 a décidé qu'un dédommagement serait accordé à tous ceux qui auraient subi pendant l'invasion des réquisitions, soit en argent, soit en nature, et a institué des commissions chargées de constater les dommages et de répartir aux intéressés les sommes mises par l'État à leur disposition. Mais ceux qui ont ainsi souffert des suites de la guerre ne sont pas créanciers de l'État et ne peuvent obtenir par la voie contentieuse la réparation de leurs pertes. Ainsi, un propriétaire réclamait une indemnité pour la perte de sacs de laine requis par l'autorité militaire le jour de la bataille de Saint-Quentin et employés à la construction d'une barricade dans un des faubourgs de la ville; le Conseil d'État a décidé : « Que cette mesure de défense a été prise par l'autorité militaire en

vue des nécessités immédiates de la lutte, et qu'elle constitue un fait de guerre qui ne peut ouvrir, au profit du sieur Faglin, un droit à indemnité par la voie contentieuse, sauf à lui à se pourvoir à l'effet d'être compris, s'il y a lieu, dans la répartition des sommes qui ont été ou qui pourront être allouées sur les fonds du Trésor pour la réparation des dommages causés par la guerre. » (8 août 1873, Faglin, L. p. 760. — *Adde*, par analogie, 27 juin 1873, Hervaux, L. p. 599 ; 19 mai 1864, Héraclidis, L. p. 453.)

315. — Mais s'il s'agit de réquisitions régulièrement faites par l'autorité française, elles ouvrent au profit de ceux qui les ont subies un droit de créance contre le Trésor public, dont la vérification et la liquidation ont été réglées par des lois successives, notamment celles du 28 avril 1816 et du 25 juin 1871. Le Conseil d'État n'a jamais hésité en pareille circonstance à reconnaître la dette de l'État : « Considérant qu'il est établi par les bons de réquisition ci-dessus visés que le sieur Jaffeux a fourni à l'État, en septembre 1870 et janvier 1871, d'une part, quatre tombereaux, et, d'autre part, plusieurs outils et brouettes, lesquels ne lui ont pas été rendus par l'autorité militaire qui les avait requis pour les besoins de la défense ; que le requérant a droit au prix de ces fournitures, et qu'il y a lieu de fixer le montant dudit prix à la somme de mille francs... » (13 mars 1874, Jaffeux, L. p. 258.)

316. — Devant quelle autorité devront être portées les contestations soulevées à l'occasion du payement de ces réquisitions ? En ce qui concerne les réquisitions faites au nom de l'État, c'est, en principe, à l'autorité administrative, à l'exclusion de l'autorité judiciaire, qu'il appartient de prononcer sur le sens et la portée de ces engagements, comme en matière de marchés de fournitures. C'est ce qui a été reconnu d'une façon formelle par un jugement

du tribunal des conflits dans les termes suivants : « Considérant... 1° qu'il n'est pas permis aux tribunaux civils de s'immiscer dans les attributions de l'autorité administrative; 2° que cette autorité a été investie d'une compétence spéciale pour le jugement et la liquidation tant des achats et marchés de fournitures contractés pour les besoins des divers services publics qui lui sont confiés que des réquisitions que, dans des circonstances impérieuses, à défaut d'achats de gré à gré et de marchés de fournitures, elle est autorisée à faire pour assurer l'accomplissement de sa mission... » (21 décembre 1872, Vally, L. 1872, 1er suppl., p. 9.) « Cette compétence, a dit dans cette affaire M. le commissaire du gouvernement Perret, a été reconnue à toutes les époques où le droit de réquisition a dû être exercé. Ainsi les dispositions de lois, notamment les lois des 26-29 avril 1792, du 3 vendémiaire an V, du 14 messidor an VII et du 28 avril 1816, faisant application du principe général, ont attribué expressément à l'autorité administrative le règlement des indemnités dues à raison des réquisitions faites pendant la première Révolution et pendant les guerres du premier Empire. Il en a été de même pour les réquisitions faites pendant la dernière guerre en vertu des décrets du gouvernement de la Défense nationale. La plupart de ces décrets se bornent à indiquer les bases d'après lesquelles les indemnités dues devront être réglées, et chargent le ministre ou une autre autorité administrative de l'exécution de ce décret. (Voir les décrets des 29 septembre, 7 octobre, 12 octobre, 21 novembre, 25 novembre, 29 novembre et 10 décembre 1870.) La loi du 15 juin 1871 dérive également du même principe.

317. — Nous devons signaler toutefois une classe de réquisitions qui ne s'applique pas, il est vrai, à des four-

nitures et pour laquelle la loi a expressément réservé la compétence judiciaire; il s'agit des réquisitions temporaires d'ateliers inoccupés et employés d'office à la fabrication ou à la transformation des armes. L'article 4 du décret du 12 novembre 1870 porte : « Toute difficulté relative, soit à la prise de possession de l'atelier requis, soit à son occupation temporaire, soit à sa restitution entre les mains du propriétaire, sera jugée par le tribunal civil. » Mais c'est là une exception qui doit être restreinte à la seule catégorie de réquisitions pour laquelle elle a été édictée. (V. pour l'application de ce décret : Tribun. des confl., 11 janvier 1873, Péju, L. 1er suppl., p. 20; id., 5 avril 1873, Vettard, L. 1er suppl., p. 101.)

318. — Que décider, au point de vue de la compétence, pour les réquisitions faites au nom et pour le compte des communes? « Aucun texte de loi, disait M. le commissaire du gouvernement David, n'attribue à l'autorité administrative la connaissance des difficultés qui peuvent s'élever entre les particuliers et les communes au sujet de ces réquisitions et marchés; on doit en conclure que c'est à l'autorité judiciaire qu'il appartient, en principe, de prononcer sur l'existence et la portée des engagements qui peuvent résulter pour les communes des actes dont il s'agit. » Le Conseil d'État, statuant conformément à ces conclusions, a décidé qu'il appartenait à l'autorité judiciaire de connaître de l'action en payement dirigée contre une commune par un particulier dont les fourrages avaient été livrés à l'armée allemande en vertu de réquisitions émanées de l'autorité municipale de la ville de Beauvais, agissant non dans un intérêt de défense nationale et pour le compte de l'État, mais au nom de la commune et pour soustraire ses habitants à quelques-uns des accidents de guerre auxquels ils se trouvaient exposés.

(11 mai 1872, Butin, L. p. 264.) La Cour de cassation s'est prononcée dans le même sens sur cette question. (Req., 14 mai 1873, S. 73, 1, 311 ; 20 avril 1874, S. 74, 1, 293 ; Civ., 25 mars 1874, S. 74, 1, 265, et 76, 1, 73.)

319. — A la suite des événements de 1815, des Commissions avaient été instituées pour la vérification et la liquidation des réquisitions qui avaient été faites pendant l'invasion, par la loi de finances du 28 avril 1816, dont l'article 6 est ainsi conçu : « Dans les départements où il a été fait, pendant l'occupation militaire de 1815, des réquisitions de guerre, soit en argent, soit en denrées, soit en marchandises, autres que celles énoncées en l'article 11 (sommes avancées par les départements pour l'habillement et l'équipement des troupes étrangères), ou passé des marchés pour la fourniture de ces denrées ou marchandises, il sera formé une Commission semblable à celle mentionnée en l'article précédent. Toutes les réclamations, accompagnées de pièces justificatives et de l'avis du sous-préfet, devront être transmises à cette Commission... Elle vérifiera et arrêtera tous les comptes et marchés, et proposera, pour la régularisation, la répartition et le mode d'acquittement, des mesures qui, pour leur exécution, devront être autorisées par une ordonnance du Roi. » Le recours contre les décisions de ces Commissions était porté au Conseil d'État par la voie contentieuse, ou même, comme l'ont admis à tort certaines décisions, devant le Conseil de préfecture.

320. — Après les événements de la dernière guerre, la loi du 15 juin 1871 a limité le délai dans lequel les demandes relatives aux réquisitions de nature à donner lieu à une action contre l'État devaient être formées, et a organisé la procédure relative à ces réclamations. L'article 1er de cette loi s'exprime ainsi : « Les porteurs de bons de

12.

réquisition délivrés depuis le commencement de la guerre par les autorités françaises, civiles ou militaires, sont tenus, à peine de déchéance de tous droits et actions contre le Trésor, de *déposer dans un délai de deux mois*, à la préfecture du département ou à la sous-préfecture de l'arrondissement dans lesquels les réquisitions ont été exercées, lesdits bons avec un état indicatif des sommes par eux réclamées et les pièces justificatives, si déjà la remise n'en a été faite aux autorités compétentes. »

« Tous ceux qui se croiraient fondés à réclamer des indemnités, à raison des prestations ou des objets de toute nature qu'ils auraient été contraints de fournir ou de livrer aux troupes françaises sans avoir reçu de réquisitions régulières, sont également tenus, à peine de déchéance, de faire, aux lieux et dans le délai ci-dessus indiqués, le dépôt d'un état indicatif des sommes auxquelles ils prétendent avoir droit, avec les pièces justificatives en leur possession. »

« Il sera donné un récépissé aux déposants. »

L'article 3 de la même loi indique que, dans les trois mois qui suivront l'expiration du délai accordé pour le dépôt des bons et autres titres de réquisition, il sera statué par les administrations compétentes sur toutes les réclamations formées par les déposants. Malheureusement cette disposition de la loi n'a pas de sanction, et l'amendement aux termes duquel les parties auraient pu, s'il n'était pas intervenu de décision dans les trois mois, considérer leurs réclamations comme rejetées, et exercer alors leurs recours devant le Conseil d'État, n'a pas été admis. Quoi qu'il en soit, on peut considérer comme complétement épuisées aujourd'hui les réclamations qui ont motivé cette loi, et il est permis d'espérer qu'aucun événement n'en fera jamais revivre les dispositions.

321. — Nous devons terminer ce chapitre en rappelant que souvent des particuliers, habitants d'une commune, ont été contraints à faire des fournitures à l'ennemi. Ont-ils un recours contre la commune? La question a été plusieurs fois portée devant les tribunaux, et a été résolue dans le sens de l'affirmative par la Cour de cassation. La raison de cette jurisprudence se trouve dans cette règle de droit et d'équité en vertu de laquelle les réquisitions adressées à une commune, comme conséquences de l'invasion étrangère, doivent être supportées par l'universalité des habitants. Un arrêt du 23 février 1875 l'a rappelée dans les termes suivants : « Attendu qu'en temps de guerre l'armée envahissante a le droit de s'approvisionner sur le pays occupé, au moyen de réquisitions de denrées ou autres objets nécessaires à l'entretien des troupes; — que ces réquisitions considérées, soit dans le droit en vertu duquel elles l'exercent, soit dans leur application à certains objets déterminés, sont réputées exercées dans l'intérêt et pour le compte de la généralité des habitants des communes occupées, de telle sorte que les particuliers qu'elles frappent doivent avoir leur recours contre lesdites communes... » (Req., S. 1875, 1, 267.) Il en résulte que ce recours n'est pas subordonné à la circonstance que les réquisitions ont eu lieu sans participation de l'autorité municipale. (*Adde* Civ., 25 mars 1874, S. 74, 1, 265; Req., 20 avril 1874, S. 74, 1, 293; Req., 5 juillet 1875, S. 75, 1, 362.) Dans le même ordre d'idées, il a été décidé qu'on ne pouvait considérer comme un contrat vicié par la violence et nul, faute de consentement, l'acte par lequel un maire, pour obéir aux injonctions de l'ennemi, a requis un maître d'hôtel garni de fournir, pour le compte d'un habitant de la commune, le logement et la nourriture à un certain nombre de soldats; cet acte a été considéré

comme un mandat régulier qui autorisait le maître d'hôtel
à répéter contre la commune les dépenses ainsi effectuées.
(Cass. Civ., 2 juin 1874, S. 74, 1, 293. Voir aussi Civ.
12 avril 1875, S. 75, 1, 267.)

322. — On ne doit pas voir dans ces décisions une
contradiction avec le principe que les faits de guerre ne
peuvent donner lieu à aucune action en indemnité contre
les communes, les départements ou l'État. L'irresponsa-
bilité de la commune au cas où il s'agit de dommages
causés par l'ennemi ou même par les troupes de la défense tient à ce que ces dommages sont le résultat de
faits de force majeure dont seuls sont responsables ceux
qui y sont soumis, et qui ne peuvent atteindre la commune. Mais lorsqu'il s'agit de réquisitions imposées à un
habitant, l'obligation de la commune d'indemniser ce dernier est considérée comme provenant d'un mandat, ou
tout au moins d'un quasi-contrat de gestion d'affaires
s'établissant entre la commune et l'habitant qui a acquitté
à lui seul la charge collective.

ANNEXES

ORDONNANCE DES 14 NOVEMBRE, 12 DÉCEMBRE 1837.

Art. 1er. Toutes les entreprises pour travaux et fournitures au nom des communes et des établissements de bienfaisance seront données avec concurrence et publicité, sauf les exceptions ci-après.

Art. 2. Il pourra être traité de gré à gré, sauf approbation par le préfet, pour les travaux et fournitures dont la valeur n'excédera pas 3,000 francs. Il pourra également être traité de gré à gré, à quelque somme que s'élèvent les travaux et fournitures, mais avec l'approbation du ministre de l'intérieur : 1° pour les objets dont la fabrication est exclusivement attribuée à des porteurs de brevets d'invention ou d'importation ; 2° pour les objets qui n'auraient qu'un possesseur unique ; 3° pour les ouvrages et les objets d'art et de précision dont l'exécution ne peut être confiée qu'à des artistes éprouvés ; 4° pour les exportations, fabrications et fournitures qui ne seraient faites qu'à titre d'essai ; 5° pour les matières et denrées qui, à raison de leur nature particulière et de la spécialité de l'emploi auquel elles sont destinées, doivent être achetées et choisies aux lieux de production ou livrées sans intermédiaire par les producteurs eux-mêmes ; 6° pour les fournitures ou travaux qui n'auraient été l'objet d'aucune offre aux adjudications, et à l'égard desquels il n'aurait été proposé que des prix inacceptables ; toutefois, l'administration ne devra pas dépasser le maximum arrêté conformément à l'article 7 ; 7° pour les fournitures et travaux qui, dans le cas d'urgence absolue et dûment constatée, amenés par des circonstances imprévues, ne pourraient pas subir les délais des adjudications.

Art. 3. Les adjudications publiques relatives à des four-

nitures, à des travaux, à des exploitations ou fabrications qui
ne pourraient être sans inconvénient livrés à une concurrence
illimitée, pourront être soumises à des restrictions qui n'admet-
tront à concourir que des personnes préalablement reconnues
capables par l'administration et produisant les titres justificatifs exigés par les cahiers des charges.

Art. 4. Les cahiers des charges détermineront la nature
et l'importance des garanties que les fournisseurs ou entrepreneurs auront à produire, soit pour être admis aux adjudications, soit pour répondre à l'exécution de leurs engagements ; ils détermineront aussi l'action que l'administration
exercera sur ces garanties, en cas d'inexécution de ces engagements. Il sera toujours et nécessairement stipulé que tous
les ouvrages exécutés par les entrepreneurs en dehors des
autorisations régulières demeureront à la charge personnelle
de ces derniers, sans répétition contre les communes ou les
établissements.

Art. 5. Les cautionnements à fournir par les adjudicataires sont réalisés à la diligence des receveurs des communes
et des établissements de bienfaisance.

Art. 6. L'avis des adjudications à passer sera publié,
sauf le cas d'urgence, un mois à l'avance, par la voie des
affiches et par tous les moyens ordinaires de publicité. Cet
avis fera connaître : 1° le lieu où l'on pourra prendre connaissance du cahier des charges; 2° les autorités chargées de procéder à l'adjudication ; 3° le lieu, le jour et l'heure fixés pour
l'adjudication.

Art. 7. Les commissions devront toujours être remises
cachetées en séance publique. Un maximum de prix ou un
minimum de rabais arrêté d'avance par l'autorité qui procède
à l'adjudication devra être déposé cacheté sur le bureau à
l'ouverture de la séance.

Art. 8. Dans le cas où plusieurs soumissionnaires auraient offert le même prix, il sera procédé séance tenante à
une adjudication entre ces soumissionnaires seulement, soit
sur de nouvelles soumissions, soit à extinction des feux.

Art. 9. Les résultats de chaque adjudication seront constatés par un procès-verbal relatant toutes les circonstances
de l'opération.

Art. 10. Les adjudications seront toujours subordonnées
à l'approbation du préfet, et ne seront valables et définitives à

l'égard des communes et des établissements qu'après cette approbation.

Nous croyons devoir reproduire, en raison de leur importance pour les fournisseurs du ministère de la guerre, celles des dispositions du règlement du 26 mai 1866 sur les subsistances militaires qui ont plus directement trait aux marchés de fournitures.

EXTRAITS DU RÈGLEMENT

SUR LE SERVICE DES SUBSISTANCES MILITAIRES ET DU CHAUFFAGE.

PREMIÈRE PARTIE

SERVICE A L'INTÉRIEUR

TITRE PREMIER

DISPOSITIONS GÉNÉRALES

Objet du service:

1. — Le service des subsistances militaires est chargé de procurer toutes les prestations en nature servant à la nourriture des hommes et des chevaux de l'armée. Il pourvoit, en outre, aux fournitures de combustibles.

Division du service.

2. — Il embrasse :
1° Les vivres comprenant : les vivres pain, les vivres de campagne et les liquides, les vivres viande ;
2° Les fourrages ;
3° Le chauffage et l'éclairage ;
4° Les approvisionnements de siége.

Direction générale du service.

3. — La direction générale du service des subsistances appartient au ministre de la guerre.

Les intendants militaires exercent dans l'étendue de leurs circonscriptions des pouvoirs généraux ou spéciaux qui leur sont délégués par le ministre.

Cas d'urgence.

4. — Dans les cas d'urgence, les intendants et les sous-intendants militaires prennent l'initiative des mesures que les circonstances exigent, en se conformant aux dispositions du présent règlement.

Par qui le service est exécuté.

5. — Le service est exécuté, soit par des officiers d'administration, gérant de clerc à maître, soit par des entrepreneurs à la ration. — Le ministre détermine, d'après les circonstances, celui des deux modes qui doit être employé.

Action de l'intendance militaire.

6. — Les fonctionnaires de l'intendance exercent dans leur arrondissement la direction et le contrôle du service; les officiers d'administration et les entrepreneurs à la ration sont placés sous leur autorité et leur surveillance.

Responsabilité des agents d'exécution.

7. — L'autorité exercée par les fonctionnaires de l'intendance militaire n'atténue en rien la responsabilité que les règlements imposent aux agents d'exécution.

Magasins d'arrondissement.

9. — Le ministre détermine les places dans lesquelles sont entretenus des approvisionnements, tant pour le service courant qu'à titre de réserve ou pour des besoins extraordinaires.

Il est établi dans ces places, pour l'exécution des différents services, des magasins qui sont gérés, soit par des officiers d'administration, soit par des entrepreneurs.

Des annexes, gîtes d'étape et cantonnement, peuvent être rattachés à un magasin, qui devient alors chef-lieu d'arrondissement de service.

Les gîtes d'étape et cantonnement qui ne dépendent d'aucun magasin sont formés en arrondissements distincts de fournitures à l'entreprise.

Plaintes. A qui soumises.

10. — Les plaintes sur l'exécution du service doivent être

adressées aux sous-intendants militaires ; ils y font droit, si elles sont fondées, suivant les formes indiquées au présent règlement.

Suppléants légaux des sous-intendants militaires.

11. — Les sous-intendants sont suppléés, en ce qui concerne le service des subsistances militaires, conformément à ce qui est prescrit par l article 18 de l'ordonnance du 18 septembre 1822 et par la décision ministérielle du 12 février 1827.

Les suppléants exercent, en se conformant aux instructions qu'ils reçoivent des sous-intendants militaires, une surveillance générale sur tout ce qui intéresse la bonre exécution du service ; ils peuvent être chargés de procéder à des épreuves de manutention, à des vérifications et recensements de denrées ou de matériel; ils constatent, au besoin, par des procès-verbaux, les résultats des opérations, mais ils ne vérifient, ni n'arrêtent aucun compte.

Les procès-verbaux des suppléants sont homologués par les fonctionnaires de l'intendance.

Cas d'absence des suppléants légaux.

12. — Lorsqu'une portion de troupe est détachée sur un point où il n'existe aucun des suppléants indiqués par l'ordonnance citée dans l'article précédent, l'officier général ou autre, commandant cette portion de troupe, désigne un officier, lequel remplit les fonctions de sous-intendant militaire, en ce qui concerne le service des subsistances, et en se conformant aux dispositions du présent règlement.

Cet officier rend compte de ses opérations au sous-intendant militaire de l'arrondissement.

TITRE II

DU PERSONNEL

. . . .

TITRE III

DES BATIMENTS ET LOCAUX

. . . .

SECTION II

BATIMENTS ET LOCAUX REMIS A DES SERVICES EN ENTREPRISE

Locaux nécessaires au service.

88. — L'entrepreneur se procure, à ses frais, les locaux nécessaires à l'exploitation du service. Toutefois, lors de la passation du marché, il peut être mis en possession des locaux et terrains appartenant à l'État ou loués pour le compte de l'administration, aux diverses conditions stipulées au cahier des charges.

Aucune concession gratuite de locaux ne peut être faite en augmentation de ceux dont l'entrepreneur est appelé à jouir d'après les clauses de son marché.

Jouissance gratuite des locaux de l'État.

89. — L'entrepreneur jouit gratuitement des locaux appartenant à l'État.

Loyers à la charge de l'entrepreneur.

90. — A moins de stipulation contraire dans le cahier des charges, et sauf l'exception prévue par l'article 88, il supporte les loyers des locaux qui sont tenus ou qu'il prend à location, ainsi que toutes les charges quelconques des baux pendant toute la durée du traité.

Réparations locatives et dépenses d'entretien. Dégradations.

91. — Les réparations locatives et les dépenses d'entretien sont à la charge de l'entrepreneur.

Restent au compte de l'administration les dégradations provenant de la vétusté ou des vices de construction régulièrement constatés.

Les travaux sont effectués exclusivement par le service du génie dans les bâtiments qui appartiennent à l'État.

Remplacement de bâtiments destinés à l'entrepreneur.

92. — Si les bâtiments de l'État mis à la disposition de l'entrepreneur sont, en totalité ou en partie, retirés pendant le cours du marché, l'administration est tenue, à moins de stipulation contraire, de les remplacer par d'autres locaux ou de supporter le loyer de ceux pris en remplacement.

Si des bâtiments sont retirés à l'entrepreneur, l'État lui fournit un local de même contenance ou seulement d'une capacité suffisante, soit pour l'exécution du service, soit pour recevoir le maximum ou le complément du maximum des approvisionnements que l'entrepreneur est obligé d'entretenir.

Les frais d'évaluation des magasins retirés sont à la charge de l'administration jusqu'à concurrence des quantités représentant l'approvisionnement de réserve ou la partie de cet approvisionnement qui ne peut trouver place dans les locaux laissés à l'entrepreneur.

Dans le cas prévu plus haut, l'entrepreneur passe des baux de location sans l'approbation du fonctionnaire de l'intendance ; il acquitte le montant des loyers et devient, pour cette dépense, créancier direct de l'État.

Ces baux ne peuvent être résiliés sans l'autorisation du sous-intendant. Mention de cette réserve est insérée dans les baux.

Remise et reprise des locaux. Procès-verbaux à établir.

93. — La remise et la reprise des bâtiments de l'État ont lieu sur des procès-verbaux que dresse le sous-intendant militaire avec le concours du commandant du génie ou de son suppléant, et, à défaut, d'un architecte ou ingénieur civil, et en présence de l'entrepreneur entrant en exercice, et, s'il y a lieu, de l'entrepreneur sortant.

Les procès-verbaux constatent :

1° L'état des bâtiments, fours, hangars, emplacement, etc., la distance qui les sépare des quartiers, les réparations qui doivent y être faites à la charge du propriétaire, quel qu'il soit, ou à la charge de l'entrepreneur sortant, et le montant approximatif de · dépenses respectives ;

2° La nécessité ou la non-nécessité que les grosses réparations à faire soient effectuées, pour que l'état des locaux ne nuise pas à l'exploitation du service, pendant un temps plus ou moins long ;

3° La valeur estimative des bâtiments appartenant à l'État, avec la mention spéciale que l'entrepreneur accepte cette évaluation, et qu'il se rend responsable vis-à-vis du département de la guerre, au même titre, et d'après les mêmes principes que ceux qui règlent, aux termes du Code civil, les devoirs et la responsabilité du locataire envers le propriétaire.

Destination donnée aux procès-verbaux de remise et de reprise de locaux.

94. — Les procès-verbaux de remise et de reprise sont dressés en deux originaux, lesquels restent déposés, l'un dans les bureaux du sous-intendant, l'autre dans ceux du génie. Le sous-intendant militaire délivre les ampliations nécessaires.

Jouissance gratuite en faveur de l'administration.

95. — Dans les locaux appartenant à l'entrepreneur, ou pris en location par lui, l'administration possède le droit de jouissance gratuite des magasins après l'expiration de l'entreprise, pendant une période correspondant à la durée des approvisionnements que doit laisser l'entrepreneur, aux termes de son marché.

Assurances aux frais de l'entrepreneur.

96. — L'entrepreneur est tenu de faire assurer, à ses frais, contre l'incendie, dans le délai fixé par le cahier des charges, les locaux qui lui sont livrés par l'administration. Il fait agréer préalablement par l'intendant militaire la Compagnie avec laquelle il se propose de traiter; la police d'assurance doit porter que la Compagnie renonce au bénéfice des articles 1733 et 1734 du Code civil.

L'assurance dont il ne serait pas justifié dans le délai voulu est prise d'office par le sous-intendant; les frais en sont imputés à l'entrepreneur.

Le sous-intendant reste dépositaire de la police d'assurance et se fait remettre en temps utile la justification du payement des primes.

Dans le cas prévu à l'article 92, l'administration tient compte à l'entrepreneur de la partie de la prime d'assurance que celui-ci a payée pour les bâtiments qui lui ont été retirés. L'entrepreneur supporte les frais d'assurance de ceux qui lui sont remis en remplacement.

Droit de police et de surveillance dans les bureaux.

97. — Les fonctionnaires de l'intendance ont toujours le droit de police et de surveillance dans les bâtiments et locaux utilisés par l'entrepreneur pour l'exploitation du service, quel qu'en soit le propriétaire.

CHAPITRE IV

TRAVAUX DANS LES BATIMENTS ET LOCAUX

. . . .

Appareils pour l'éclairage au gaz. Imputation et payement de la dépense.

108. — Les fournitures et la pose des conduits pour l'éclairage au gaz sont opérées par les soins et à la charge du service du génie; quant à la fourniture et à la pose des appareils tels qu'appliques, becs, compteurs, etc., ainsi qu'à la fourniture du gaz, tant pour l'éclairage intérieur que pour l'éclairage extérieur, elles incombent, soit au service des subsistances, soit aux occupants, suivant ce qui est déterminé par des décisions ministérielles particulières.

. . . .

TITRE IV

DE L'EXÉCUTION GÉNÉRALE DU SERVICE

CHAPITRE PREMIER

DES MOYENS D'APPROVISIONNEMENT

Différents modes d'approvisionnement.

112. — L'Administration pourvoit aux besoins du service des subsistances militaires, soit par des achats de denrées et matières qu'elle fait manutentionner et distribuer, soit par des marchés de fournitures à la ration.

Des approvisionnements peuvent en outre être procurés par des cessions et prêts d'autres services, et, dans des circonstances extraordinaires, par voie d'appel.

Divers modes d'achats.

113. — Les achats sont effectués, soit par des marchés, soit à commission, soit par des transactions verbales dites achats sur facture.

SECTION I

DES ACHATS PAR MARCHÉS

§ Ier. — Dispositions communes à tous les marchés.

Marchés passés par adjudication publique ou de gré à gré.

114. — Les marchés sont passés, soit par adjudication publique, soit de gré à gré.

L'adjudication avec publicité et concurrence est la règle. Il peut être traité de gré à gré dans les cas prévus à l'article 69 du décret du 31 mai 1862, sur la comptabilité publique.

Marchés directs et marchés par défaut.

115. — Les marchés sont passés, soit directement au compte de l'État, soit par défaut au compte des traitants qui ne remplissent pas leurs engagements.

Transactions réputées marchés avec l'État.

116. — Ne sont considérés comme marchés avec l'État que ceux qui ont été acceptés ou approuvés dans les formes déterminées par les règlements.

Marchés non transmissibles.

117. — Les marchés avec l'Administration ne sont pas transmissibles à des tiers, sauf décision contraire du ministre.

Payements pour services faits. A-compte.

118. — Aucun marché, aucune convention pour travaux ou fournitures ne doit stipuler de payement que pour un service fait.

Les à-compte, quand il en est stipulé, ne peuvent excéder les 5/6 des droits constatés, ou les 11/12 en Algérie.

Le payement peut être intégral pour les livraisons partielles complétées dans la proportion indiquée aux marchés.

Délais à stipuler pour la production des pièces de dépense.

119. — Les marchés, traités ou conventions doivent toujours fixer un délai pour la production, sous peine de déchéance, des pièces de dépense des créanciers de l'État. Autant que possible, ce délai est d'un mois, à compter de l'expiration du trimestre pendant lequel les dépenses ont eu lieu.

Il ne peut jamais dépasser la durée de six mois fixée par l'article 3 du décret du 13 juin 1806.

Ces dispositions ne sont point applicables aux dépenses qui ne résultent que de conventions verbales.

Les justifications qui les concernent doivent avoir lieu immédiatement.

Marchés soumis à l'approbation du ministre.

120. — Les marchés acceptés par les délégués du ministre sont soumis à son approbation, à moins d'une autorisation spéciale ou dérivant des règlements.

Cas où l'approbation d'un marché en modifie les conditions.

121. — Lorsque l'approbation d'un marché contient des conditions nouvelles ou des réserves, le traitant doit déclarer, à la suite de cette approbation, qu'il accepte ces nouvelles conditions et qu'il consent à ces réserves.

Cautionnements.

122. — Le titulaire d'un marché quelconque est tenu, quand le ministre juge cette mesure nécessaire pour la garantie de l'exécution des engagements, de fournir un cautionnement dont l'importance est déterminée par le cahier des charges ou par une décision spéciale du ministre.

Peuvent être dispensés de la réalisation de cette garantie :

1° Le titulaire d'un marché de très-peu d'importance ou de très-courte durée;

2° Celui qui fait agréer une caution personnelle;

3° Celui qui consent à ne recevoir le premier dixième de sa fourniture qu'avec le montant de la dernière livraison.

Affectation à un nouveau service d'un cautionnement ancien.

123. — La faculté de présenter une caution personnelle pour garantie de la réalisation de leur cautionnement s'étend aux titulaires de marchés à la ration, dans le cas de réaffectation à un nouveau traité d'un cautionnement matériel déjà réalisé par eux pour le même arrondissement de fournitures, jusqu'au moment où ledit cautionnement, devenu libre, aura été appliqué au nouveau service.

Si le nouveau cautionnement est supérieur à l'ancien, l'entrepreneur est tenu de verser la différence.

Taux des cautionnements.

124. — La nature et l'importance des cautionnements sont fixées par le ministre ou par les intendants militaires; sauf décision contraire, le taux est réglé comme il suit :

1° Pour les entreprises à la ration à l'intérieur, au vingtième; en Algérie, au quarantième du service à faire pendant une année, suivant l'effectif à entretenir;

2° Pour les marchés de livraison à l'intérieur, au dixième; en Algérie, au vingtième de la valeur des livraisons à effectuer.

Délai et mode de réalisation des cautionnements.

125. — Les cautionnements doivent être réalisés dans les délais fixés par les cahiers des charges ou les marchés.

Le cautionnement matériel est fourni, soit en numéraire, soit en rentes sur l'État. Une instruction annexée au présent règlement indique les conditions de versement et le mode de réalisation et de restitution.

Défaut de réalisation.

126. — Si l'entrepreneur n'a pas réalisé son cautionnement à l'époque fixée, l'administration est libre de résilier le marché ou de faire exécuter par défaut.

L'entrepreneur dont le marché est résilié est soumis aux pénalités déterminées par le cahier des charges.

Mainlevée des cautionnements.

127. — La mainlevée des cautionnements est donnée par l'intendant pour les marchés de livraison ou de travaux, lorsque le service a été fait directement par les entrepreneurs, et que les fournitures ont été liquidées et payées dans la circonscription du lieu d'exécution du service.

Elle est donnée par le ministre :

1° Dans tous les cas contentieux;

2° Lorsqu'il y a eu intervention de tiers dans l'exécution des marchés;

3° Lorsque les fournitures sont payées en dehors de la circonscription du lieu de livraison;

4° Toutes les fois qu'il s'agit de fournitures dont la liquidation est réservée au ministre.

Le ministre seul donne mainlevée des cautionnements réalisés par les entrepreneurs de fournitures à la ration.

Caution personnelle. Les obligations.

128. — Toute caution personnelle doit être agréée comme bonne et valable par le fonctionnaire de l'intendance qui a accepté ou approuvé le marché.

La caution s'engage solidairement avec l'entrepreneur à l'exécution des clauses et conditions dudit marché.

Modifications de prix interdites.

129. — Sauf le cas de rassemblement extraordinaire de troupes dans une proportion qui doit être déterminée dans les marchés, le renchérissement du prix des denrées survenu pendant l'exécution du traité, la modification de la composition du tarif, ne peuvent donner lieu ni à la résiliation du traité, ni à l'augmentation du prix, ni à l'allocation d'aucune indemnité quelconque.

Une réduction dans l'effectif prévu au traité n'altère également en rien les obligations de l'entrepreneur, à moins de stipulations contraires dans le cahier des charges.

Prohibition de stipulation d'intérêts.

130. — Aucune stipulation d'intérêts ou de commission de banque ne peut être consentie au profit d'un entrepreneur, à raison d'emprunts temporaires ou d'avances de fonds pour l'exécution du service.

Cas de faillite ou de décès de l'entrepreneur.

131. — En cas de faillite ou de décès d'un entrepreneur, et sur le refus de ses créanciers ou de ses héritiers de continuer pour leur compte l'exécution du marché, l'administration demeure libre, soit de résilier le traité, soit de passer un marché par défaut, aux risques et périls de la masse ou de la succession de l'entrepreneur failli ou décédé.

S'il existe une caution personnelle, les dispositions de l'article 180 lui sont applicables.

Contestations soumises à la juridiction administrative.

132. — Toutes les contestations qui peuvent s'élever sur l'interprétation des traités, ainsi que sur le règlement des titres de créance, sont décidées administrativement, c'est-à-dire au premier degré par les intendants militaires, et en dernier ressort par le ministre, sauf recours au Conseil d'État.

Contestations étrangères à l'administration.

133. — L'administration ne connaît, dans aucun cas, des contestations qui peuvent s'élever entre le titulaire d'un traité et ses associés, cautions, agents, sous-traitants ou créanciers; elle n'y intervient que pour la délivrance des bordereaux de dépôt autorisés par le décret du 12 décembre 1806.

Traitements soumis de droit aux lois, décrets et règlements en vigueur.

134. — Les titulaires des marchés sont soumis de droit, sans qu'il en soit fait mention dans leurs traités, aux dispositions des lois, décrets, ordonnances et règlements en vigueur, relatifs au service dont ils sont chargés, sauf recours contre l'État dans le but d'obtenir une indemnité, si des lois, décrets, ordonnances et règlements promulgués ou notifiés postérieurement à la signature du traité leur imposent des dépenses ou des charges nouvelles.

Droits de douane et d'octroi.

135. — Comme conséquence de l'article qui précède, les titulaires de marchés sont assujettis aux droits de douane, de navigation, d'octroi ou autres qui peuvent porter sur les objets à fournir à l'époque de la conclusion du traité.

En cas de modification dans ces droits, survenues postérieurement à la passation du marché, les prix consentis sont augmentés ou diminués dans la proportion des modifications constatées.

Cas où les augmentations de droits ne donnent pas lieu à un remboursement.

136. — Ne donnent pas lieu à un remboursement au profit d'un entrepreneur pour augmentation de droits de douane ou d'octroi :

1° Les quantités destinées à remplacer les denrées présentées en livraison, avant la modification des droits, et refusées comme ne remplissant pas les conditions exigées ;

2° Les livraisons pour lesquelles l'entrepreneur a obtenu un sursis et qui, d'après le marché, auraient dû être effectuées avant l'augmentation des droits;

3° Les entrées en denrées, objets ou matières, destinés à parfaire l'approvisionnement qu'un entrepreneur peut être obligé d'entretenir constamment en magasin et qu'il aurait négligé de se procurer en temps utile.

Communication préalable des règlements aux soumissionnaires.

137. — Les fonctionnaires de l'intendance et les comptables appelés à passer les marchés doivent toujours donner connaissance aux soumissionnaires des dispositions du présent règlement qui les intéresse, et ceux-ci doivent déclarer dans leurs soumissions qu'ils en ont pris connaissance et qu'ils consentent à s'y soumettre.

Marchés signés en deux expéditions originales.

138. — Les marchés sont dressés et signés en deux expéditions originales destinées, l'une au contractant, l'autre à l'autorité administrative qui les a passés ou approuvés, et qui demeure seule chargée d'en délivrer des expéditions conformes.

L'expédition originale des marchés passés par les comptables est déposée chez le sous-intendant militaire.

§ II. — Marchés de livraison.

Objet des marchés de livraison.

139. — Les marchés de livraison ont pour objet le versement, dans les magasins de l'État, de denrées, combustibles, objets ou effets mobiliers.

Principales clauses des marchés de livraison.

140. — Tout marché de livraison doit stipuler principalement :

1° Le domicile légal de l'entrepreneur, où lui sont adressées toutes les notifications ;

2° La nature et la qualité des objets à livrer, les conditions de réception;

3° Les quantités, soit fixes, soit approximatives, s'il s'agit de fournitures embrassant une période déterminée;

4° Les points sur lesquels les livraisons doivent être faites;

5° Les époques et les proportions des livraisons; s'il y a lieu, les retenues ou pénalités encourues en cas de retard;

6° Les prix des divers objets et les conditions spéciales de payement;

7° La nature et le montant du cautionnement, quand il en est demandé ; l'époque de sa réalisation ;

8° Obligation pour le traitant de se soumettre aux dispositions du présent règlement

Charges supportées par les titulaires de marchés de livraison.

141. — Sont à la charge des titulaires des marchés de livraison, savoir : tous les frais d'achat, de transport, d'arrivage, de droits d'octroi ou autres ; en un mot, toutes les dépenses, pertes, déchets et avaries, jusqu'à la prise en charge par le comptable réceptionnaire.

Sont également à leur charge les frais de timbre des factures et des pièces comptables qu'ils sont tenus de produire.

§ III. — Marchés à la ration.

Objet des marchés à la ration.

142. — Les marchés à la ration ont pour objet la fourniture directe aux parties prenantes de denrées rationnées, et embrassent l'achat, l'emmagasinement, la conservation, la manutention, la distribution des denrées, et généralement toute l'exécution du service.

Principales clauses des marchés à la ration.

143. — Tout marché de fourniture à la ration doit déterminer principalement :

1° Le domicile légal de l'entrepreneur, où lui sont adressées toutes les notifications ;

2° L'objet du marché ainsi que l'effectif des troupes à servir ;

3° L'arrondissement ou les places dans lesquels le service doit être fait ;

4° La distinction en service permanent et en service éventuel ;

5° La durée du marché ;

6° Les quantités de denrées que l'entrepreneur doit entretenir constamment en magasin ;

7° Celles qu'il doit reprendre à son entrée en service ou laisser en magasin à l'expiration de son traité ;

8° La proportion dans laquelle l'administration aura la facilité, soit de lui remettre des denrées brutes ou rationnées, soit d'opérer des prélèvements de même nature sur l'approvisionnement de l'entrepreneur ; à cet effet, tout marché de ce genre doit stipuler un prix de denrées brutes et un prix de manutention ;

9° Le prix des fournitures et les conditions spéciales de payement ;

10° La nature, le montant du cautionnement et l'époque de sa réalisation ;

11° L'obligation pour l'entrepreneur de se conformer aux dispositions du présent règlement.

Privilége de l'administration sur l'approvisionnement.

144. — L'approvisionnement que l'entrepreneur est tenu d'entretenir constamment dans les magasins ou dans les parcs, conformément au § 5 de l'article précédent, est destiné, non-seulement à assurer le service, mais encore à garantir les intérêts de l'État qui a privilége sur ledit approvisionnement.

Formation et emploi de l'approvisionnement.

145. — Les entrées dans les magasins des entrepreneurs à la ration ne peuvent se composer que de denrées ou combustibles remplissant toutes les conditions voulues pour faire un bon service.

Les sorties ont pour seul objet les distributions et fournitures à effectuer. Aucune autre sortie des magasins n'a lieu sans l'autorisation du sous-intendant militaire.

Charges des marchés à la ration.

146. — Sont à la charge des entrepreneurs de fournitures à la ration, savoir :

1° Tous frais de gestion, de personnel, de comptabilité de bureau, de port de lettres et paquets, d'octroi et autres frais quelconques ;

2° Tous frais de réception, de conservation, de manutention et de distribution ;

3° La moitié des frais d'inventaire, tant lors de la reprise que lors de la remise du service ;

4° Enfin, toutes autres dépenses prévues et détaillées au cahier des charges, telles que : les frais de publication et d'impression, la valeur des imprimés fournis par l'administration, le timbre des pièces comptables, etc.

Avances à faire par les entrepreneurs à la ration pour dépenses imprévues.

147. — Les entrepreneurs à la ration doivent faire l'avance de toutes les dépenses éventuelles et imprévues, non comprises à leurs engagements, mais qui seraient relatives à l'exploitation du service.

Ils en sont remboursés en fin de trimestre, sur la production d'un compte en deniers, appuyé des pièces justificatives.

Fournitures imprévues.

148. — Lorsque les fournitures ont été faites par les soins des autorités locales, sur un point quelconque de l'arrondissement d'un entrepreneur, avant qu'il ait pu assurer le service, il les rembourse, comme si elles avaient été faites pour son compte, sur la présentation de la facture des ayants droit, vérifiée par le sous-intendant militaire et arrêtée par l'intendant de la division.

Il en est payé, suivant son marché, soit au prix du service permanent, soit au prix du service éventuel, conformément aux conditions du cahier des charges.

Droits que se réserve l'administration.

149. — Quelles que soient la durée d'un marché et l'étendue de l'arrondissement auquel il s'applique, le ministre a la faculté :

1° De changer l'assiette des gîtes d'étape;

2° De faire passer des services éventuels aux services permanents, et réciproquement;

3° De faire exécuter le service, s'il le juge convenable, par des officiers d'administration, dans le cas de création d'annexe, de formation de camp, ou de rassemblement de troupes;

4° De faire exercer une surveillance rigoureuse sur toutes les denrées destinées au service courant et sur celles affectées à l'approvisionnement.

IV. — Mode de passation des marchés.

§ 1er. — Marchés par adjudication publique.

Avis des adjudications.

150. — L'avis des adjudications à passer est publié, sauf le cas d'urgence, un mois à l'avance, par voie d'affiches et par tous les moyens ordinaires de publicité ; cet avis fait connaître :

1° La nature des matières et objets à fournir ou du service à entreprendre ;

2° Le lieu, le jour et l'heure fixés pour l'adjudication ;

3° Les formalités à remplir par ceux qui veulent concourir ;

4° Le lieu où l'on peut prendre connaissance du cahier des charges.

Cas où le délai d'un mois n'est pas obligatoire.

151. — Les achats de denrées sont assimilés aux cas d'urgence prévus ci-dessus ; par suite, les fonctionnaires de l'intendance sont autorisés à procéder aux adjudications dans un délai aussi restreint que les circonstances l'exigent.

Composition des commissions d'adjudication.

152. — Il est procédé aux adjudications par des commissions dont le ministre ou les intendants militaires déterminent la composition. Le comptable y assiste avec voix consultative.

Les commissions sont présidées par un fonctionnaire de l'intendance.

Admission préalable pour concourir.

153. — Nul ne peut prendre part aux adjudications s'il n'a satisfait préalablement aux conditions exigées et s'il n'a été admis à y concourir.

L'admissibilité résulte de la notification à l'intéressé de la décision prise par la commission d'adjudication, dans une séance préparatoire, ou de l'acceptation de la soumission en séance publique.

Établissement préalable du cahier des charges.

154. — Toute adjudication doit être précédée de l'établissement d'un cahier des charges arrêté par le ministre ou par

les fonctionnaires de l'intendance et spécifiant d'une manière précise :

1º L'objet de la fourniture ou du service à entreprendre ;

2º Les clauses, conditions et charges du marché ;

3º S'il y a lieu, la mise à prix ou le prix de base sur lequel devront porter les enchères ou rabais ;

4º La nature et l'importance de la garantie que les soumissionnaires devront produire, soit pour être admis aux adjudications, soit pour répondre de l'exécution de leurs engagements ;

5º L'action que l'administration peut exercer sur ces garanties. Un modèle de la soumission et du marché doit être annexé au cahier des charges.

Soumissions cachetées.

155. — Les soumissions sont établies en simple expédition sur papier timbré et conforme au modèle.

Elles sont remises cachetées en séance publique : soit par les soumissionnaires, soit en leur nom, par des mandataires porteurs d'une procuration dûment légalisée et enregistrée, les autorisant à concourir à une réadjudication, s'il y a lieu, et à donner leur adhésion au procès-verbal d'adjudication ; soit par toute personne d'une solvabilité notoire, se portant fort pour les soumissionnaires et agréée par la commission d'adjudication.

Soumissionnaires engagés jusqu'au prononcé de l'adjudication.

156. — Toute soumission déposée et qui a été admise par la commission ne peut être retirée ; elle engage le signataire jusqu'au prononcé de l'adjudication.

Le prononcé de l'adjudication libère tous les soumissionnaires, à l'exception de l'adjudicataire.

Dépôt de garantie pour la réalisation du cautionnement.

157. — Quand l'importance du service le comporte, les soumissionnaires peuvent être tenus de joindre à leurs soumissions un récépissé de versement au Trésor public d'une somme destinée à garantir la réalisation du cautionnement.

Ce récépissé, sur lequel le président de la commission inscrit l'invitation à l'agent du Trésor de rembourser le dépôt, est aussitôt rendu au soumissionnaire non déclaré adjudicataire.

Celui de l'adjudicataire lui est rendu avec la mention : « Vu bon pour servir à la réalisation du cautionnement. »

Modes d'adjudication.

158. — L'adjudication a lieu, soit au prix le plus bas, par unité fixée au cahier des charges, soit au maximum de rabais, soit au prix le plus bas pour l'ensemble de la fourniture.

Dépôt du prix limité.

159. — Lorsqu'un maximum de prix ou un minimum de rabais a été arrêté d'avance par le ministre ou par le fonctionnaire qu'il a délégué, la lettre renfermant la fixation de ce maximum ou de ce minimum est déposée cachetée sur le bureau de la commission d'adjudication à l'ouverture de la séance.

Soumissions contenant des clauses exceptionnelles ou présentant des défauts de forme.

160. — Sont rejetées toutes les soumissions qui contiennent des clauses restrictives ou exceptionnelles.

Les soumissions qui présentent quelques défauts de forme sont, de la part de la commission, l'objet d'une décision définitive qui est notifiée immédiatement aux parties intéressées et avant le prononcé de l'adjudication.

Les soumissions rejetées, à quelque titre que ce soit, demeurent annexées au procès-verbal de l'adjudication.

Cas de parité dans plusieurs soumissions.

161. — Lorsque plusieurs soumissionnaires offrent le même prix et que ce prix est le plus avantageux de ceux exprimés dans les soumissions, il est procédé, séance tenante, et avant l'ouverture du prix cacheté, à un concours entre ces soumissionnaires seulement.

Toutefois, ce mode de procéder n'est pas applicable aux adjudications dont les quantités peuvent être fractionnées, suivant le cas prévu à l'article ci-après.

Soumissions pour les quantités susceptibles de fractionnement.

162. — Lorsqu'il s'agit de quantités fixes à livrer dans les magasins, on peut, à moins de dispositions contraires, soumissionner pour tout ou partie desdites quantités ; mais

nulle soumission n'est admissible pour une quantité inférieure
au minimum qui a été déterminé par le fonctionnaire de l'intendance.

Différents cas prévus dans l'éventualité ci-dessus.

163. — Dans l'éventualité ci-dessus, le président, après
avoir classé les soumissions, brise le cachet de la lettre close
et déclare adjudicataires, dans l'ordre des moins disants, les
soumissionnaires dont les offres sont inférieures ou égales au
prix limité.

Si l'ensemble des offres acceptables dépasse la fourniture à
effectuer, la dernière de ces offres est réduite au complément
des quantités nécessaires. Mais si, dans les dernières soumissions acceptées, il existe plusieurs offres au même prix,
les soumissionnaires qui les ont souscrites sont appelés à
formuler un rabais au bas de leurs soumissions, sans modifier
le chiffre des quantités offertes, et l'adjudication est prononcée en faveur de ceux dont le prix reste le moins élevé.

Cas de nouvelle parité de prix. Refus de prendre part à un nouveau concours.

164. — Si, dans le dernier cas prévu à l'article précédent,
les concurrents ne consentent pas à un nouveau concours, ou
si, à cette dernière épreuve, il y a encore parité de prix, il
est procédé à la désignation des adjudicataires, soit par la
voie du sort, soit par une répartition entre ces concurrents, et
au prorata de leurs offres, des quantités mises en adjudication
ou restant à adjuger.

Les soumissionnaires sont, par le seul fait de la remise de
leurs soumissions, tenus d'accepter la décision de la commission à cet égard.

Préférence donnée à prix égal à l'entrepreneur ancien.

165. — En ce qui concerne les fournitures à la ration,
orsqu'après la seconde épreuve il y a encore égalité de prix
et que l'un des soumissionnaires est l'entrepreneur en possession du service, la préférence lui est donnée, si ses fournitures
ont été faites à la satisfaction de l'autorité.

Nouveau concours en cas d'insuffisance des offres.

166. — Lorsqu'après le dépouillement des soumissions,
aucune ne contient un prix inférieur ou égal à la limite fixée,

ou lorsque l'ensemble des quantités adjugées n'atteint pas le chiffre de la mise en adjudication, le président déclare qu'un nouveau concours est ouvert, séance tenante, et que chacun des soumissionnaires admis est libre de déposer de nouvelles offres.

Si ce nouveau concours demeure sans résultat en totalité ou en partie, le président déclare qu'il n'y a pas adjudication pour la quantité non soumissionnée dans la limite fixée.

Procès-verbal d'adjudication.

167. — Les résultats de chaque adjudication sont constatés par un procès-verbal relatant les circonstances de l'opération ; cet acte est signé par tous les membres de la commission et par les adjudicataires ; il reste déposé dans les archives du président de la commission.

Timbre et enregistrement du procès-verbal.

168. — Le procès-verbal, rédigé sur papier timbré ou visé pour timbre, est enregistré sur minute à la diligence de l'administration.

Les droits d'enregistrement déterminés par la loi sont perçus pour chaque fournisseur non associé et pour chaque caution, et sont à la charge des adjudicataires.

Ils sont acquittés par le comptable ou par l'entrepreneur de la place qui les porte en dépense, et le montant en est imputé sur la première facture de l'adjudicataire.

Il est fait mention, sur les expéditions du marché, de l'accomplissement de la formalité du timbre et de l'enregistrement.

Passation de l'acte à la suite de l'adjudication.

169. — L'engagement de l'adjudicataire est établi, aussitôt après l'adjudication, sur une formule fournie par l'administration.

Le cahier des charges, l'engagement et l'acceptation de l'autorité chargée de procéder à l'adjudication, constituent le marché.

170. — Tout marché passé par adjudication et selon les formalités prescrites est définitif et exécutoire, du moment où l'adjudication est close et où l'engagement souscrit est accepté ; cette acceptation est donnée séance tenante, et elle est définitive, à moins que l'approbation du marché n'ait été

réservée à l'autorité supérieure. Dans ce dernier cas, l'avis publié avant l'adjudication doit déterminer le délai dans lequel le refus ou l'approbation définitive sera notifié à l'adjudicataire ; celui-ci est lié par l'adjudication jusqu'à l'expiration de ce délai.

Cas de protestation.

171. — Si les opérations de la commission donnent lieu, séance tenante, à des protestations, la commission statue définitivement lorsqu'il s'agit de fournitures par marchés de livraison ; sa décision n'est que provisoire, lorsqu'il s'agit d'entreprises à la ration, et l'acceptation du marché n'est donnée que sous la réserve de l'approbation de l'autorité supérieure.

Il est fait mention des protestations au procès-verbal, qui, dans ce cas, est signé par les réclamants.

Cas d'absence de l'adjudicataire au moment de la clôture de l'opération. Cas de refus de signer.

172. — Si au moment de la clôture des opérations de la commission, l'adjudicataire, non représenté, est absent, mention en est faite au procès-verbal, auquel la soumission de l'adjudicataire demeure annexée.

Ce procès-verbal tient alors lieu d'engagement ; le président de la commission en fait remettre une expédition au domicile de l'adjudicataire, en faisant constater cette notification.

Il est procédé de la même manière dans le cas où l'adjudicataire se refuse à signer le procès-verbal d'adjudication et le marché.

§ II. — Marchés de gré à gré.

Différents modes de traiter de gré à gré.

173. — Quand l'insuccès d'une adjudication ou des circonstances dont le ministre est juge obligent à recourir à des marchés de gré à gré, ces marchés sont passés, soit par les fonctionnaires de l'intendance délégués à cet effet, soit par les officiers d'administration comptables, sous l'approbation des fonctionnaires de l'intendance.

Il est traité avec ou sans recours :

1° Sur engagement soumis au pied de la formule qui fait suite au cahier des charges ;

2° Sur soumissions souscrites par celui qui propose de traiter ;

3° Sur correspondance, suivant les usages du commerce.

Lorsque, par ordre du ministre, les fonctionnaires de l'intendance doivent passer eux-mêmes des marchés de gré à gré, ils peuvent charger les officiers d'administration comptables d'en débattre et d'en proposer les conditions.

174. — Les engagements de gré à gré, acceptés et proposés par les officiers d'administration du service, sont approuvés par les fonctionnaires de l'intendance, soit provisoirement et sauf la ratification du ministre, soit définitivement d'après l'autorisation qui leur en a été donnée.

Cas où les officiers d'administration traitent définitivement.

175. — Les officiers d'administration peuvent être autorisés à traiter définitivement au nom de l'État; mais alors l'autorisation spéciale qui leur en a été donnée par le ministre ou par les intendants militaires doit être textuellement rapportée dans les traités.

Marchés passés sans autorisation dans le cas d'urgence.

176. — Dans les cas d'urgence et lorsque les circonstances ont mis un intendant ou un sous-intendant dans l'obligation d'accepter ou d'approuver un marché de gré à gré pour l'exécution d'un service important, sans avoir reçu ou sans pouvoir attendre l'autorisation ou l'approbation de l'autorité supérieure, ce marché est définitif et exécutoire; il doit alors porter la mention expresse que cette acceptation ou cette approbation est définitive, vu l'urgence.

Timbre et enregistrement des marchés de gré à gré.

177. — Les marchés de gré à gré sont établis sur papier timbré ou visés pour timbre et soumis à l'enregistrement au droit fixe déterminé par la loi. Les frais de timbre et d'enregistrement sont supportés par les traitants.

§ V. — Marchés par défaut.

Moyens de pourvoir au service à défaut des traitants.

178. — L'administration a le droit de pourvoir, soit au moyen d'un marché par défaut, comme il est dit à l'article 145,

soit par tout autre moyen qu'elle juge convenable, aux fournitures, livraisons, distributions ou services qu'un entrepreneur n'exécute pas selon les conditions de son marché.

Notification préalable à l'entrepreneur en défaut.

179. — Tout marché par défaut est précédé d'une notification faite par écrit à l'entrepreneur par le sous-intendant
militaire et relatant le fait et les circonstances de l'abandon
du service et de la non-exécution des conditions du traité.

Cette notification est rappelée dans le marché par défaut.

Notification préalable à la caution solidaire.

180. — Dans le cas où le marché est garanti par une caution
personnelle, celle-ci doit être mise en demeure de remplir les
conditions de l'obligé principal.

Si elle n'y pourvoit en temps utile, l'administration assure
le service, comme il est dit à l'article 178, aux risques et
périls de l'entrepreneur et de la caution.

Limite des marchés par défaut.

181. — L'importance ou la limite d'un marché par défaut
est limitée :

1º Aux quantités dont la fourniture est en retard d'après un
marché de livraison ;

2º A celles qui manquent au complet de l'approvisionnement
qu'un entrepreneur à la ration est tenu d'entretenir à une
hauteur déterminée ;

3º A la fourniture de denrées rationnées pendant quinze
jours au moins. Cependant, en cas de fraude constatée ou de
négligence habituelle de la part de l'entrepreneur dans l'exécution de ses engagements, le ministre ou les intendants
peuvent étendre les marchés par défaut à la totalité de la
fourniture ou du service restant à faire.

Envoi du marché par défaut à l'entrepreneur.

182. — Tout marché par défaut est immédiatement notifié
à l'entrepreneur ou à son représentant par le sous-intendant,
qui l'a passé ou approuvé.

*Autres moyens de pourvoir au service ayant les mêmes effets
que les marchés par défaut.*

183. — Lorsque l'administration juge convenable de pourvoir au service manquant, par tout autre mode que celui d'un marché par défaut, il est fait à l'entrepreneur et à la caution solidaire notification du moyen adopté ; les conséquences sont les mêmes que celles d'un marché passé par défaut.

Dans aucun cas l'entrepreneur n'est admis à discuter le moyen employé ni les prix qui en résultent.

Mode de règlement des sommes dues à l'entrepreneur en défaut.

184. — L'État profite seul de l'économie que peut procurer un marché par défaut.

La dépense qui en résulte est portée au débit de l'entrepreneur défaillant. Il en est crédité au prix de son marché, si le service fait pour son compte a excédé ce prix, et, dans le cas inverse, au prix seulement du service exécuté par défaut.

Si le décompte définitif constitue l'entrepreneur débiteur envers l'État, cet entrepreneur verse dans une caisse publique le montant du débet.

SECTION II

DES ACHATS A COMMISSION

Par qui ordonnés et exécutés.

185. — Lorsqu'il y a lieu de recourir exceptionnellement aux achats par commission, d'après les ordres donnés par le ministre, ou, en cas d'urgence, par les intendants militaires, ces achats sont confiés à des négociants ou autres personnes étrangères au personnel administratif.

Responsabilité légale des commissionnaires.

186. — Autant que possible, l'ordre d'achat est établi en double expédition, dont l'une, acceptée par le commissionnaire, reste entre les mains du commettant.

En cas d'impossibilité, les dispositions de l'ordre d'achat sont constatées par correspondance selon les usages du commerce.

Les commissionnaires sont responsables, conformément aux

dispositions du Code Napoléon (liv. III, titre XIII), non-seulement du dol, mais encore des fautes qu'ils commettent dans leurs opérations.

Règles à suivre dans les achats.

187. — Suivant les circonstances, les commissionnaires peuvent être chargés d'acheter à l'étranger ou d'opérer à l'intérieur, soit près du commerce, soit sur les marchés publics. Dans tous les cas, ils doivent, autant que possible, acheter directement des propriétaires, producteurs, manufacturiers ou premiers détenteurs.

Ils se conforment aux usages commerciaux et ils sont soumis à toutes les règles générales ou locales sur la tenue des marchés. Ils tiennent compte des bonifications qu'ils obtiennent des vendeurs, suivant les usages des localités.

Les commissionnaires opèrent en leur nom.

188. — Les commissionnaires opèrent en leur propre nom dans toutes les transactions qu'ils ont à faire pour remplir les commissions qui leur sont données, et tous les marchés qu'ils passent pour leur exécution, soit verbalement, soit par écrit, sont considérés comme faits pour leur propre compte ; en conséquence, les contestations entre eux et leurs vendeurs sont du ressort des tribunaux ordinaires.

Difficultés dans les réceptions.

189. — Les difficultés qui peuvent s'élever sur la qualité des denrées sont soumises à des commissions consultatives désignées au chapitre xv du présent titre.

Contestations avec les commissionnaires, jugées administrativement.

190. — Les réclamations auxquelles peuvent donner lieu les décisions prises par les sous-intendants militaires, dans le cas prévu à l'article précédent, et toutes les contestations qui peuvent s'élever entre les commissionnaires et l'administration relativement à l'exécution de leurs achats, sont jugées administrativement.

Carnets à tenir par les commissionnaires.

191. — Tout commissionnaire chargé d'achats est tenu

d'avoir un carnet destiné à l'inscription, jour par jour, et sans autre ordre que celui de leurs dates, de toutes ses opérations d'achats.

Ce carnet doit être coté et paraphé par le sous-intendant militaire.

Représentation des carnets.

192. — Le carnet prescrit par l'article précédent et la situation des fonds confiés au commissionnaire doivent être représentés au sous-intendant toutes les fois qu'il en fait la demande.

Bulletins d'achat.

193. — Les commissionnaires adressent au ministre ou aux intendants militaires, conformément aux instructions qui leur sont données, des bulletins destinés à faire connaître la marche successive de leurs opérations.

Contrôle des achats à commission.

194. — Les opérations d'achats à commission sont contrôlées par les renseignements que l'administration se procure sur le cours des denrées, et par l'examen des livres et de la correspondance des commissionnaires qu'elle a le droit de consulter sur place.

Droit alloué aux commissionnaires.

195. — Il est alloué aux commissionnaires un droit dont le taux est déterminé à l'avance dans l'ordre d'achat, ou, à défaut, réglé suivant les usages du commerce. Ce droit est fixé à tant par quintal ou mesure métrique, suivant la nature des produits à acheter, et à tant pour cent du prix d'achat lorsqu'il s'agit d'objets dont il ne peut être compté ni au poids ni à la mesure.

Frais accessoires aux achats.

196. — Le droit de commission est indépendant de tous les frais accessoires relatifs aux achats et livraisons dont il est compté de clerc à maître ou par abonnement. L'ordre d'achat détermine les menues dépenses laissées à la charge du commissionnaire.

Avances faites aux commissionnaires.

197. — Des avances peuvent être faites aux commissionnaires chargés d'achats; elles sont soumises, sous le rapport de leur importance et du délai fixé pour leur régularisation, aux dispositions du règlement sur la comptabilité publique.

SECTION III

DES ACHATS SUR FACTURE

Dans quel cas il peut ne pas être passé de marché.

198. — Il peut être suppléé aux marchés de gré à gré par des achats sur simple facture, pour des denrées ou objets qui sont livrés immédiatement, quand leur valeur n'excède pas 1,000 francs.

Achats sur facture. Par qui exécutés.

199. — Ces achats sont exécutés par les soins de l'officier comptable du service, d'après les ordres et sur l'approbation des fonctionnaires de l'intendance.

Payement.

200. — Suivant qu'il y a lieu, ils sont acquittés en mandats des fonctionnaires de l'intendance ou payés par les soins de l'officier comptable de service.

Dans ce dernier cas, les factures des vendeurs sont invariablement établies au seul nom du département de la guerre, et le sous-intendant formule ainsi qu'il suit son ordre de payement : « Vu bon à payer, après examen du prix que le comptable a été chargé de discuter avec le fournisseur. »

SECTION IV. — DES APPELS.

SECTION V. — DES CESSIONS.

CHAPITRE II

DES RÉCEPTIONS

Réceptions effectuées par les officiers d'administration du service.

208. — Tous les objets, effets ou denrées que l'administration s'est procurés par une des voies indiquées au chapitre ɪ du présent titre, sont reçus par les soins d'un officier d'administration du service, et placés sous sa responsabilité.

. . . .

Réceptions constatées par des récépissés à talon.

210. — Toutes les réceptions provenant de marchés, d'achats, d'appels ou de cessions sont constatées par des récépissés à talon, délivrés par le comptable aux créanciers. Ces récépissés sont soumis immédiatement au *visa* daté et enregistré du sous-intendant militaire.

. . . .

CHAPITRE III. — DE LA MANUTENTION.
. . . .

CHAPITRE IV. — DE LA CONSERVATION.
. . . .

Durée de conservation de denrées.

218. — Toutes les denrées versées dans les magasins et reçues par les officiers d'administration comptables sont considérées, par le seul fait de leur réception, comme étant propres au service et susceptibles d'être conservées en bon état jusqu'au terme de durée fixé pour chaque nature de denrées, aux différents chapitres du titre V du présent règlement.

CHAPITRE V

DES DISTRIBUTIONS

Effectif et mutations à transmettre aux entrepreneurs.

231. — Le sous-intendant fait connaître à l'avance au comptable ou à l'entrepreneur l'effectif des corps ou autres parties prenantes à servir, les mouvements de la garnison et les passages de troupes qui doivent affecter le chiffre des distributions.

Les passages sont notifiés à l'avance aux suppléants légaux des sous-intendants, qui donnent des ordres aux entrepreneurs ou à leurs préposés, dans chaque gîte d'étape, pour préparer les distributions.

. . . .

Remise des bons avant le commencement de la distribution.

242. — Les bons des corps sont remis avant la distribution par le capitaine à l'officier d'administration chargé du service.

Ce dernier s'assure de l'exactitude des calculs qui y sont portés et de la répartition par compagnie, escadron ou batterie. Dans le cas où la répartition n'a pas été faite par le corps, il l'établit de concert avec le capitaine.

Aussitôt après la distribution, il applique sur le bon un timbre portant le mot : *payé.*

Dans les services en entreprise, les bons sont remis à l'entrepreneur ou à son préposé.

. . . .

Vente et rachat de rations interdits.

255. — La vente et le rachat de rations sont sévèrement interdits entre la partie prenante et le comptable ou l'entrepreneur.

CHAPITRE VII. — DES VENTES.

. . . .

CHAPITRE VIII. — DES CESSIONS A D'AUTRES SERVICES.

. . . .

CHAPITRE IX. — DES PRÊTS.

. . . .

CHAPITRE X. — DES DESTRUCTIONS.

. . . .

CHAPITRE XI

DES PERTES, AVARIES, DÉCHETS ET MANQUANTS

SECTION I

DES PERTES OU AVARIES SUPPORTÉES PAR L'ÉTAT DANS LES CAS DE FORCE MAJEURE

Cas de force majeure reconnus par l'administration.

377. — Sont mises à la charge de l'État les pertes et avaries qui proviennent d'événements de force majeure, dûment constatés, tels que : vols à force ouverte ou par effraction; vols par disparition du détenteur du matériel, incendie, inondation, submersion, écroulement des magasins, événements de route, par terre ou par eau; épizootie constatée sur les bestiaux réunis pour le service, et reçus dans les parcs de l'administration (la maladie dite le charbon n'est pas considérée comme épizootie); prise ou destruction par l'ennemi, destruction ou abandon forcé à son approche.

Par qui les pertes ou avaries sont supportées dans les autres cas.

378. — Dans les autres cas, les pertes ou avaries dûment constatées peuvent être imputées en totalité ou en partie, suivant décision du ministre, aux comptables dont la responsabilité est engagée.

. . . .

Assurance des magasins.

380. — Lorsqu'un entrepreneur de fournitures à la ration a eu la possibilité de faire assurer les approvisionnements qu'il doit entretenir constamment en magasin, l'État n'est tenu à aucun remboursement en cas d'incendie.

Conditions dans lesquelles la force majeure est admise.

381. — Les remboursements pour pertes par force majeure ne peuvent porter que sur des denrées en matériel existant dans les établissements spécialement affectés à l'exploitation du service, et sur celui mis en route par ordre de l'autorité compétente ou sorti des magasins pour l'exécution ordinaire du service.

Limite dans laquelle la force majeure est admise.

382. — Les remboursements ne peuvent excéder le montant des quantités formant le complet des approvisionnements qu'un entrepreneur à la ration est obligé d'entretenir d'après les conditions de son marché.

Ils n'ont lieu que pour la valeur brute des matières, c'est-à-dire au prix du marché, déduction faite d'une somme déterminée pour frais de manutention.

Justification immédiate des cas de force majeure.

383. — Pour être déchargé du montant d'une perte résultant d'événements de force majeure, l'officier d'administration

comptable ou l'entrepreneur est tenu de prouver et de faire constater immédiatement que le fait ne peut être imputé à négligence, défaut de soins ou de prévoyance, soit de sa part, soit de celle de ses subordonnés ou des gens à ses gages.

Modes de constatation.

384. — Les événements de force majeure doivent être constatés par un procès-verbal, dressé dans les vingt-quatre heures par le sous-intendant ou par son suppléant légal.

Suite.

385. — Les procès-verbaux prescrits par l'article précédent doivent faire connaître : 1° les quantités existant en magasin ou en route au moment de l'événement, d'après les livres, états de situation et pièces justificatives des entrées et des sorties; celles qui ont été conservées et celles perdues ou avariées;

2° Les démarches faites, ainsi que les mesures et précautions prises par le comptable ou l'entrepreneur, pour les préserver de l'événement.

Le sous-intendant ou le suppléant qui constate des pertes par force majeure doit toujours ajouter aux dépositions et renseignements qu'il a recueillis son opinion personnelle sur la réalité des faits, sur la confiance due aux déclarations, ainsi que ses conclusions sur l'imputation à faire des pertes.

Manœuvres pour réparer le matériel avarié par force majeure.

386. — Lorsque des réparations ou manutentions sont jugées nécessaires pour rendre utilisable une partie du matériel avarié par force majeure, l'autorisation d'y procéder est mentionnée dans le procès-verbal pour la justification des dépenses ainsi que des pertes ou sorties de denrées auxquelles elles ont donné lieu.

Homologation des procès-verbaux. Enquête.

387. — Lorsque le sous-intendant n'a pu constater lui-même sur les lieux et dans les vingt-quatre heures un événement de force majeure, il homologue le procès-verbal de son suppléant, si les conclusions lui en paraissent suffisamment justifiées.

Dans le cas contraire, il procède par voie d'enquête et ne conclut que lorsqu'il se trouve suffisamment éclairé.

. . . .

Minute et ampliation des procès-verbaux des pertes.

390. — Le sous-intendant conserve la minute de tout procès-verbal constatant un événement de force majeure. Il en remet une ampliation au comptable ou à l'entrepreneur, et en adresse à l'intendant deux autres ampliations, dont une pour le ministre.

Événements de mer.

391. — Les événements de mer sont constatés, selon les lois et les usages du commerce, lorsqu'ils se produisent à bord d'un bâtiment de commerce. S'ils ont lieu sur un bâtiment de l'État, ils sont constatés conformément aux prescriptions en vigueur sur le service des transports maritimes.

Les pièces justificatives à l'appui doivent toujours mentionner les quantités en cours d'expédition et celles conservées, perdues ou avariées.

Objets perdus et retrouvés.

392. — Lorsque des objets perdus ont été retrouvés, le comptable en rend compte au sous-intendant, qui provoque de la part de l'intendant un ordre de réintégration et de réception du matériel retrouvé. Cette opération est constatée par un procès-verbal.

SECTION II

DENRÉES MANUTENTIONNÉES RESTÉES SANS EMPLOI

Vente de denrées préparées et non conservées.

393. — Lorsque des denrées préparées pour une troupe stationnée ou de passage dans une place n'ont pu être consommées par suite d'un retard inopiné, de contre-ordre ou de retards imprévus, et lorsqu'elles n'ont pu être transportées sur un autre point pour y être consommées, sans occasionner des frais trop considérables, elles sont immédiatement vendues par les soins des préposés des domaines ou des autorités locales.

Le produit de ces ventes est porté en recette au budget de l'exercice courant.

Dans ce cas, les procès-verbaux de vente doivent spécifier, d'une manière précise, les circonstances qui se sont opposées à l'emploi de tout autre moyen d'utiliser les denrées avec plus d'avantage pour l'État.

A la charge de qui.

394. — Dans le cas prévu par l'article précédent, s'il est reconnu, après l'examen des faits, que la perte doive être attribuée à la négligence d'un entrepreneur de fournitures à la ration, elle est mise à sa charge, et le produit net des ventes lui est restitué d'après les ordres du ministre des finances, sur la demande du ministre de la guerre.

. . . .

CHAPITRE XII

DES VERSEMENTS ET EXPÉDITIONS

. . . .

Mode d'exécution des transports.

408. — Les transports sont utilisés, suivant le cas, par l'un des modes ci-après :

1° Marchés généraux, tels que transports généraux ou maritimes,

2° Train des équipages, militaires ou auxiliaires,

} utilisés par tous les services ;

3° Marchés spéciaux pour transports de denrées ou objets du service des subsistances dans un arrondissement de magasin, une circonscription quelconque ou une ligne d'opérations pendant un temps déterminé;

4° Marchés éventuels, conventions écrites ou verbales pour un seul ou plusieurs versements ;

5° Réquisitions.

Transports par l'entreprise des transports généraux.

409. — Les transports par l'entreprise des transports généraux ou maritimes s'exécutent conformément aux traités et aux instructions ministérielles qui en développent les dispositions.

Transports au moyen de marchés spéciaux.

410. — Les marchés spéciaux ou éventuels sont passés soit par le ministre, soit, suivant ses ordres, par les intendants, les sous-intendants ou les comptables des établissements, lorsque les transports à effectuer ne sont pas compris dans ceux concédés à l'entreprise des transports généraux, tant à l'intérieur qu'en Algérie, ou à celle des transports maritimes.

Ils doivent déterminer explicitement, et selon les cas :

1° Les points où l'entrepreneur prend charge et fait la livraison des denrées ou objets, c'est-à-dire s'il doit les recevoir et les livrer au pied de la balance ou dans l'intérieur des magasins, ou à la porte extérieure, ou au quai, ou sur quai, ou en gabare, ou sous palans, c'est-à-dire à bord des navires;

2° L'époque à laquelle le matériel doit arriver à destination, et la quotité de la retenue à exercer sur le prix du transport, en cas de retard dans l'arrivée des chargements;

3° Si tous les droits de navigation, de péage, etc., sous quelques dénominations qu'ils soient, sont ou non à la charge de l'entrepreneur;

4° Le taux des déchets de route à allouer sur les foins, pailles et liquides (il ne doit en être alloué sur aucune autre denrée);

5° Les mesures itinéraires qui doivent servir de base aux décomptes, dans les marchés dont les prix sont fixés à tant par distance parcourue et par quintal métrique transporté;

6° La distance moyenne à parcourir par jour, le poids que doit porter chaque voiture d'après le nombre des colliers, etc., dans les marchés d'après lesquels les transports sont payés suivant le nombre de voitures fournies.

. . . .

Formalités d'octroi et de douane.

437. — Les entrepreneurs de transports doivent accomplir, sous leur responsabilité, toutes les formalités nécessaires aux constatations de sortie et d'entrée, en ce qui concerne les denrées et objets soumis à l'octroi ou devant passer en douane.

. . . .

CHAPITRE VIII

DES EXISTANTS EN MAGASIN

SECTION I

DES SITUATIONS

Par qui établies.

442. — Les officiers d'administration comptables et les entrepreneurs à la ration sont tenus d'établir, par service, à des époques déterminées, les états de situation de leurs magasins ou de leurs parcs.

Situations périodiques.

443. — Les états de situation de magasin sont établis le soir du dernier jour de chaque mois ou plus souvent, suivant les ordres donnés par le ministre ou les intendants militaires.

Situations accidentelles.

444. — Indépendamment des situations périodiques, le ministre ou les fonctionnaires de l'intendance se font fournir, toutes les fois qu'ils le jugent convenable, soit des situations complètes, soit de simples bulletins.

Exactitude à observer dans l'établissement des situations.

445. — Bien que les états de situation ne soient pas des pièces comptables, on doit s'appliquer à les établir avec toute l'exactitude possible. Ils doivent présenter tous les renseignements propres à faire connaître la situation vraie des ressources de toute nature, tant en denrées brutes qu'en rations sur lesquelles il y a lieu de compter pour l'exécution du service.

Rectification des commissions sur les états de situation.

446. — Les distributions dans les annexes et les autres mouvements qui auraient eu lieu pendant la période comprise dans l'état de situation, et qui ne seraient pas complètement connus, au moment de la rédaction de cet état, y sont portés par approximation, sauf redressement dans l'état suivant, au moyen de rappels et d'annotations particulières.

Mention des objets en cours d'expédition.

447. — Les états de situation font connaître distinctement, par une mention spéciale, les quantités de denrées en cours d'expédition, pour lesquelles le comptable n'est pas déchargé par le récépissé du consignataire.

Par qui établis.

448. — Les états de situation sont dressés soit par l'officier comptable, soit par l'entrepreneur, qui certifie l'existence réelle des quantités de denrées ou d'objets mobiliers accusés audit état.

Par qui visés.

449. — Les états de situation sont visés par les sous-intendants militaires.

Responsabilité des comptables et entrepreneurs.

450. — Le *visa* des sous-intendants garantit la conformité de l'état de situation avec l'arrêté des écritures, sans atténuer la responsabilité qui pèse sur les comptables et entrepreneurs, en ce qui concerne l'exactitude des situations et l'existence effective du matériel.

Emploi des états de situation.

451. — Les états de situation périodique sont établis en trois expéditions. Les deux premières sont adressées par le sous-intendant à l'intendant, qui en transmet une au ministre. La troisième demeure entre les mains du sous-intendant. Lorsque des états de situation sont visés par le suppléant d'un sous-intendant, une expédition de ces états est adressée au sous-intendant par son suppléant.

Situations fournies aux officiers généraux
par les sous-intendants.

452. — Des expéditions des états de situation de magasin sont délivrées aux officiers généraux, commandants ou inspecteurs, ainsi qu'aux commandants de place, toutes les fois qu'ils en font la demande; ces officiers ont le droit de s'assurer de l'existence des denrées en magasin et de leur qualité, par des visites dans les établissements; les sous-intendants doivent toujours être prévenus de ces visites, assister à toutes celles des officiers généraux, et à la première visite du commandant de place.

Cas de prévarication par la communication des états de situation.

453. — Tout officier d'administration ou agent quelconque d'une gestion directe, tout entrepreneur ou agent d'entreprise qui délivre ou communique un état de situation de magasin à d'autres personnes que celles désignées aux articles précédents, sans un ordre écrit du sous-intendant, est considéré comme ayant prévariqué dans ses fonctions.

SECTION II

DES RECENSEMENTS ET INVENTAIRES

Inventaires annuels.

454. — Au 31 décembre de chaque année, et sauf l'exception portée à l'article 64 du règlement du 25 janvier 1845, il est procédé, par le sous-intendant, au recensement effectif des matières, denrées et objets de toute nature existant dans les magasins des divers services des subsistances militaires en gestion directe.

Les résultats matériels de l'inventaire au 31 décembre de chaque année forment le dernier article du compte de l'année courante et le premier du compte de l'année suivante.

Recensements inopinés.

455. — Indépendamment de l'inventaire annuel prescrit par l'article précédent, il peut être procédé à des recensements inopinés, toutes les fois que le prescrivent le ministre et les sous-intendants militaires ou que le jugent utile les sous-intendants chargés de la surveillance du service.

Recensements dans les magasins de l'entrepreneur.

456. — Des recensements inopinés peuvent avoir lieu dans les magasins de l'entrepreneur à la ration, pour constater l'existence de l'approvisionnement que les marchés les obligent à entretenir.

Arrêté préalable des écritures.

457. — Avant de procéder à un inventaire, le sous-intendant arrête, *ne varietur*, les livres généraux et auxiliaires du

comptable et le registre de l'entrepreneur, afin de pouvoir établir la situation du service d'après les écritures, au moment de l'opération, et il se fait remettre par le comptable un état pour chaque service, présentant, d'après le registre d'inventaire, la décomposition des approvisionnements par pièce, travée, compartiment, meule ou toute autre subdivision de magasin.

. . . .

Avaries.

462. — Si la vérification des magasins de l'État ou d'un entrepreneur à la ration fait reconnaître des denrées avariées ou impropres au service, il est procédé, s'il y a lieu, par le sous-intendant, à la reconnaissance de la qualité de ces denrées avec le concours de la commission consultative et dans les formes prescrites au chapitre xv du présent titre.

Denrées avariées vendues par le domaine.

463. — Si des denrées sont reconnues hors de service, le résultat de la vérification est constaté au procès-verbal, et les denrées reçoivent, s'il y a lieu, la destination prescrite par l'article 334, pour être vendues au profit de l'État.

Dans les services en gestion directe, le ministre décide, d'après les rapports des intendants, s'il y a lieu ou non à imputation.

Dans les services en entreprise, s'il est reconnu que l'altération de la qualité des denrées est le résultat de circonstances fortuites, et que ces mêmes denrées étaient saines et de bonne nature lors de leur entrée en magasin, le produit de la vente, déduction faite des frais, est restitué à l'entrepreneur.

. . . .

Le mobilier remis aux entrepreneurs n'est pas recensé en fin d'année.

465. — Les sacs et objets mobiliers remis aux entrepreneurs ne donnent pas lieu à un inventaire effectif en fin d'année; il y est suppléé par une production d'une copie de l'inventaire ou de l'état de remise dudit matériel. Cette copie est accompagnée d'un relevé établi par division, présentant d'une manière distincte, par branche de service et par entrepreneur, le nombre et la valeur des effets devant exister en fin d'année.

. . . .

Frais d'inventaire.

470. — Les frais occasionnés par les opérations de recensement et les inventaires sont supportés par l'État ; toutefois, dans les recensements inopinés, ces frais sont à la charge du comptable reconnu en déficit ou de l'entrepreneur trouvé en défaut, à moins de décision contraire du ministre.

CHAPITRE XIV

REMISES ET REPRISES DE SERVICE

Procès-verbal d'inventaire.

473. — Dans le cas de mutation de comptables ou de remise de service, soit par un comptable à un entrepreneur, soit par un entrepreneur à un comptable, la remise et la reprise du service donnent lieu à des inventaires dressés comme il est indiqué à la section II du chapitre XIII ; l'opération est constatée par un procès-verbal rapporté par le sous-intendant, et auquel interviennent les intéressés.

Inventaires distincts. Mentions spéciales à porter sur les inventaires.

474. — Les procès-verbaux d'inventaire sont établis distinctement par service, comme il est prescrit à l'article 471, ainsi que pour le mobilier et pour les bâtiments et locaux.

Ils ont pour objet de constater : 1° les quantités et la qualité des denrées existant en magasin ; 2° le nombre, et, lorsqu'il y a intervention d'entrepreneur, le nombre et la valeur des objets mobiliers ; 3° l'état des bâtiments et locaux.

Ils mentionnent la prise en charge par le comptable ou l'entrepreneur entrant, et font ressortir, en les expliquant, les différences entre les quantités existantes et celles devant exister d'après les écritures.

Remise et reprise d'entrepreneur à entrepreneur.

475. — La remise et la reprise de service d'entrepreneur à entrepreneur sont constatées, en ce qui concerne les denrées, par un simple récépissé comptable.

. . . .

Inventaires du mobilier.

481. — Dans les inventaires des effets mobiliers. la valeur à assigner à ce matériel est celle indiquée dans la nomenclature annexée au présent règlement. Mais le classement du mobilier y est constaté. Les inventaires font en outre connaître les effets à réparer; ils indiquent les causes des dégradations constatées et les imputations auxquelles elles peuvent donner lieu.

Dans les services en entreprise, il est dressé un état estimatif, conformément aux dispositions de l'article 512. Cette pièce annexée à l'inventaire ne comprend que les objets appartenant à l'État et dont l'entrepreneur sortant est responsable.

Le procès-verbal fait ressortir la plus ou moins value du mobilier; la moins value est imputée à l'entrepreneur sortant; il lui est tenu compte de la plus value.

Remise et reprise du matériel confié aux entrepreneurs.

482. — Suivant les stipulations des cahiers des charges, les entrepreneurs à la ration peuvent avoir à reprendre soit d'une gestion directe, soit d'un entrepreneur sortant, les effets mobiliers appartenant à l'État et affectés à l'exploitation du service. Ils en répondent en nombre et en valeur. Ils doivent les entretenir et les remplacer quand il y a lieu, et, en cas d'insuffisance, se procurer ceux qui leur sont nécessaires.

Dans les cas ci-dessus. aucun effet ne peut être introduit sans que l'achat et le chiffre de la dépense aient été autorisés par l'intendant militaire; leur admission est prononcée par le sous-intendant, et l'évaluation en est établie conformément aux dispositions de l'article 512.

A l'expiration du marché, l'administration n'est tenue de reprendre que le mobilier lui appartenant et celui dont l'acquisition a été autorisée. .

. . . .

Frais d'inventaire.

497. — Les frais d'inventaire sont supportés selon les règles ci-après :

. . . . . 2° Lorsque la remise et la reprise de service ont lieu entre un comptable et un entrepreneur, ils sont acquittés moitié par l'État, moitié par l'entrepreneur;

3° Lorsque la remise a lieu d'entrepreneur à entrepreneur, les frais sont partagés entre eux par moitié.

CHAPITRE XV

COMMISSIONS CONSULTATIVES

Leur mission.

498. — Dans toutes les places où il est formé des approvisionnements ou fait des distributions, des commissions consultatives sont instituées en permanence pour assister les fonctionnaires de l'intendance dans les opérations importantes du service, lorsqu'ils jugent leur concours nécessaire.

Elles tiennent lieu d'experts dans toutes les contestations qui peuvent s'élever entre des tiers, et où les intérêts de l'administration sont engagés.

. . . .

Cas de convocation.

501. — Il y a lieu de convoquer la commission consultative, notamment dans les cas suivants, savoir : ... 3° lorsqu'il s'agit de déterminer le résultat d'épreuves de manutention et de fixer le taux des déchets à allouer aux entrepreneurs de mouture ; 4° lorsque, dans le cas de vérification, de recensement général ou partiel, etc., il s'élève des doutes sur la qualité ou sur le terme de conservation de la totalité ou d'une partie des denrées ; 5° lorsque des denrées ayant éprouvé des avaries par suite d'événements de force majeure, ou ayant atteint leur terme de conservation, il est nécessaire d'en reconnaître la qualité et de faire assigner un nouveau terme de durée.

. . . .

Frais.

510. Les frais de toute nature auxquels les réunions de la commission peuvent donner lieu, tels que vacations des membres civils, s'ils en réclament, frais de déplacement, salaires d'ouvriers, etc., sont taxés et mis à la charge de qui de droit par le sous-intendant, et il en est fait mention dans le procès-verbal. Ces frais sont à la charge de la partie condamnée, toutes les fois que la réunion a été provoquée par un tiers, et à la charge de l'État ou de l'entrepreneur, selon le résultat des décisions prises, si elle a été ordonnée d'office. Lesdits frais sont acquittés, séance tenante, par la partie condamnée, et, à son défaut, par les comptables ou les entrepreneurs à la ration, sauf imputation.

. . . .

Estimation d'effets mobiliers confiés à un entrepreneur.
Expertise.

512. — Lorsqu'il s'agit de procéder à l'estimation d'effets mobiliers confiés à un entrepreneur à la ration, le sous-intendant se borne à entendre deux notables idoines, choisis sur la liste mentionnée à l'article 499. Dans les remises de services d'entrepreneurs à des comptables, et *vice versa,* l'un des idoines est choisi par le sous-intendant et l'autre par l'entrepreneur.

Dans les remises d'entrepreneur à entrepreneur, chacun des intéressés choisit son expert; s'il y a dissidence entre les deux experts, le sous-intendant en désigne un troisième.

Les résultats de l'estimation sont relevés sur un état détaillé qui est signé par les experts, les entrepreneurs et le sous-intendant.

TITRE V

DISPOSITIONS SPÉCIALES AUX DIFFÉRENTES BRANCHES DE SERVICE

. . . .

TITRE VI

DU MATÉRIEL

. . . .

TITRE VII

DE LA COMPTABILITÉ

SECTION I

DISPOSITIONS GÉNÉRALES

Règles auxquelles les dépenses sont soumises.

824. — Les dépenses faites pour assurer l'exécution des subsistances militaires et du chauffage sont soumises, pour la justification et le payement, aux dispositions de principe du règlement de   servant à l'exécution, en ce qui concerne le département de la guerre, du décret du 31 mai 1862, sur la comptabilité publique, ainsi qu'aux règles tracées dans le présent titre.

. . . .

Créanciers directs de l'État.

828. — Sont créanciers directs de l'État :
1° Les titulaires des marchés directs et par défaut.

Fournisseurs non créanciers directs.

829. — Ne peuvent être considérés comme créanciers directs, les préposés, fournisseurs, ou créanciers quelconques qui ont opéré pour le compte d'un entrepreneur, ou envers lesquels cet entrepreneur a contracté une dette pour l'exécution du service qu'il était tenu d'assurer.

Payement aux créanciers.

830. — Aucun payement ne peut être effectué qu'au véritable créancier justifiant de ses droits et pour l'acquittement d'un service fait.

. . . .

Compte de dépense produit par les créanciers.

833. — Tout créancier direct est tenu d'établir lui-même ou par un fondé de pouvoirs les factures ou pièces de dépenses destinées à faire connaître ses droits.

Production légale des pièces.

834. — La production légale des pièces s'effectue par la remise au sous-intendant des comptes de dépenses ou factures appuyées des pièces justificatives exigées.

Récépissé des pièces déposées.

835. — La remise des pièces est constatée par un récépissé ou par un certificat de dépôt que le sous-intendant est tenu de délivrer toutes les fois que la demande lui en est faite.

Délais.

836. — Le sous-intendant ne peut, à moins d'une autorisation spéciale du ministre, recevoir, même à titre de dépôt, aucune pièce de dépense qui serait produite après le délai de six mois déterminé à l'article 119.

Prolongation de délai.

837. — Lorsqu'un créancier a des motifs à faire valoir pour réclamer l'admission de pièces qui n'auraient pas été produites en temps utile, il doit présenter sa réclamation au sous-intendant. Ce fonctionnaire la transmet, avec son avis, à l'intendant, qui en fait l'objet d'un rapport au ministre.

Il en est de même lorsque, est par suite de circonstances de guerre le créancier prévoit l'impossibilité de produire, dans les délais voulus, les pièces constatant la créance.

Attache du sous-intendant sur les pièces justificatives.

838. — Les pièces de dépenses élémentaires et justificatives ne sont admissibles en comptabilité que lorsqu'elles ont reçu l'attache du sous-intendant.

Emploi du système décimal dans les comptes.

839. — Dans les pièces justificatives et dans les comptes ou factures, les sommes, les mesures, les poids doivent être calculés et exprimés suivant le système décimal.

Les quantités de denrées ou de matières doivent y figurer selon l'unité applicable à chacune d'elles et pour le nombre de décimales que comporte la nomenclature ; on ne doit y porter que deux décimales après les francs. On force la dernière décimale à exprimer lorsque celle qui la suit dépasse 4.

Enregistrement des factures.

840. — Toutes les factures et tous les comptes de dépenses soumis à la vérification ou à l'arrêté des sous-intendants, doivent être enregistrés par eux avant d'être envoyés aux intendants.

Acquit. Comment donné.

841. — L'acquit de toute somme est donné par la partie intéressée, soit sur quittance individuelle, soit sur un état d'émargement s'il s'agit d'un payement collectif.

Il est suppléé aux quittances individuelles par l'acquit des chefs de détachement lorsqu'il s'agit de travaux exécutés par des services militaires.

En ce qui concerne le personnel permanent et auxiliaire affecté à l'exploitation des services, l'acquit est donné par les intéressés sur un registre-contrôle indiquant jour, par jour, la somme de travail de chacun d'eux et de décompte en argent suivi de l'émargement de l'intéressé, soit à la fin de chaque mois, soit à l'époque de l'interruption du travail.

Cas où le créancier est illettré.

842. — Si la personne devant donner quittance est illettrée ou ne peut écrire, la déclaration en est faite par le comptable qui la signe et la fait signer par deux témoins présents au payement, pour toutes les sommes qui n'excèdent pas 150 francs.

Il est exigé une quittance authentique pour tout payement au-dessus de cette somme.

Décès avant payement.

843.—En cas de décès avant payement d'une des parties portées à l'état d'émargement, la somme due au décédé est versée dans la caisse des receveurs des finances, au titre de la Caisse des dépôts et consignations, pour être remise aux héritiers et ayants droit, selon les formes prescrites par les règlements spéciaux aux services de la solde et des hôpitaux.

Le récépissé de ces versements est joint à l'état ou à la feuille d'émargement.

Rectification des ratures, altérations ou surcharges.

844. — Lorsque les pièces de dépenses présentent des ratures, altérations ou surcharges, elles doivent être approuvées en marge, par renvoi, dans la forme suivante :

Pour les ratures : approuvé la rature de (nombre en toutes lettres) mots;

Pour les altérations de sommes en lettres : bon pour la somme de (en toutes lettres) ;

Pour les surcharges : approuvé les mots (les écrire) altérés ou surchargés.

Ces renvois doivent être certifiés par la signature de toutes les personnes qui ont signé la pièce ratifiée. Il en est de même de tout renvoi ayant pour objet d'ajouter des énonciations omises.

Pièces à produire.

845. — La nomenclature faisant suite au présent règlement décrit les pièces justificatives qui doivent être jointes aux ordonnances ou mandats de payement et celles qu'il y a lieu de mettre à l'appui des rapports de liquidation.

Cas spéciaux.

846. — Pour les dépenses exceptionnelles qui peuvent résulter de cas spéciaux ou de services non prévus dans la nomenclature, les justifications à exiger se bornent aux pièces qui établissent la régularité de la dette et celle du payement.

État général des marchés, baux, etc.

847. — La justification des dépenses provenant d'achats directs ou à commission, de baux ou de marchés, ne donne pas lieu à la production, pour le ministre, à l'appui des comptes ou factures, de copies des marchés, baux ou bulletins d'achats. Il y est suppléé par un état général et divisionnaire adressé au ministre par l'intendant militaire, au commencement de chaque mois pour le mois précédent. A cet état, sont joints les marchés et les baux manuscrits, ainsi que les bulletins d'achat que chaque sous-intendant adresse à l'intendant avec un état mensuel des marchés passés dans son arrondissement.

. . . .

SECTION II

NATURE, JUSTIFICATION ET ORDONNANCEMENT
DES DÉPENSES

. . . .

Factures pour fournitures provenant de marchés de livraison.

851. — Pour obtenir le payement des livraisons faites en vertu de marchés, le créancier établit et remet au sous-intendant une facture en double expédition, dont une timbrée, appuyée des pièces indiquées par la nomenclature.

Payement direct sur simple facture.

852. — Les quittances pour fournitures, travaux et transports qui font l'objet d'un payement direct sur simple facture, sont établis conformément au modèle en usage dans le commerce.

. . . .

SECTION III

LIQUIDATION DES DÉPENSES

§ 1er. — Dispositions communes aux diverses dépenses.

Liquidation des dépenses exclusivement réservée au ministre.

874. — Les dépenses imputables au service des subsistances militaires et du chauffage ne sont liquidées définitivement que par le ministre.

Délégation pour l'arrêté des comptes et des factures.

875. — Le ministre délègue aux intendants, dans les divers cas énumérés au présent chapitre, l'autorisation d'arrêter les comptes en deniers et les factures, mais toujours sous la réserve expresse du redressement des erreurs matérielles et des doubles ou faux emplois que ferait découvrir la révision ministérielle définitive.

Nulle réduction n'est opérée sans que les parties aient été entendues.

876. — Nulle réduction, autre que les imputations de droit autorisées par le présent règlement, ne peut être opérée sur les factures ou dans les comptes sans que les parties aient été entendues.

Les feuilles de vérification, sur lesquelles les explications des créanciers auront été assignées, sont jointes en original aux factures, aux comptes ou aux rapports, afin que le ministre puisse toujours statuer sans nouveau renvoi sur des affaires complétement instruites.

Observations adressées préalablement aux créanciers.

877. — Avant d'arrêter définitivement la liquidation d'une créance, le ministre fait donner connaissance au créancier des modifications dont sa créance est jugée susceptible, afin qu'il puisse en apprécier le résultat et produire, le cas échéant, de nouvelles justifications. Il est accordé à cet effet un délai dont la durée est fixée en raison de la nature des explications que le créancier peut avoir à fournir; mais, dans aucun cas, ce délai ne peut excéder trois mois. Le délai expiré, si le créancier

n'a point fait d'objection contre les observations dont il a eu connaissance, il est passé outre à la liquidation définitive de la créance.

Pourvoi au Conseil d'État dans le délai de trois mois.

878. — Toute décision du ministre portant liquidation d'une créance ou statuant sur une réclamation du ressort de la juridiction administrative, est définitive et ne peut être réformée que sur recours au Conseil d'État, dans la forme déterminée par le décret du 22 juillet 1806 et dans le délai de trois mois à partir de la notification.

Erreurs matérielles, faux et réformés par le ministre.

879. — Nonobstant les dispositions de l'article précédent, les decisions du ministre portant liquidation d'une créance peuvent être réformées par lui, dans le même délai, soit dans l'intérêt de l'État, soit dans celui des créanciers, pour causes d'erreurs matérielles, d'omissions, de faux ou doubles emplois.

Lorsqu'il y a lieu à réclamation pour les causes ci-dessus, le délai de pourvoi court du jour de la notification de la décision intervenue sur ladite réclamation.

Mode de notification des liquidations définitives.

880. — La notification des décisions ministérielles est faite par lettres accompagnées, s'il y a lieu, des feuilles de rectifications ou autres documents nécessaires pour donner aux parties intéressées connaissance des causes des modifications, réductions ou rejets dont leurs créances ont été l'objet; cette notification est constatée par un récépissé signé par la partie intéressée, ou par son fondé de pouvoir ou ses ayants cause.

Pièces rejetées.

881. — Toute pièce justificative de dépense rejetée intégralement de la comptabilité est frappée d'un timbre de rejet et rendue au créancier.

Registre des comptes courants. Relevé comparatif des ordonnancements des dépenses.

882. — Il est tenu dans les bureaux des intendants militaires un registre des comptes courants; ce registre, renouvelé

pour chaque exercice, est coté et paraphé par ces fonctionnaires.

Un compte spécial y est ouvert à chaque créancier par service (vivres, chauffages, fourrages). On y inscrit successivement, en les distinguant avec soin, selon la nature des denrées ou l'espèce du service exécuté, tous les marchés,
conventions, ordres d'achats, etc., etc., susceptibles de créer
un droit au profit des officiers d'administration et des fournisseurs ou entrepreneurs.

Au moyen de ces inscriptions, les intendants établissent
deux relevés comparatifs des ordonnancements et des dépenses
qu'ils adressent au ministre :

Le premier, du 15 au 20 mars de la seconde année de
l'exercice, comprenant les ordonnancements et les payements
effectués depuis l'ouverture dudit exercice jusqu'au 31 décembre ;

Le second, du 5 au 10 juillet, comprenant les ordonnancements et les payements effectués depuis le 1er janvier jusqu'au
30 juin de la même année.

§ II. — Gestion directe.

*Rapports de liquidation trimestriels et divisionnaires pour
fournitures, travaux et transports.*

883. — L'intendant militaire arrête les factures produites
par les titulaires des marchés dans toute l'étendue de sa division ; il les réunit par trimestre et il les classe par espèce de
denrées, matières, fournitures ou travaux, en se conformant
aux indications des formules spéciales, au moyen desquelles il
établit des rapports de liquidation divisionnaires.

Rapports spéciaux aux fournitures par marché de livraison.

884. — Les rapports de liquidation des achats par marché
de livraison sont établis conformément au modèle n°   .

Les liquidations relatives aux frais de mouture sont trimestrielles et collectives.

Cas où la liquidation est toujours provisoire.

885. — L'arrêté des factures par l'intendant militaire pour
fournitures, travaux, transports et locations, est toujours
provisoire :

1° Si le créancier a encouru la déchéance, soit légale, soit conventionnelle ;

2° Si les livraisons ou le service n'ont pas été exécutés dans les délais fixés par le cahier des charges ;

3° Enfin, si, pour toute autre cause, la liquidation de la créance présente un côté contentieux qui exige, dans l'intérêt de l'État, un examen spécial.

Liquidations distinctes.

886. — Les factures qui rentrent dans l'exception mentionnée à l'article précédent sont l'objet de liquidations distinctes, au lieu d'être comprises dans les rapports d'ensemble dont l'établissement est prescrit à l'article 883.

Rapports spéciaux pour fournitures faites par défaut.

887. — Il est établi, pour les fournitures faites à défaut des titulaires des marchés, des rapports de liquidation spéciaux, conformes au modèle n°   . Ils indiquent : ·

1° Les noms des entrepreneurs ou fournisseurs aux risques et périls desquels le service a été assuré ;

2° La date, l'importance et le prix des marchés qui avaient été souscrits ;

3° Les quantités ou le service pour lesquels il a été fait défaut ; les quantités dont l'administration aurait consenti exceptionnellement à ne pas recevoir la livraison ; l'importance du service à réaliser par marché d'urgence ;

4° L'excédant de dépense résultant des marchés par défaut, les sommes qui ont été recouvrées, soit par imputation, soit par reversement ; le débet restant à recouvrer et les mesures prises ou à prendre pour garantir les intérêts du Trésor ;

5° Enfin la situation de chacun des titulaires pour le compte desquels le service a été fait.

Liquidation des achats directs et des achats à commission.

888. — Les créances provenant d'achats directs des officiers d'administration et des achats effectués à commission, sont également l'objet de rapports distincts et individuels.

Mode de remboursement des retenues sur les premières fournitures.

889. — Le remboursement des retenues exercées sur les premières fournitures, à titre de caution, a lieu avec le mon-

tant de la dernière livraison dans les deux cas suivants :

1º Lorsque la fourniture totale a été faite pendant une même année et payée sur les fonds d'un même service ;

2º Lorsqu'il y a payement sur les crédits d'un même exercice, d'une fourniture effectuée en partie pendant une année et complétée avant le 31 janvier de l'année suivante.

. . . .

§ III. — Fournitures à la ration.

Liquidations individuelles.

892. — A moins de décision contraire, les créances provenant de fournitures à la ration sont l'objet de liquidations individuelles établies par trimestre.

Liquidations collectives.

893. — Les liquidations de fournitures de pain à la ration sont trimestrielles et collectives.

Situation des déficits et moins-values constatés sur le mobilier.

894. — Les procès-verbaux rapportés pour constater la remise des effets mobiliers par les entrepreneurs sortants, sont mis au soutien des rapports de liquidation de leur dernière facture.

Les rapports de liquidation dont il s'agit établissent toujours, même lorsqu'elle est négative, la situation des entrepreneurs envers l'État, en raison des prêts d'effets mobiliers, ou pour toute autre cause, et rappellent les reversements et es imputations que l'intendant militaire est tenu de faire effectuer d'urgence.

§ IV. — Délai de transmission des titres de créance,
des rapports et autres pièces.

Transmission des titres de créance aux intendants militaires.

895. — Les remises des comptabilités ou des factures, des comptables et des entrepreneurs ou fournisseurs aux intendants doivent être faites avant la fin du mois qui suit l'expiration du trimestre.

Transmission des rapports de liquidation au ministre.

896. — Les intendants militaires transmettent les rapports de liquidation trimestriels, collectifs ou individuels, au fur et à mesure qu'ils sont établis, et, au plus tard, avant la fin du deuxième mois qui suit le trimestre expiré.

Ce délai est augmenté de deux mois, en ce qui concerne l'Algérie.

. . . .

INSTRUCTIONS MINISTÉRIELLES

DU 17 OCTOBRE 1872

Relatives au mode de réalisation et de restitution des DÉPÔTS DE GARANTIE *et des* CAUTIONNEMENTS DÉFINITIFS *des fournisseurs et entrepreneurs du département de la guerre.*

DÉPOTS DE GARANTIE

DISPOSITIONS GÉNÉRALES

Les soumissionnaires de fournitures ou de travaux, entrepris pour le compte du département de la guerre, peuvent être astreints à un dépôt provisoire en garantie du cautionnement matériel auquel ils seraient assujettis s'ils étaient reconnus adjudicataires.

Ces dépôts peuvent être opérés en numéraire ou en inscriptions de rentes sur l'État; ils seront reçus à Paris sur un avis adressé au directeur général de la Caisse des dépôts et consignations par le ministre de la guerre.

Dans les départements ils sont reçus sans avis préalable, par les trésoriers-payeurs généraux et receveurs des finances, sur la présentation faite par le déposant, d'un extrait du cahier des charges déterminant la nature et l'importance des garanties que les fournisseurs ou entrepreneurs doivent produire pour être admis à l'adjudication.

. . . .

INSTRUCTION N° 1

Dépôts de garantie des soumissions faits en numéraire, soit à Paris, soit dans les départements, ainsi qu'en Algérie.

Art. 1er. Les dépôts en numéraire pour garantie de soumissions sont effectués :

A Paris, à la Caisse des dépôts et consignations ;

f Dans les départements, dans la caisse des trésoriers-payeurs généraux ou des receveurs des finances en leur qualité de préposés du Trésor ;

En Algérie, dans la caisse des trésoriers-payeurs et payeurs particuliers. Les déposants joignent à leur soumission le récépissé qui leur a été délivré. Les sommes déposées sont rendues aux soumissionnaires qui ne sont pas devenus adjudicataires, sur la présentation qu'ils font au dépositaire du récépissé, ce dépôt portant cette annotation signée par le président de la commission qui a procédé à l'adjudication :
« M..... n'ayant pas été reconnu adjudicataire, a droit à la restitution de son dépôt de garantie. »

Les dépôts pour garantie de soumissions ne donnent droit à aucun intérêt des sommes versées.

Art. 2. Après l'approbation du marché, le soumissionnaire devenu adjudicataire doit réaliser le cautionnement définitif déterminé par le marché, en se conformant aux dispositions insérées dans les instructions relatives aux cautionnements définitifs.

Sur la présentation du récépissé ou de l'acte constatant la réalisation du cautionnement, le récépissé du dépôt provisoire est remis à l'adjudicataire, après que la mention : « M..... ayant réalisé son cautionnement, a droit au remboursement de son dépôt de garantie », aura été inscrite au dos du récépissé de dépôt provisoire et signée par le chef du service intéressé.

Art. 3. Lorsque l'adjudicataire a l'intention de convertir le dépôt provisoire en cautionnement définitif, il retire son récépissé, qui lui est remis après émargement sur un registre à ce destiné, et après que les mots : « à échanger contre un récépissé de cautionnement définitif de..... francs », ont été inscrits au dos du récépissé provisoire et signés par le chef de service désigné dans le paragraphe précédent.

Comme le cautionnement diffère ordinairement du dépôt de

garantie, le chiffre du cautionnement définitif doit toujours être indiqué au dos du récépissé provisoire.

L'adjudicataire présente ce récépissé au dépositaire, complète le cautionnement, s'il y a lieu, et fait sa déclaration de versement sur le registre spécial des déclarations de consignations, ainsi qu'il est dit dans l'instruction n° 4.

Il est essentiel pour les adjudicataires de ne pas tarder à convertir leur dépôt provisoire en cautionnement définitif, les intérêts des sommes versées ne commençant à courir qu'à partir du soixante et unième jour qui suit la date de cette conversion.

INSTRUCTION N° 2

Dépôts de garantie des soumissions faits à Paris en rentes nominatives directes ou départementales, ainsi qu'en rentes au porteur, en garantie de soumissions pour les adjudications passées à Paris et dans les départements.

Art. 1er. Les dépôts en inscriptions de rentes nominatives, soit directes ou départementales, ainsi qu'en rentes au porteur, pour garantie des soumissions, sont effectués à Paris à la Caisse des dépôts et consignations.

Ils peuvent être opérés en rentes : 3, 4, 4 1/2 et 5 pour 100, aux conditions déterminées par le décret du 31 janvier 1872.

En opérant leur dépôt, les soumissionnaires souscrivent sur les registres de la Caisse des dépôts et consignations une déclaration énonçant « qu'ils affectent le dépôt à la garantie de leur soumission, et qu'ils donnent, à cet effet, à la Caisse des dépôts et consignations tout pouvoir de convertir, vendre, réaliser et signer le transfert des rentes déposées, et d'en appliquer le produit conformément aux clauses du cahier des charges. »

Le récépissé constatant le dépôt doit accompagner la soumission.

Les récépissés de dépôt sont rendus aux soumissionnaires qui ne sont pas devenus adjudicataires, après qu'on y a inscrit les mots : « M..... n'ayant pas été déclaré adjudicataire, a droit à la restitution du dépôt. »

Cette mention sera inscrite au dos du récépissé et signée par le fonctionnaire qui a présidé à l'adjudication.

La Caisse des dépôts et consignations rend les extraits

d'inscriptions dans les quatre jours de la présentation qui lui a été faite du récépissé de dépôt revêtu de cette annotation.

Art. 2. Après l'approbation du marché, le soumissionnaire, devenu adjudicataire, doit réaliser le cautionnement définitif fixé par le marché, en se conformant aux instructions relatives aux cautionnements définitifs.

Sur la présentation du récépissé ou de l'acte constatant la réalisation du cautionnement, le récépissé du dépôt provisoire est remis à l'adjudicataire après que la mention : « M..... ayant réalisé son cautionnement, a droit au remboursement de son dépôt de garantie », a été inscrite au dos et signée par le chef du service intéressé.

Art. 3. Lorsque l'adjudicataire a l'intention de convertir son provisoire en cautionnement définitif, il retire son récépissé de dépôt.

Ce récépissé lui est remis après émargement sur un registre à ce destiné, et après que la mention : « A échanger contre un acte de cautionnement de..... francs », a été inscrite au dos et signée par le chef de service désigné dans le paragraphe précédent.

Comme le cautionnement diffère ordinairement du dépôt provisoire, le chiffre du cautionnement définitif doit toujours être indiqué au dos du récépissé.

L'adjudicataire présente ce récépissé à la Caisse des dépôts et consignations, qui transmet les inscriptions à l'agent judiciaire du Trésor public, avec lequel l'adjudicataire doit passer un acte de cautionnement, ainsi qu'il est dit dans l'instruction n° 5.

A défaut d'accomplissement de ces formalités, dans les délais fixés pour la réalisation du cautionnement définitif, les rentes pourront être vendues et le produit sera versé à la Caisse des dépôts et consignations à titre de cautionnement en numéraire, affecté à la garantie de l'exécution du marché.

Lorsque les inscriptions de rentes déposées pour garantie de la soumission sont des inscriptions de rentes départementales, elles sont converties en inscriptions directes par les soins du ministère des finances, avant que l'agent judiciaire du Trésor public établisse l'acte de cautionnement définitif.

Si le dépôt de garantie a été fait au moyen d'extraits d'inscriptions de rentes au porteur, l'adjudicataire ne pourra réclamer la conversion de son dépôt en cautionnement définitif, attendu que les rentes au porteur ne peuvent être reçues à titre de cautionnement. Il devra, en conséquence, réaliser le cautionnement qui lui est imposé, pour obtenir la restitution de son dépôt de garantie, ainsi qu'il est expliqué ci-dessus. Pour le complément du cautionnement, l'adjudicataire se conforme, selon la nature des valeurs qu'il dépose et selon le lieu de versement, aux instructions relatives aux cautionnements définitifs.

INSTRUCTION N° 3

Dépôts faits dans les départements en rentes nominatives directes et départementales, en garantie de soumissions pour les adjudications passées à Paris et dans les départements.

Art. 1er. Les dépôts de garantie qui peuvent être faits dans les départements en rentes nominatives directes ou départementales sont reçus par les trésoriers-payeurs généraux et par les receveurs des finances en leur qualité de préposés du Trésor. Ils peuvent être opérés en rentes, 3, 4, 4 1/2 et 5 pour 100 aux conditions déterminées par le décret du 31 janvier 1872.

Le déposant doit signer un acte sur papier timbré, fait double entre lui et le trésorier-payeur général ou le receveur des finances, et par lequel il affecte le dépôt à la garantie de sa soumission.

Il donne à cet effet, pour le cas où il deviendrait adjudicataire, tout pouvoir au trésorier-payeur général ou au receveur des finances de convertir les rentes départementales en rentes directes, et d'en remettre les extraits d'inscriptions à l'agent judiciaire du Trésor public, et il déclare expressément donner tout pouvoir à l'agent judiciaire de convertir, vendre, réaliser et signer le transfert des rentes déposées, et d'en appliquer le produit conformément au cahier des charges.

Le déposant s'engage, en outre, dans le même acte, envers l'agent judiciaire, à réaliser et à signer par lui-même ou par un fondé de pouvoir, dans les délais fixés par le cahier des charges, l'acte définitif du cautionnement.

En cas d'inexécution de cette formalité, les rentes pourront être vendues, et le produit sera versé à la Caisse des dépôts et consignations, à titre de cautionnement en numéraire, affecté à la garantie de l'exécution du marché.

L'un des doubles de l'acte ci-dessus mentionné doit accompagner la soumission.

Cette pièce est rendue aux soumissionnaires qui ne sont pas adjudicataires, après que la mention : « M..... n'ayant pas été déclaré adjudicataire, a droit à la restitution de son dépôt », a été inscrite au dos et signée par le président de la commission d'adjudication.

Le trésorier-payeur général ou le receveur des finances, après présentation de l'expédition de l'acte revêtu de cette indication, l'annule en même temps que le double resté entre ses mains, et restitue les inscriptions de rentes déposées.

Art. 2. Après l'approbation du marché, le soumissionnaire devenu adjudicataire doit réaliser le cautionnement définitif fixé par le marché, en se conformant aux dispositions énoncées dans les instructions relatives aux cautionnements définitifs.

Sur la présentation du récépissé ou de l'acte constatant la réalisation du cautionnement, le double de l'acte de dépôt qui était joint à la soumission est remis à l'adjudicataire après que la mention : « M..... ayant réalisé son cautionnement, a droit au remboursement de son dépôt de garantie », a été inscrite au dos et signée par le chef de service intéressé.

Art. 3. Lorsque l'adjudicataire a l'intention de convertir le dépôt provisoire en cautionnement définitif, il retire son récépissé ou acte de dépôt.

Cette pièce lui est remise après émargement sur un registre à ce destiné après que la mention : « A échanger contre un acte de cautionnement de..... francs », a été inscrite au dos et signée par le chef de service désigné dans le paragraphe précédent.

Comme le cautionnement diffère ordinairement du dépôt provisoire, le montant de ce cautionnement doit toujours être indiqué au dos de l'acte de dépôt.

L'adjudicataire présente cette pièce ainsi annotée au trésorier-payeur général ou au receveur des finances dépositaire, fait sa déclaration et lui désigne, le cas échéant, le fondé de pouvoirs chargé de signer à Paris l'acte de cautionnement, ainsi qu'il est dit dans l'instruction 5, en ce qui concerne les cautionnements en rentes.

Le dépositaire fait part de cette désignation au ministre des finances, en lui transmettant les inscriptions qui doivent être affectées au cautionnement définitif.

Les inscriptions départementales déposées en garantie sont converties en inscriptions directes à la diligence des trésoriers-payeurs généraux ou receveurs des finances dépositaires, et avant toute transmission à l'agent judiciaire du Trésor public.

Pour le complément du cautionnement, l'adjudicataire se conforme, selon la nature des valeurs qu'il dépose et selon le lieu du versement, aux instructions relatives aux cautionnements définitifs.

CAUTIONNEMENTS DÉFINITIFS

DISPOSITIONS GÉNÉRALES

A la réception de l'avis qui lui est donné de l'approbation de son marché, tout fournisseur ou entrepreneur doit faire connaître par la voie hiérarchique, au ministre de la guerre (bureau du contrôle et du contentieux), en quelles valeurs, soit numéraire, soit rentes nominatives, directes sur l'État, soit immeubles, il se propose de constituer son cautionnement, si toutefois le choix entre ces valeurs lui a été laissé par son marché.

Les cautionnements doivent être réalisés aux époques fixées par les cahiers des charges ou les marchés. Les fournisseurs ou entrepreneurs qui, mis en demeure de fournir leurs cautionnements, ne les auraient pas constitués à l'expiration des délais stipulés, seraient exposés à voir vendre et convertir d'office, ainsi qu'il est dit dans les instructions n⁰ˢ 2 et 3, leurs dépôts en rentes, en cautionnements, en numéraire.

En outre, aucune somme ne peut être ordonnancée au profit d'un fournisseur ou entrepreneur, avant qu'il ait justifié de la réalisation de son cautionnement.

RÉALISATION DES CAUTIONNEMENTS

INSTRUCTION N° 4

Cautionnements définitifs réalisés en numéraire à Paris, dans les départements et en Algérie.

Art. 1er. Les cautionnements réalisés en numéraire sont effectués à Paris à la Caisse des dépôts et consignations, sur l'avis du ministre de la guerre ou de l'un de ses délégués. Ils sont reçus dans les départements par les trésoriers-payeurs généraux et receveurs des finances, et en Algérie par les trésoriers-payeurs et payeurs particuliers, en leur qualité de préposés de cette caisse, sur l'avis du fonctionnaire qui a passé le marché ou procédé à l'adjudication. A défaut d'un avis préalable, l'entrepreneur ou le fournisseur doit produire un extrait authentique du cahier des charges ou du marché, faisant connaître la nature du service et la quotité du cautionnement exigé.

Le versement doit toujours être précédé d'une déclaration faite par la partie versante sur le registre spécial des déclarations de consignations, à l'effet d'en spécifier l'objet et de déterminer la garantie que la somme versée a pour but d'assurer soit à l'État, soit à des tiers.

Les versements à titre de cautionnement sont constatés dans les écritures de la Caisse des dépôts et consignations ou de ses préposés, et il est délivré aux déposants un récépissé de versement.

Ce récépissé forme titre définitif; le titulaire du cautionnement le conserve entre ses mains, mais il est tenu d'adresser au ministre de la guerre (bureau du contrôle des dépenses et du contentieux) par la voie hiérarchique, comme pièce justificative de l'accomplissement de ses obligations, une copie de sa déclaration de consignation, dûment certifiée par le consignataire.

Les intérêts sont versés par la Caisse des dépôts et consignations pour les versements faits à Paris, et par les agents consignataires pour ceux effectués dans les départements, à raison de 3 pour 100 l'an (360 jours), à partir du 69ᵉ jour qui suit la date de la réalisation du cautionnement définitif, et réglés au 31 décembre de chaque année, conformément à l'article 2 de la loi du 28 nivôse an XIII, et à l'ordonnance du 3 juillet 1876.

Les déposants apprécieront combien il est essentiel pour eux de ne pas tarder à réaliser le cautionnement définitif.

Art. 2. Lorsque le cautionnement est fourni par des tiers, les bailleurs de fonds peuvent faire constater leurs droits de privilége de second ordre, dans la déclaration de consignation. Il ne peut être suppléé à cette formalité que par la signification extrajudiciaire, au préposé entre les mains de qui le cautionnement a été versé, d'un acte notarié conformément au décret du 22 décembre 1812.

Art. 3. Quand un dépôt provisoire a été précédemment versé par l'adjudicataire en garantie de sa soumission, ainsi qu'il est de règle pour les adjudications publiques, il est procédé à l'égard de ce dépôt comme il est indiqué dans l'instruction n° 1.

INSTRUCTION N° 5

Cautionnements définitifs réalisés en rentes sur l'État.
(Inscriptions nominatives directes.)

Art. 1er. Les cautionnements définitifs effectués en in-scriptions de rentes sur l'État sont reçus à Paris seulement, au ministère des finances, par l'agent judiciaire au Trésor public, sur l'avis du ministre de la guerre.

Les inscriptions de rentes nominatives sont seules admises.

Les cautionnements peuvent être réalisés en rentes 3, 4, 4 1/2 et 5 pour 100, aux conditions déterminées par le décret du 31 janvier 1872.

Elles peuvent être fournies, soit par le titulaire du marché, soit par des tiers; il suffit qu'elles soient de libre disposition. Les rentes affectées au cautionnement ne continuent pas moins à rester au nom du titulaire de la rente.

Le titulaire ou son fondé de pouvoir passe avec l'agent judiciaire du Trésor public un acte définitif de cautionnement en double, sous seing privé. Le fondé de pouvoir doit être nanti d'une procuration par acte notarié ou sous seing privé, enregistrée et légalisée par le maire et le sous-préfet. Cette pro-curation doit être conforme au modèle ci-après, adopté par le ministère des finances. — Il est remis par l'agent judiciaire du Trésor au titulaire de la rente ou à son mandataire un cer-tificat dit bordereau d'annuel, qui lui permet de toucher les arrérages de la rente, soit à Paris, soit dans les départements, s'il en fait la demande.

Modèle de procuration.

Noms, prénoms et qualité du constituant, sa demeure.

Noms, prénoms, qualité et demeure du mandataire.

Pouvoir de, pour et au nom du constituant, opérer le dépôt au Trésor public de toutes inscriptions de rentes sur le grand livre de la dette publique de France, appartenant au consti-tuant (ou telle inscription déterminée) en nantissement et garantie des engagements du constituant (ou de telle personne désignée), en qualité de (indiquer ici la nature de ces enga-gements) et affecter spécialement lesdites inscriptions au cautionnement dont le constituant (ou la personne désignée) est tenu en sa dite qualité; à cet effet, signer et passer avec l'agent judiciaire du Trésor public l'acte d'affectation dans les termes formulés par le Trésor public, faire toute élection de domicile pour l'exécution de cet acte.

Donnant expressément au mandataire le pouvoir de conférer à l'agent judiciaire du Trésor public le droit spécial et irrévocable, pendant toute la durée du cautionnement, de, pour et au nom du constituant, vendre, en cas de débet mis à sa charge, ou à la charge de la personne désignée, ou s'il était reconnu reliquataire envers tous sous-traitants, sous-fournisseurs, agents ou préposés de l'entreprise, les inscriptions par lui affectées à la garantie desdits engagements pour le prix à provenir de la vente être appliqué à couvrir le débet principal, intérêts et frais, et généralement faire tout ce qui pourra être nécessaire pour régulariser le cautionnement dont il s'agit; aux effets ci-dessus, passer tous actes, élire tout domicile, et généralement faire tout ce qui pourra être nécessaire pour régulariser le cautionnement dont il s'agit; aux effets ci-dessus, passer tous actes, élire tout domicile, et généralement faire et dire tout ce que les circonstances exigeront, promettant d'agréer.

Retirer du Trésor public les bordereaux d'annuel représentatifs des inscriptions et servant à toucher les arrérages.

(Ajouter si telle est l'intention du constituant).

Lors de la restitution dudit cautionnement, retirer du Trésor public les inscriptions y affectées, en donner bonne et valable décharge au directeur comptable des caisses centrales et signer tous reçus à ce nécessaires.

Nota. — Si les entrepreneurs ou leur caution ne connaissent personne à Paris à qui ils puissent confier leur procuration, ils peuvent s'adresser à l'avoué agrégé à l'instance judiciaire du Trésor public près le tribunal de première instance de la Seine.

INSTRUCTION N° 6

Cautionnements réalisés en immeubles.

Les immeubles situés dans les divisions territoriales de l'intérieur de l'Algérie peuvent être admis en cautionnement. Ils doivent être libres de tous priviléges et hypothèques, et d'une valeur excédant d'un tiers le chiffre du cautionnement.

Dans le département de la Seine, l'acte de cautionnement est reçu par le notaire du ministère de la guerre, qui donne aux titulaires ou à leurs cautions tous les renseignements qui leur sont nécessaires.

Dans tous les autres départements, cet acte est reçu par un notaire du choix du titulaire ou de sa caution, sur la présentation d'une copie de la dépêche ministérielle donnant à l'entrepreneur ou fournisseur l'autorisation de constituer en immeubles le cautionnement auquel il est assujetti. L'acte de cautionnement est dressé sur le vu des titres de propriété et de toutes pièces justificatives à l'appui, et la grosse de cet acte est adressée ensuite avec les titres et pièces ci-dessus énoncés au profit du département où sont situés les biens pour être soumis à l'examen du conseil de préfecture.

Le préfet requiert, s'il y a lieu, la prise d'inscription hypothécaire au profit de l'État; puis il transmet au ministre de la guerre (bureau du contrôle des dépenses et du contentieux) avec le procès-verbal de la délibération du conseil de préfecture, l'acte de cautionnement appuyé des diverses pièces qui lui ont été produites, ainsi que le bordereau de l'inscription prise et un certificat délivré postérieurement à la date de cette inscription, constatant la situation hypothécaire de l'immeuble.

Le cautionnement n'est définitivement constitué qu'après que le ministre en a prononcé l'acceptation.

INSTRUCTION Nº 7

Changement d'application des cautionnements.

Lorsqu'une fourniture ou entreprise de travaux est terminée et lorsque les comptes sont apurés, le cautionnement qui y était affecté, s'il n'a pas été restitué, soit en raison des délais de garantie stipulés au profit de l'État, soit pour tout autre motif, peut, sur l'autorisation expresse du ministre, recevoir une nouvelle application, après toutefois que le délai de six mois accordé par le décret du 12 décembre 1806 aux créanciers éventuels du service, pour faire leurs actes conservateurs, sera expiré ou qu'il sera justifié que dans l'exécution du marché ou de la fourniture il n'y a eu aucune intervention de tiers.

Dans tous les cas, cette réaffectation ne peut être autorisée qu'en faveur des titulaires d'un marché expiré qui se rendront adjudicataires d'un service de même nature dans le même arrondissement.

Cette opération s'effectue :

Pour les cautionnements en numéraire, sur l'avis direct du ministre adressé au consignataire et au moyen :

1° D'une nouvelle déclaration sur le registre des consignations indiquant la nature, l'étendue et la durée du nouveau service que l'ancien cautionnement est destiné à garantir, et spécifiant que la somme consignée à titre de cautionnement du marché originaire est de plus affectée à celui du nouveau service ;

2° D'un certificat de non-opposition délivré par le greffier et visé par le président du tribunal de première instance de l'arrondissement où était établi le siège de l'ancienne entreprise.

La réaffectation est constatée par une copie de la déclaration ci-dessus mentionnée, certifiée par le consignataire, laquelle doit parvenir immédiatement, par la voie hiérarchique, au ministre de la guerre (bureau du contrôle des dépenses et du contentieux).

Si le cautionnement appartient à un bailleur de fonds, celui-ci doit intervenir dans la nouvelle déclaration.

Pour les cautionnements en rentes :

Au moyen d'un nouvel acte d'affectation passé avec l'agent judiciaire du Trésor public, d'après l'avis préalable adressé au ministère des finances par le ministre de la guerre.

Pour les cautionnements en immeubles :

Par un nouvel acte notarié, comme il est dit dans l'instruction n° 6, après autorisation du ministre, et dans lequel l'entrepreneur en sa caution doit déclarer que les immeubles précédemment affectés n'ont pas diminué de valeur, et par une nouvelle inscription hypothécaire au profit de l'État. Cette dernière inscription n'est toutefois recevable qu'autant qu'elle est accompagnée du certificat de non-opposition dont la production est exigée pour les cautionnements en numéraire, et d'un certificat du conservateur des hypothèques constatant qu'il n'a été pris aucune inscription postérieurement à celle qui constituait le précédent cautionnement.

De même que pour le cautionnement définitif, la réaffectation n'est définitive qu'après que le ministre a prononcé son acceptation.

DISPOSITIONS

Relatives aux cautionnements non libérés ou qui se rattachent à des entreprises ou marchés dont les comptes ne sont pas apurés.

Quand un entrepreneur ou fournisseur est admis à réaliser tout ou partie de son cautionnement, au moyen du changement d'application ultérieur d'une garantie encore engagée, il doit, s'il s'agit de numéraire, produire immédiatement une déclaration sur papier timbré, certifiant qu'il est propriétaire du cautionnement qui garantit le marché en cours d'exécution ou l'entreprise dont les comptes ne sont pas apurés, et par laquelle il s'engage à le réaffecter à son nouveau service dès qu'il en sera requis.

Si la garantie appartient, en tout ou en partie, à un bailleur de fonds, celui-ci doit consentir au changement d'application, par une déclaration dûment légalisée. Ce titre est adressé au ministre en même temps que l'engagement de réaffectation souscrit par l'entrepreneur.

L'entrepreneur ou fournisseur doit, en outre, faire agréer par qui de droit, dans certains cas déterminés par les cahiers des charges, et spécialement pour les marchés de fournitures à la ration où l'entrepreneur en cours de service peut être reconnu adjudicataire du nouveau marché, une caution personnelle qui s'engage à répondre solidairement avec lui d'une somme égale au cautionnement fixé par le nouveau marché, jusqu'à ce que la précédente garantie puisse être affectée au nouveau service, ou jusqu'à ce que l'entrepreneur ait régulièrement constitué un autre cautionnement de même valeur; l'engagement de la caution est transmis au ministre. Toutefois, si le nouveau cautionnement est supérieur à l'ancien, l'entrepreneur est tenu de verser immédiatement la différence.

Lorsque l'ancienne garantie est constituée en rentes sur l'État, elle peut être affectée immédiatement et par extension au nouveau service au moyen d'un nouvel acte passé avec l'agent judiciaire du Trésor public.

Il en est de même des cautionnements en immeubles; mais dans ces deux cas, le nouveau cautionnement n'est définitivement constitué qu'après que la main levée de l'ancien a pu être donnée.

INSTRUCTION Nº 8

MAINLEVÉE DES CAUTIONNEMENTS

Dispositions générales.

La demande de mainlevée des cautionnements doit toujours être adressée au ministre de la guerre (bureau du contrôle des dépenses et du contentieux). Elle ne peut être donnée qu'autant que l'entrepreneur ou fournisseur a été reconnu quitte et libéré de toutes les obligations qui lui étaient imposées, et qu'il s'est écoulé six mois depuis la cessation de son service (décret du 12 décembre 1806).

Il n'y a d'exception à la condition relative au délai de six mois que pour les entrepreneurs de fournitures de quantités déterminées dont les marchés ont interdit les sous-traités, et qui ont justifié de la totalité de leurs livraisons par la remise directe de pièces qui n'indiquent aucune intervention de tiers.

Quant aux entrepreneurs de travaux militaires, la mainlevée de leurs cautionnements, à moins de dispositions contraires insérées au cahier des charges, ne peut être donnée qu'un an après la fin de leur entreprise (instruction du 7 mai 1857).

RESTITUTION DES CAUTIONNEMENTS

Numéraire. — Le remboursement des cautionnements en numéraire ne peut avoir lieu qu'à la caisse où ce versement a été effectué. (Loi du 28 nivôse an XIII, ordonnance royale du 3 juillet 1816).

La mainlevée du cautionnement ayant été adressée par le ministre, soit au directeur général de la Caisse des dépôts et consignations à Paris, soit aux trésoriers-payeurs généraux ou receveurs des finances dans les départements, soit enfin aux trésoriers-payeurs ou payeurs particuliers en Algérie, le titulaire du marché, pour obtenir la restitution de son cautionnement, adresse au consignataire une demande à laquelle seront joints :

1º Le récépissé du cautionnement définitif;

2º Un certificat de non-opposition délivré par le greffier et visé par le président du tribunal de première instance dans le ressort duquel les fournitures ou les travaux ont été effectués.

Le remboursement sera opéré dans les dix jours qui suivront la présentation de la demande, conformément à l'article 4 de la loi précitée du 28 nivôse an XIII et à l'ordonnance royale du 3 juillet 1816, sur les consignations.

Les pièces ci-dessus indiquées sont indépendantes de celles que la Caisse des dépôts et consignations ou ses préposés pourraient avoir à réclamer dans les termes du droit commun, en cas de changement de qualité.

Rentes. — Les inscriptions de rentes sont restituées au ministère des finances après que le ministre de la guerre a donné mainlevée du cautionnement qu'elles constituent. Pour obtenir cette restitution, l'entrepreneur ou le fournisseur adressera au ministre des finances une demande sur papier timbré à laquelle seront joints l'acte définitif du cautionnement et le certificat qui aura servi à toucher les arrérages.

Le retrait des rentes ne peut être opéré à la caisse centrale du ministère des finances que par le titulaire de l'inscription ou son mandataire.

Immeubles. — La radiation des inscriptions hypothécaires constitutives des cautionnements en immeubles s'opère en vertu d'un arrêté du préfet, mentionnant la décision par laquelle le ministre de la guerre a donné mainlevée desdits cautionnements, et sur la production d'un certificat de non-opposition délivré par le greffier et visé par le président du tribunal de première instance de l'arrondissement où était établi le siége du service de l'entrepreneur ou du fournisseur.

DÉCRET DU 31 JANVIER 1872

Relatif à l'affectation des rentes sur l'État aux cautionnements divers.

. . . .

Art 1er. — Les rentes sur l'État français de toute nature, affectées à des cautionnements provisoires ou définitifs envers le Trésor ou les administrations publiques, seront calculées à l'avenir, savoir :

1° Pour les dépôts provisoires des soumissionnaires de travaux, ou fournitures, au cours moyen de la veille du jour où le dépôt des rentes sera effectué ;

2° Pour les cautionnements des comptables, au cours moyen du jour de la nomination, et pour les cautionnements des adjudicataires de fournitures ou entreprises, au cours moyen du jour de l'approbation du marché ou de l'adjudication ;

3º Pour les autres cautionnements que les parties auront été admises à constituer en rentes sur l'État, au cours moyen du jour de la décision ou de l'arrêté qui les aura autorisées à fournir des garanties de cette nature.

Art. 2. — Sont abrogées les dispositions de l'ordonnance du 19 juin 1825, en ce qu'elles ont de contraire au présent décret, sans préjudice de ce qui a été réglé par la loi du 8 juin 1864, en ce qui concerne les cautionnements en rentes des conservateurs des hypothèques.

. . . .

NOTE MINISTÉRIELLE DU 11 DÉCEMBRE 1875

Portant modification de certaines des dispositions précitées des instructions du 17 octobre 1872.

La production de la copie de la déclaration de consignation, que les titulaires d'un cautionnement en numéraire doivent fournir comme pièce justificative de l'accomplissement de leurs engagements, ayant soulevé quelques difficultés, le ministre a décidé que cette pièce serait remplacée, à l'avenir, par une déclaration de versement, conforme au modèle nº 282 de l'instruction générale du 20 juin 1859, sur le service et la comptabilité des finances.

En outre, les dépôts de garantie et les cautionnements en numéraire qui devront être versés à la Caisse des dépôts et consignations, à Paris, seront désormais reçus sans avis préalable du ministre.

On suivra, pour la réalisation de ces garanties, la marche adoptée dans les départements.

En conséquence, les fonctionnaires de l'intendance militaire, les directeurs de l'artillerie, du génie, des poudreries et des raffineries, et l'inspecteur du service des forges, continueront à faire connaître au ministre la nature des valeurs que les entrepreneurs et les fournisseurs de leurs services respectifs se proposent d'affecter à la constitution des cautionnements qui leurs sont imposés, mais ils devront, lorsque le cautionnement sera fourni en numéraire, prendre immédiatement les dispositions nécessaires pour assurer sa réalisation dans les délais fixés.

FIN.

TABLE ANALYTIQUE DES MATIÈRES

TABLE DES MATIÈRES

FIN DE LA TABLE DES MATIÈRES.

PARIS. TYPOGRAPHIE DE E. PLON ET Cⁱᵉ, RUE GARANCIÈRE, 8.

En vente à la même Librairie

PARIS. TYPOGRAPHIE DE E. PLON ET Cie, RUE GARANCIÈRE, 8.

www.ingramcontent.com/pod-product-compliance
Lightning Source LLC
Chambersburg PA
CBHW070239200326
41518CB00010B/1621